P. M. H. Atwater

Indigo-Kinder und die neue Zeit ab 2012

P. M. H. Atwater

Indigo-Kinder und die neue Zeit ab 2012

Aus dem Amerikanischen von Anja Brandl

Lüchow

Hinweis: Die Informationen in diesem Buch sind sorgfältig und nach bestem Wissen recherchiert. In medizinischen Fragen ist der Rat ihres Arztes oder Heilpraktikers maßgebend.

Die Originalausgabe erschien unter dem Titel
Beyond the Indigo Children

Bibliografische Informationen der Deutschen Bibliothek
Die deutsche Bibliothek verzeichnet diese Publikation in der Deutschen Nationalbibliografie; detaillierte bibliografische Daten sind im Internet über http://dnb.ddb.de abrufbar.

Umschlaggestaltung: Margret Russer, München
Umschlagfoto: © Melanie Acevedo/Jupiter Images
Satz: de·te·pe, Aalen
Druck und Bindung: Clausen & Bosse, Leck
Printed in Germany

ISBN 978-3-7831-9006-9

www.luechow-verlag.de

INHALT

EINFÜHRUNG

Leben ist das, was dir passiert,
während du etwas ganz anderes planst.
John Lennon

Ich habe Kinder beobachtet, seit ich selbst ein Kind war – ich war verblüfft, welche Konsequenzen Worte haben können, habe Bewegungen, Absichten und Gefühle beobachtet und die Veränderungen bemerkt, sobald Liebe im Spiel war. Dieses ›Laboratorium des Lebens‹ erfuhr für mich noch zusätzliche Bedeutung, nachdem ich drei Kinder zur Welt gebracht und drei Fehlgeburten erlitten hatte. Ich war eine aktive Mutter, engagierte mich bei den Pfadfindern und als Sonntagsschullehrerin, ich backte Leckereien als Preise, organisierte spontane Abenteuer und protestierte gegen politische Absurditäten. Zu dieser Zeit arbeitete ich ganztägig in meinem Beruf und danach noch im Haushalt. Ich kümmerte mich um den Garten, der uns Nahrung lieferte, die nicht gekauft werden konnte. Äußerst neugierig ging ich jeder auffindbaren Informationsquelle nach, die sich mit Grund und Sinn der menschlichen Existenz, unserem Platz im Universum und der Seele auseinandersetzte. Daraufhin gründete ich das *Inner Forum* – das erste ehrenamtliche metaphysisch-spirituelle Unternehmen Idahos, das Fakten und Fantasien über inner- und außerweltliche Seinsweisen untersuchte.

Mein Forschen, das ich als Kind begann und später im Erwachsenenalter fortführte, setzte ich in Programme um, die Tausende von Menschen im gesamten Nordwesten umfassten. Je mehr ich erfuhr, desto mehr lernte ich, und desto größer wurde meine Neugier … bis ich starb.

Meine drei Begegnungen mit dem Tod – allesamt Nahtod-Erfahrungen – stellten mein Leben auf den Kopf. Danach forschte ich beinahe 25 Jahre lang und untersuchte jeden Aspekt dieser Nahtod-Zustände. Meine Resultate umfassen sieben Bücher, und einige meiner Beobachtungen wurden seitdem durch Studien klinisch bestätigt. Während meiner Feldforschungen stellte ich nicht nur fest, dass sich betroffene Kinder durch dieses Phänomen veränderten, sondern auch, wie sehr diese ›veränderten‹ Kleinen den Kindern ähnelten, die seit den frühen Achtzigern geboren wurden – ganz besonders um die Jahrtausendwende. In meinem Buch *Children of the New Millenium*, das später in erweiterter Fassung *The New Children and Near-Death Experiences* hieß, verglich ich die Kinder mit Nahtod-Erfahrungen mit diesen ›neuen‹ Kindern. Beide Gruppen zeigten eine ungewöhnliche Empfindsamkeit, was Geschmack, Geruch, Tastsinn, Licht, Klang und Materialien angeht. Beide verfügten über verstärkte Intuition, großen Intellekt und ein Gespür für Wissen. Sie waren weniger konkurrenz-, eher gruppenorientiert – mit einer beinahe emphatischen Fähigkeit, die Gefühle und Bedürfnisse anderer zu verstehen. Sie wurden zu kreativen Problemlösern, die mehr auf die Zukunft und spirituelle Dinge ausgerichtet waren als auf Gehaltschecks und Bankkonten.

Ich werde in diesem Buch noch tiefer gehen als im vorangegangenen … denn diese ›Neuen‹, die von Geburt an irgendwie anders sind, tragen alle Merkmale eines Evolutionssprungs der Menschheit. Dieser legendäre Quantensprung ist unsere Bestimmung – denn zu diesem Zeitpunkt der Geschichte wird unsere Galaxie ihre 25 920-Jahre-Rotation um die große Zentralsonne des Universums vollenden.

Auf den folgenden Seiten kommen sowohl subjektive als auch objektive Ansichten zur Sprache, denn von unseren Mystikern und Schamanen können wir genauso viel lernen wie von Wissenschaftlern und Lehrern. Außerdem werde ich Ihnen von einigen meiner eigenen Visionen und Eingebungen berichten, die ich während des Gebets hatte. Der Tonfall dieses Buches wird etwas frech ausfallen, denn genau das sind die neuen Kinder – sie sind äußerst scharfsinnig, aber ein klein wenig respektlos.

Für geplagte Eltern und ratlose Arbeitgeber sollte dieses Buch ein Geschenk Gottes sein, das ihnen dabei hilft, mit diesen Kindern umzugehen. Für alle anderen hoffe ich, dass sie hier eine neue Perspektive entdecken werden – einen Kontext, um unsere sich rasch verändernden Zeiten im Verhältnis zur Erweiterung des Bewusstseins aller Menschen verstehen zu können.

Die Evolution wird schneller, nicht die Zeit.
Das Bewusstsein entwickelt sich, und ihm wird klar,
dass es Mentor der Schöpfung ist.

Kinder sind die Avantgarde der Evolution.
Sie rütteln an Begrenzungen, fordern den Status quo heraus
und stellen Konventionen in Frage.

Es ist ihre Aufgabe, all das aufzudecken,
was das menschliche Herz verdunkelt
und den Verstand erblinden lässt
in Beziehung zwischen Schöpfer und Schöpfung.

I

DIE PFORTE DER MAYA

Das Bewusstsein eines jeden von uns ist die Evolution,
die sich selbst betrachtet und über sich selbst reflektiert.
Pierre Teilhard de Chardin

Ich will Ihnen von etwas wirklich Bedeutendem berichten. Obwohl es dabei um die neuen Kinder geht – also jene, die seit 1982 geboren wurden und noch geboren werden –, handelt mein Buch auch von der Schöpfung, vom Bewusstsein und von den Herausforderungen, denen wir uns als Menschen momentan stellen müssen. Ein neues Zeitalter steht vor der Tür – eine Zeit, in der Wissenschaft und Spiritualität einander ergänzen, in der Prognosen und Prophezeiungen dasselbe aussagen und die Wahrheit endlich erkannt werden wird als zwei Seiten desselben Blickwinkels. Im Geist des Geschichten-Erzählens werde ich mit dem Anfang beginnen. Aber seien Sie gewarnt – ich werde Ihnen den einen oder anderen Schock versetzen.

Man glaubt, dass das Universum entstand, als ein winziger Punkt aus komprimiertem Potenzial mit unvorstellbarer Geschwindigkeit expandierte. Wäre diese Explosion etwas weniger gewaltig ausgefallen, hätte sich das Universum zu langsam ausgedehnt, um sich selbst zu erhalten. Wäre sie hingegen noch gewaltsamer gewesen, hätte sich das Universum in eine dünne Materiesuppe aufgelöst. Wäre zum Zeitpunkt des Urknalls das Verhältnis von Energie und Materie zum Raumvolumen nur ein Billionstel Prozent weniger ideal gewesen, hätte sich die Schöpfung nie ereignet. Wir wären nicht hier. Es scheint, als ob das Universum das Leben, das es eines Tages hervorbringen sollte, bewusst ersehnt hätte.

Die Sterne entstanden in einer Krippe aus aufsteigendem Staub und Gas. Das Leben, so wie wir es kennen, erhob sich aus den Wassern einer Großküche: Ein Versuch folgte dem anderen, bis die richtige Kombination gefunden war, um Gestalten hervorzubringen, die der Intelligenz – durch den Prozess der Inkarnation – die Möglichkeit einräumten, sich auszubreiten. Die Krönung waren die Menschen – ausgestattet mit Körpern, die so exquisit geformt waren wie das Universum selbst. Der berühmte französische Wissenschaftler LeComte du Noüy stellte fest: »Von Beginn an hat sich das Leben so entwickelt, als gäbe es nur ein Ziel: das Erwachen des menschlichen Bewusstseins.«

Dieses Ziel – der tiefere Sinn, der sich durch die Geschichte der Schöpfung zieht – wurde von Völkern auf der ganzen Welt beschrieben und kartographiert. Viele wussten um dieses Ziel und gaben ihr Wissen durch ihre Prophezeiungen, Rituale und Relikte weiter. Das berühmteste dieser heiligen Vermächtnisse ist das Relief auf dem aztekisch-mayanischen Sonnenstein, der 1479 von Priesterastronomen gefertigt wurde. Unter den verschiedenen kalendarischen Systemen, die diese Völker hinterließen, befand sich ›die lange Zählung‹. Sie war geschaffen worden, um enorme Zeitabschnitte detailliert wiederzugeben, und kartographiert die Schöpfung vom Urknall bis ins Jahr 2012 n. Chr. Dieses mathematische Meisterstück – meistens als Mayakalender bekannt – ist so präzise, dass sich moderne Astronomen nicht erklären können, wie es hergestellt worden ist. Es ist in Bilderschrift verfasst. Ein wichtiger Schlüssel, um die symbolischen Bildzeichen entziffern zu können, ist die Art und Weise, wie die Zahl

13 in Verbindung mit der Umlaufbahn des Planeten Venus gebraucht wird. Außerdem tauchen verschiedene Zahlen in diesem Kalender auf, die auch in der Johannes-Offenbarung zu finden sind – z.B. 144 000. Diese Zahl repräsentiert die Tage eines Baktun-Kreislaufs, in der Bibel die Anzahl der geretteten Seelen.

Nehmen wir uns einige Minuten, um dieses Wunder näher zu untersuchen. Die erstaunlichste Überraschung von den vielen, die der Kalender in sich birgt, ist – soweit man das beurteilen kann – sein Zweck: nämlich die Darstellung der Entwicklung des Bewusstseins im Verlauf der Schöpfung. Dies ist durch neun fortschreitende Wachstumsphasen oder Ebenen dargestellt.

Es folgt eine kurze Zusammenfassung darüber, wie Wissenschaftler die neun Ebenen des Kalenders interpretieren:

Die *zellulare Phase* begann vor 16,4 Milliarden Jahren und reicht vom Urknall bis zum Auftreten einzelliger Organismen. (Handlungs- und Reaktionsbewusstsein)

Die *Säugetier-Phase* begann vor 820 Millionen Jahren und beinhaltet das Auftauchen von größeren und komplizierteren Lebensformen. (Reiz- und Reaktionsbewusstsein)

Die *familiäre Phase* begann vor 41 Millionen Jahren; Wechselbeziehungen, Unabhängigkeit, die ersten Menschen tauchen auf. (individuelles Reiz- und Reaktionsbewusstsein)

Die *Stammesphase* begann vor zwei Millionen Jahren und geht mit dem Gebrauch von Feuer, Werkzeugen, Schutz und der Verbreitung sozialer Gemeinschaften einher. (Wahrnehmungs-, Ähnlichkeits- und Unterscheidungsbewusstsein)

Die *kulturelle Phase* begann vor 102 000 Jahren; kreative Erfindungen entstehen, Kunst und Magie, Landwirtschaft, Tiere werden domestiziert, größere Strukturen und Gesellschaften entstehen. (Denkvermögen-Bewusstsein)

Die *nationale Phase* begann 3115 v. Chr. – es kommt plötzlich zu Schriftsprachen, Berichte werden festgehalten, Metalle,

Fertigungen, Handel, Bankwesen, Städte und Religion als Institution tauchen auf. (Gesetzesbewusstsein)

Die *planetarische Phase* begann ab 1755 n. Chr. mit der Industrialisierung – Maschinen, Schulpflicht, höhere Bildung, Unterhaltung, breit angelegte Versorgungsnetzwerke, globale Kommunikation, digitale Technologie und das Internet tauchen auf. (Machtbewusstsein)

Die *galaktische Phase* begann 1999 n. Chr. – in dieser Zeit tauchen die Photonen, Nanosekunden, einzigartige Formen der Multitaskingfähigkeit, apokalyptische Seuchen, Erdveränderungen, die Nutzung des Lichts, alternative Energiequellen und ökologische Probleme auf. (ethisches Bewusstsein)

Die *universelle Phase* beginnt 2011 n. Chr. – in ihr werden Bewusstsein und Absicht als treibende Kräfte erkannt, religiöse und spirituelle Themen werden stärker betont; man gelangt zu der Erkenntnis, dass alle Lebensformen miteinander verbunden sind, gemeinschaftliche Verwaltung, das Weltdorf, Grenzen und Begrenzungen verschwinden. (gemeinschaftliches Schöpfungsbewusstsein)

Die lange Zählung endet am 21. Dezember 2012 (das eigentliche Datum ist der 28. Oktober 2011 – aufgrund von mathematischen Erwägungen wird 2012 als Datum genommen).

Achten Sie darauf, wie sich die Evolution mit jedem dieser Abschnitte beschleunigt – die Evolution, nicht die Zeit! Im Gegensatz zu dem kaum zu überwindenden Gefühl der Hast, das wir alle erfahren, hält die wissenschaftliche Zeitmessung nicht Schritt, um erklären zu können, was wir erfahren. Es ist nicht die Zeit, die sich so sehr beschleunigt, sondern vielmehr die Schöpfung selbst – sie dreht und wandelt sich, um die feineren Vibrationsfrequenzen aufzunehmen, die mit der Ausdehnung höherer Bewusstseinszustände einhergehen. Dieser Unterschied ist wahrnehmbar – die Evolution spielt Bockspringen mit unserem Verstand.

Der Zeitpuffer und der Schutz, die wir einst genossen haben – ausreichend Zeit z. B., um unsere Dummheiten korrigieren zu können, uns an veränderte Bedingungen anzupassen und zu integrieren, was wir gelernt haben – sind so gut wie verschwunden. Der Abstand zwischen Ereignissen und ihren Konsequenzen hat sich dramatisch verkürzt. Das Internet, SMS- Nachrichten, Mobiltelefone, Computer, digitale Kameras, Fernsehen, Fax, Laser, Glasfaseroptik und Roboter bringen die Welt unmittelbar an unsere Türschwelle. »Wie soll ich denn entschleunigen? Was bedeutet das alles?«, sind die Fragen, die wir uns im Herzen alle stellen. Es fühlt sich so an, als erlitte unser gesamter Planet einen Nervenzusammenbruch.

Doch am 21. Dezember 2012 wird sich das Zentrum unserer Galaxie mit der Morgensonne erheben und eine weitere 25 920-jährige Reise um den großen Kreis der Tierkreiszeichen (astrologisch als kosmisches Jahr bekannt) vollendet haben. Allerdings wird an diesem Tag nicht nur ein astrologisches Jahr seinem Ende entgegengehen, um ein neues zu beginnen. Laut den Mayas besteht die Schöpfung aus fünf Welten oder Sonnen (Zeitaltern). Von jeder Sonne heißt es, sie ende in einer Katastrophe – einer vorübergehenden Zeit der Krise und Umwälzung, die wir, dank der modernen Chaos-Forschung, als notwendig erkennen, damit neue Formen und neues Wachstum auftauchen können. Dieser ›Tod des Alten und die Geburt des Neuen‹ spiegelt die Vorstellung über den Phönix wieder, der sich aus der Asche der Zerstörung erhebt und durch seinen Flug nicht nur einen neuen Anfang sicherstellt, sondern auch eine neue Welt, die besser ist als die zuvor. Für die Maya geht die fünfte Sonne oder die fünfte Welt 2012 zu Ende.

Sie endet?

Man sollte sich vergegenwärtigen, dass die spirituellen Ebenen der jüdischen Kabbala, die Kreisläufe im Hinduismus, die Yugas genannt werden, sowie die Zeitmessungstraditionen der Hopi-Indianer, die dem Sonnenkalender der Maya sehr ähnlich sind, vorhersagen, dass eine fünfte Welt erst kommen wird.

Diese galaktische Ausrichtung, die den Beginn der fünften Welt verkündet, kann in den meisten heiligen Traditionen wiedergefunden werden, wozu auch der Mithraskult, die vedische und die islamische Astrologie, die heilige Geographie der Europäer, die christlich-religiöse Architektur des Mittelalters und verschiedene hermetische Traditionen gehören, um nur einige zu nennen. Die Weisen der Inka nannten diese herannahende Epoche *Pachacuti*, was so viel heißt wie *die Zeit hinter der Zeit, wenn sich die Erde wendet.* Den alten Ägyptern war sie als der Beginn des Flugs des fünften Phönix bekannt. Eine Prophezeiung der Hopi sagt, dass der blaue Stern Kachina (ein Himmelswesen) zum ersten Mal auf den heiligen Plätzen der Dörfer tanzen wird, wenn die fünfte Welt beginnt.

Eine weitere Vorhersage über einen blauen Stern als Boten des Aufstiegs einer fünften Welt liefert der moderne Futurist und Sensitive Gordon-Michael Scallion. In seinem Rundschreiben *Intuitive Flash* erläutert er, dass dieser blaue Stern der Komet Hale-Bopp war, der 1997 als kosmisches Spektakel über den Erdhimmel zog. Hale-Bopp war wahrhaftig überwältigend. Das letzte Mal, dass menschliche Augen diesen Kometen erblickten, war die Zeit, in der die großen Pyramiden von Gizeh vollendet wurden. Zu allen Zeiten galten Himmelsgeschehnisse wie dieses als Vorboten von großen oder schrecklichen Dingen, und das ist immer noch der Fall.

Niemand kann daran zweifeln, dass die Zeit, in der wir gegenwärtig leben, wahrlich anders ist als alles andere, an das wir uns erinnern können oder worüber uns berichtet wurde. Das liegt nicht nur an den unglaublichen ›Spielzeugen‹, die uns zur Verfügung stehen und die dazu gedacht sind, unser Leben leichter zu machen, oder an dem Fortschritt, den wir als Gesellschaft gemacht haben – was eine Tatsache ist –, sondern vielmehr daran, dass die Ära, in der wir leben und in der rapide Veränderungen zur Norm geworden sind, vorhergesagt wurde, kartographiert, erläutert und beschrieben; und das schon vor Tausenden von Jahren von Vorfahren, die den Unterschied kannten zwischen der Evolution der Schöpfung und des Bewusstseins und dem Vergehen von Stunden und Tagen. Sie erkannten den Sinn – dass nämlich die menschliche Familie kein Zufall auf dieser Erde ist, sondern dass es einen Plan gibt, der von einer Quelle verfasst worden ist, die jenseits sichtbarer und unsichtbarer Dinge liegt.

Von diesen alten Kulturen, besonders der der Maya, hat nicht genug überlebt, um uns mehr über ihr Wissen zu verraten. Wir können uns jedoch sicher sein, dass der letzte Tag auf dem Maya-Kalender nicht der Jüngste Tag sein wird. Er bezeichnet vielmehr eine Pforte, die wir durchschreiten werden – ähnlich einem Zeit- und Raumportal –, in neue Arten zu leben hinein und in neue Welten der Möglichkeiten.

Stellen Sie sich unsere Reise als Geburt vor. Wie bei jeder Geburt gibt es währenddessen und auch später Schmerz und Unbehagen, Verlust an Unschuld und Herausforderungen, die uns überwältigen und zu Boden werfen. Wir werden uns verändern, weil wir es müssen. Das Jahr 2004 stellte für jeden Menschen einen Wendepunkt dar. Die Welt um uns herum hat sich auf den Kopf gestellt, während sich eine neue Welt unaufhaltsam nähert. Und – um der Sache einen neuen Blickwinkel zu geben – ist das nicht wunderbar?

Die alten Traditionen sagen, dass die Geburt, die wir gerade durchmachen, ebenfalls die Geburt eines neuen Lebensstroms oder einer neuen ›Wurzelrasse‹ ist. Nicht unbedingt eine Rasse im Sinne von Hautfarbe oder körperlichen Merkmalen, obwohl auch das auftreten könnte, sondern vielmehr ein neuer Wurzelstock im menschlichen Genpool. Hellseher und Mystiker, die dies vorausgesehen haben, behaupten ebenfalls, dass diejenigen, die jetzt ankommen, zur fünften Wurzelrasse gehören.

Zur fünften?

Um eine Antwort auf diese Frage zu geben, müssen wir die Büchse der Pandora öffnen, jenes sagenumwobene Behältnis des merkwürdig Wundersamen, das sich nicht mehr schließen lässt, wenn es einmal geöffnet wurde. Diese Büchse ist unser Geist, der sich weit ausbreitet, um die Neuigkeiten über die fünfte Wurzelrasse, die fünfte Welt, die fünfte Dimension und das fünfte Chakra aufzunehmen. All diese Dinge muss man als Grundlage wissen, um den Druck, den wir heutzutage alle spüren, auch nur annähernd verstehen zu können, wie auch die enormen Herausforderungen, die uns begegnen, wenn wir unsere neueste Gruppe von Kindern großziehen – Kinder, die sich jeglicher Kategorisierung entziehen … neue Kinder für eine neue Welt.

II

DIE FÜNFTE WURZELRASSE

Es werden viele Kinder geboren werden, die von Elektronik und Atomkraft genauso viel verstehen wie von anderen Energiequellen. Sie werden zu Wissenschaftlern und Technikern eines neuen Zeitalters heranwachsen, das die Macht besitzt, unsere Kultur zu zerstören – es sei denn, wir lernen, nach spirituellen Gesetzen zu leben.

Edgar Cayce

Sie müssen zugeben, die Lehrbücher, die in unseren Fakultäten benutzt werden, sind – besonders was unsere ureigene Vergangenheit oder mögliche Zukunft angeht – zum größten Teil hoffnungslos überholt. Die Wissenschaftler von heute drehen die Uhr der Geschichte zurück und etablieren dabei Zeitachsen und Szenarien, die sich erheblich von dem unterscheiden, was wir früher gelernt haben. Neue Entdeckungen folgen so rasch aufeinander, dass unsere kühnsten Vorstellungen nicht mithalten können – ganz zu schweigen von der wissenschaftlichen Hierarchie, die festlegt, was zulässig ist.

Man fand z. B. heraus, dass Radiokarbondatierungen der Fundstätten der Paläo-Indianer in Amerika falsch gewesen sind – sie könnten Zehntausende von Jahren älter sein als bisher gedacht.

Die letzte Eiszeit auf unserem Planeten war kein kontinuierlicher Dauerfrost, nach dem es allmählich auftaute. Neue Beweise belegen, dass das Wetter zwischen den Extremen von warm/feucht und kalt/trocken/windig hin und her wechselte und dass die Übergangsphasen nur drei bis zwölf Jahre dauerten.

Andere Beweise legen nahe, dass unsere heutige Körperform nicht vom Urmenschen abstammt. Die Männer unserer Cro-Magnon-Ahnen »tauchten« plötzlich auf, sie waren an die zwei Meter groß, und die Frauen reichten ihnen bis an die Schulter. Sie waren kommunikationsfreudig, intelligent, von geschmeidigem Körperwuchs und unglaublich kreativ. Unter ihren Erfindungen befand sich die Nähnadel mitsamt Garnloch, mit der sie ihre Kleidung schneiderten – dekorierte Tuniken und Leggings, Parkas, Hemden mit Kragen und Manschetten an den Ärmeln, Stiefel und Mokkasins.

Die meisten ihrer Behausungen bauten sie nach Süden ausgerichtet, um die Wärme der Sonne zu nutzen. Sie fertigten Fußböden aus Pflasterstein, die robust und trocken waren, und konservierten ihre Nahrung ganzjährig in kalten Höhlen. Ihre Ernährung war so gesund, dass wir modernen Menschen gut daran täten, ihnen nachzueifern. Geschickt stellten sie Werkzeuge her und teilten Wohnraum auf, um den größten Nutzen zu erzielen. Vielleicht waren sie sogar die Ersten, die Boote ins Wasser ließen, um besser fischen zu können.

Ihre Höhlenmalereien fesseln jeden, der das Glück hat, sie zu sehen, besonders die zuletzt entdeckten in den Höhlen nahe Combe d'Arc – ungefähr 420 Kilometer südlich von Paris. Diese überwältigenden Galerien aus Stein stellen Figuren dar, die halb Mensch, halb Tier sind, sowie ausgestorbene, europäische Verwandte afrikanischer Tiere. Dies scheint die Theorie zu bestätigen, dass einst eine Landbrücke die Kontinente miteinander verband und dass die gesamte Bevölkerung der Welt von einer Pioniergruppe abstammt, die sich von Afrika aus auf die Reise gemacht hat.

Was jedoch genau geschah, als sich die Menschheit von nackten

Affen hin zu Völkern entwickelte und was zu dem Ausbruch oder der plötzlichen Entwicklung der Kultur führte – dieser Teil der größten Geschichte, die die Evolution zu erzählen hat, bleibt ein Geheimnis. Wir wissen es nicht.

Vielleicht kamen wir von den Sternen oder anderen Planeten, vielleicht wurden wir von einer gottgleichen Rasse erdacht und erschaffen, um ihre Arbeitsbienen zu sein; vielleicht waren wir rein geistige Seelen, die dabei halfen, die Körper – aus dem, was auf der Erde zur Verfügung steht – zu erschaffen, um sie dann zu bewohnen. Dann wären wir als Mitschöpfer des Schöpfers vom Geist in die Materie hinabgestiegen, um das durchzuführen, was in der Esoterik als ›das menschliche Experiment‹ bekannt ist. Somit wäre die menschliche Gestalt ein Transformationsvehikel, das die Möglichkeit hat, die Kräfte der Seele zu verfeinern, während die Seele selbst dafür sorgt, dass sich die Schöpfung kontinuierlich entfalten kann. Vielleicht werden wir die Wahrheit nie finden. Es gibt jedoch einige weitere faszinierende Hinweise, was unseren Ursprung betrifft, die genauso wertvoll sind wie wissenschaftliche Erklärungen:

Erster Hinweis: Im allgemeinen Diskurs werden die Lehren der Mysterien-Schulen nicht berücksichtigt. Es handelt sich dabei um Offenbarungen, die aus Träumen, Erinnerungen, Channel-Sitzungen, geistiger Führung und übernatürlichen Begegnungen gewonnen werden. Diese Quelle innerer Weisheit über den Anfang aller Anfänge und über den Sinn, der allem zugrunde liegt, hat sich über viele Generationen durch mündliche Überlieferung, Geschichten, Rituale, Visionssuchen und schamanische Initiationen verbreitet. Alles religiöse Denken und mystische Wissen basiert in seinem Kern auf der Gültigkeit dieser Mysterien – es sind spirituelle Wahrheiten.

Zweiter Hinweis: Denkt man sich diesen mystischen Ansatz zum vorhandenen Wissen dazu, ist das fehlende Glied in der Evolutionsgeschichte die Geschichte der Involution – das Hinabfahren der Seele aus den Welten des Geistes hinein in die Verwicklungen und Verwirrungen der Materie.

Sicher ist, dass sich das Leben entwickelt. Selbst kleine klimatische Veränderungen können bedeutenden Einfluss auf die Umwelt haben und auf die Wesen, die darin leben – wozu auch die Menschen gehören. Schon heute berichtet die Wissenschaft, dass sich die Evolution nicht so ereignet hat, wie uns einst beigebracht wurde – Gene können springen, und neue Formen können sich schnell und auf eine Weise manifestieren, die man nicht für möglich gehalten hatte. Diese wissenschaftlichen Entdeckungen haben große Ähnlichkeit mit alten Weisheitslehren – dem mystischen Teil der Gleichung –, besonders wenn es um die Artenmutation geht, die zur Entstehung der Menschheit führte.

Weisheits- und mystische Lehren berichten z. B. vom Kommen und Gehen der Lebensströme oder Lebenswellen. Viele Propheten und Visionäre der letzten Jahrhunderte benutzten den Begriff Wurzelrasse oder Wurzelstock und meinen damit einen grundlegenden Genpool, der der Menschheit zugrunde liegt. Es heißt, dass die Entwicklung von sieben Wurzelrassen (Lebensströmen) notwendig ist, um der Seele genügend Einfluss zu verleihen, damit sie das Potenzial und die menschliche Form entwickeln kann, die nötig ist, um zur Quelle zurückzukehren. Außerdem heißt es, dass jede Wurzelrasse eine aufkommende, globale Phase der Neuausrichtung begünstigt, damit neues Wachstum und Veränderungen auf dem ganzen Planeten stattfinden können.

Eine berühmte Vertreterin dieses Ansatzes war Helena Petrovna Blavatsky. Sie gründete 1875 die theosophische Gesellschaft von Amerika – eine Organisation, die religiösen, spirituellen und sozialen Belangen gewidmet war und noch heute floriert. Andere Offenbarungsstimmen der Gesellschaft waren z. B. Colonel Arthur E. Powell mit *Solar System* und C. W. Leadbeater, der sich in seinem Buch *Die Meister und der Pfad* ausgiebig mit den Entwicklungskreisläufen und der Läuterung der Menschheit auseinandersetzte.

Powell erklärt: »Jede der Wurzelrassen oder Entwicklungsstufen ist in sieben Unterrassen oder Unterstufen aufgeteilt; jede dieser Unterrassen wiederum in sieben noch kleinere Einheiten – diese nennt man im Allgemeinen Wurzeläste oder Nationen.«

Leadbeater und Powell kategorisierten die Entwicklung der Wurzelrassen folgendermaßen:

Die erste Wurzelrasse war ätherisch. Sie tauchte vor 18 Millionen Jahren auf. (Geist geht in Materie ein.)

Die zweite Wurzelrasse waren die Hyperboreer. Sie tauchten vor 8 Millionen Jahren auf. (Erste physische Formen mit unterschiedlichen Geschlechtern siedeln in den arktischen und nördlichen Klimazonen.)

Die dritte Wurzelrasse besiedelte Lemuria und Mu vor einer Million Jahren. (Die Geschlechter waren voll erblüht; es kam zu rassischen Gruppierungen und dunkler Haut; man zog in südlichere Regionen an den Indischen und Pazifischen Ozean.)

Die vierte Wurzelrasse besiedelte Atlantis und tauchte 85 000 v. Chr. auf. (Ihr Land liegt jetzt unter den Azoren im Atlantik. Sie waren die Vorläufer der heutigen Körper – wahrscheinlich der erste Adam.)

Die fünfte Wurzelrasse sind die Arier. Sie tauchten 10 000 v. Chr. auf und waren von 10 000 bis 3000 v. Chr. Träger der Megalithkulturen, bei ihnen dominierten die Funktionen der rechten Gehirnhälfte; von 3000 v. Chr. bis heute sind sie moderne Kulturen, bei denen die Funktionen der linken Gehirnhälfte dominierten. (Das Bewusstsein war in zwei Hemisphären geteilt – Ost und West –, jetzt verschmilzt es wieder miteinander; ein globaler Sprung für die Läuterung der Spezies.)

Die sechste Wurzelrasse war ursprünglich namenlos, wird aber jetzt Aurorer genannt. Sie tauchen ungefähr 2400–3000 n. Chr. auf. (Ihr Schwerpunkt wird Nord-Amerika und Europa. Alle globalen Anlagen werden in einem planetarischen Bewusstsein zusammenlaufen.)

Die siebte Wurzelrasse ist namenlos. Sie taucht 7000 bis 8000 n. Chr. auf. (Sie besiedelt Südamerika. Bildung hat nichts mehr mit irdischem Schulwesen zu tun. Wahrscheinlich von ätherischer Natur. Wachstum und Reproduktion erfahren eine andere Bedeutung.)

Diese Darstellung unterscheidet sich ein wenig von den neun Bewusstseinsebenen bzw. der Schöpfungsentwicklung des Mayakalenders. Die Übereinstimmungen zwischen den beiden Blickwinkeln sind dennoch faszinierend.

Um die Thematik der Wurzelrassen noch besser verstehen zu können, liefert Reverend Carol Parrish-Harra einen Kommentar zu diesem frühen, theosophischen Material. Sie ist Gründerin und spirituelle Direktorin der Sparrow-Hawk-Village-Gemeinde in Oklahoma und Dekanin am Sancta-Sophia-Priesterseminar (eine moderne Mysterienschule, deren Abschlüsse offiziell anerkannt sind). Eines ihrer Ziele ist, dem Christentum sein esoterisches Erbe – frei von Doktrinen und Ausschmückungen – wieder zukommen zu lassen. Von ihren zehn Büchern ist die zweite Ausgabe von *The New Dictionary of Spiritual Thought* besonders nützlich. Darin befindet sich eine Abbildung (siehe Seite 25; mit freundlicher Genehmigung) der sieben Wurzelrassen. Sie werden in Form von Lebenswellen dargestellt, die aus den ätherischen oder spirituellen Welten herabsteigen in die physische Inkarnation auf der Erde (Involution). Wenn sie ihren Wachstumszyklus vollendet haben, steigen sie wieder auf zu ihrer Quelle (Evolution).

Es folgen einige Anmerkungen aus einem Brief von Reverend Parrish-Harra, den sie mir zum besseren Verständnis der Wurzelrassen geschickt hat.

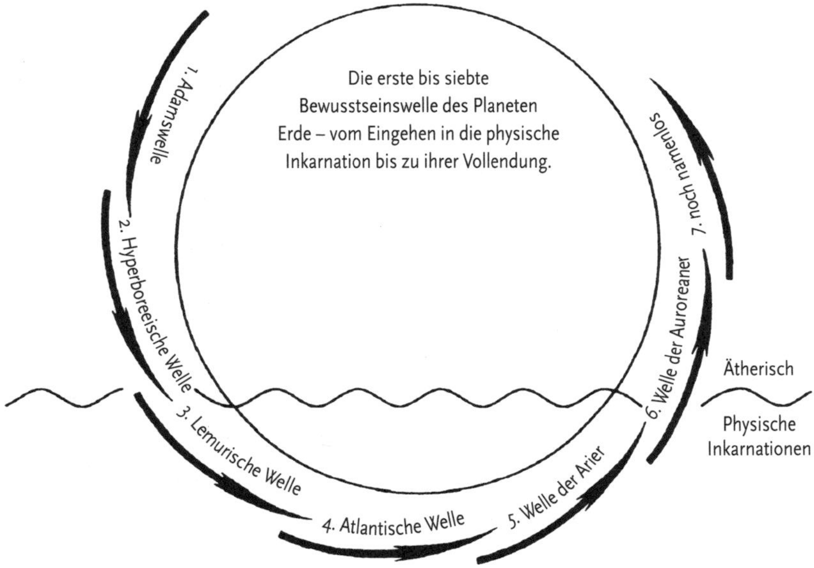

»Wir wissen, dass die spirituelle Wissenschaft Sie und mich die fünfte Unterrasse der fünften Wurzelrasse der Menschheit nennt oder die fünfte Phase der Entwicklung des menschlichen Bewusstseins auf diesem Planeten. Betrachten Sie die Kinder von heute aus dieser Perspektive.

Theoretisch sagen die Lehren, dass die Menschheit sieben große Phasen durchlaufen wird. Jede Phase wird Wurzelrasse genannt, denn jede davon bringt sieben weitere, große Triebe hervor, die Unterrassen genannt werden. Die Rasse ist die menschliche Rasse, und die Wurzel ist die Welle der Seelen, welche neue und erweiterte Fähigkeiten menschlichen Potenzials mit sich bringt.

Während die Menschheit diese aufeinander folgenden Phasen durchläuft, entwickelt sich der menschliche Lebensstrom. Diese fortschreitenden Abschnitte dominanter Kultur- und Menschenkomplexe befinden sich in geographischen Gebieten, in denen Ströme göttlicher Funken zusammenlaufen und sich verwirklichen. Dies nennen wir Wurzelrassen. Obwohl das eine komplexe

Theorie ist, verschafft sie uns einen Einblick in das, was weltweit passiert.

Wenn wir erkennen, dass jede dieser Phasen ihre eigenen Antriebe und Ansprüche hat, sehen wir, dass es lange Zeitabschnitte gab, in denen die Ausformung des menschlichen Körpers am allerwichtigsten war. Danach wurde die allmähliche Ausbildung der emotionalen Natur dominant. Zur rechten Zeit begannen die Stufen des geistigen Bodybuildings – diese Aufgabe ist der gegenwärtigen Menschheit vorbehalten.«

Einen weiteren Blick auf dieses Thema liefern uns die *Readings* des Edgar Cayce aus der ersten Hälfte des 20. Jahrhunderts. Cayce lebte von 1877 bis 1945. Er wuchs auf einer Farm nahe Hopkinsville in Kentucky auf, heiratete, wurde Photograph und verlor eines Tages seine Stimme. In einem anderen Bewusstseinszustand kamen plötzlich Anweisungen ›durch‹ ihn, wie sein Leiden zu heilen sei. Dieses erste Reading überraschte jeden – selbst Cayce. Er wurde das am meisten dokumentierte und präziseste Medium der Geschichte. Die Gesellschaft für Forschung und Erleuchtung (A.R.E. = *Association for Research and Enlightment*) ist eine Organisation, die der Erhaltung und dem Studium von Cayce' Readings gewidmet ist. Sie ist weltweit sehr aktiv und bietet ihren Mitgliedern viele Möglichkeiten.

Das monatliche Rundschreiben *Ancient Mysteries,* das von John Van Auken, Lora Little und Greg Little herausgegeben wird, ist eine von vielen Publikationen der A.R.E. Für diejenigen, die interessiert, welche neuesten archäologischen und anthropologischen Entdeckungen es gibt und wie sie zu esoterischen Studien und den Readings von Edgar Cayce passen, ist dieses Rundschreiben ein Juwel. Die Ausgabe vom August 2002 enthält einen Artikel mit dem Titel *Der Ursprung der Rassen: Einheit in Vielfalt.* Ich war von dem Artikel so beeindruckt, dass ich vom Autor die Erlaubnis eingeholt habe, ihn hier aufzuführen (die Zusatzinformationen wurden der Kürze halber weggelassen). Ich denke, Sie werden genauso fasziniert sein wie ich, als ich ihn las.

DER URSPRUNG DER RASSEN: EINHEIT IN VIELFALT

Die Bibel sagt uns, dass wir alle von Noah abstammen, der wiederum von Seth abstammte – dem ersten Sohn von Adam und Eva. Die traditionelle biblische Chronologie datiert dieses erste Paar auf 4004 v. Chr. Etwas später, so glaubt man, haben die drei Söhne Noahs die verschiedenen Menschenrassen begründet, die wir heute kennen. Neue genetische Studien lassen jedoch vermuten, dass alle heute lebenden Menschen von einer einzigen Frau abstammen. Sie wird die Eva der Mitochondrien (ME) genannt und lebte vor 200 000 Jahren wahrscheinlich in Afrika. Bedeutet das, dass die biblische Geschichte der Genesis lediglich allegorisch ist? Und wenn die Menschheit auf dieselbe Mutter zurückgeführt werden kann, warum sind wir in so unähnliche Gruppen oder Rassen aufgespalten? Und außerdem – mit wem hat sich diese erste Frau gepaart?

Die Wissenschaftler haben dazu verschiedene und meist im Widerspruch zueinander stehende Theorien, z. B. die Entdeckung des ›Adams des Y-Chromosoms‹, der einige tausend Jahre später als sein weibliches Pendant ME auftauchte. Die Sache wird dadurch kompliziert, dass die DNA eines 60 000 Jahre alten Knochens aus Australien, die vor kurzem analysiert wurde, überhaupt keine Verbindung zu ME ergab. Glücklicherweise kann die Geschichte der Menschheit in den Readings von Edgar Cayce nicht nur die biblische Geschichte erklären, sondern auch unversöhnlich erscheinende wissenschaftliche Beweise zusammenführen. Um jedoch die Unterschiede der Rassen (und ihre Einheit) erklären zu können, müssen wir beim Anfang der Schöpfung beginnen.

Der Anfang: Was die Bibel sagt

Die meisten Bibelwissenschaftler sind sich einig, dass uns die Genesis zwei verschiedene Schöpfungsgeschichten erzählt. Die erste, am Anfang der Bibel, berichtet von der Erschaffung der Welt in sechs Tagen durch einen pluralistischen Gott, den die

Hebräer Elohim nennen (Gen. 1:1–4). Am sechsten Tag dieser ersten Schöpfung wird der Mensch erschaffen: »Und Gott sprach: ›Lasst uns Menschen machen, ein Bild, das uns gleich sei‹ … und Gott schuf den Menschen nach seinem Bilde, nach dem Bilde Gottes schuf er ihn und schuf ihn als Mann und Frau.« (Gen. 1:26–27).

Die zweite Schöpfung beginnt mit Kapitel zwei der Genesis und erzählt die bekannte Geschichte von Adam und Eva im Garten Eden. In dieser Version wird Adam aus »… Erde vom Acker …« geschaffen – aber nicht von einem pluralistischen Gott, wie in der ersten Fassung, sondern vom individuellen *»Gott dem Herrn«* (Gen.2:7).

Der Bogen der aufsteigenden und absteigenden Evolution

Laut Cayce' Readings stehen diese scheinbar widersprüchlichen Schöpfungsberichte aus einem bestimmten Grund in der Bibel. Sie liefern eine stark verkürzte Version der gesamten Schöpfungsgeschichte, die vor vielen Milliarden Jahren begann und noch immer stattfindet. Die Readings beschreiben einen Bogen des spirituellen und körperlichen Übergangs, der in einer evolutionären Rückkehr in den Zustand der Einheit mit dem Vater endet (Reading 3003-1).

»Wahrscheinlich muss jede Vibration, wenn sie in Materie eingeht, eine Evolutionsstufe durchlaufen und hinter sich bringen. Denn sie steigt in ihren Emanationen auf und auch wieder hinab. Daher ist der Kreislauf oder Kreis oder Bogen eine Beschreibung aller Einflüsse in der menschlichen Erfahrung« (Reading 699-1).

Durch den gesamten Bogen ziehen sich Wendepunkte – Schlüssel –, die mit Veränderungen für die spirituellen und physischen Körper der menschlichen Rasse einhergingen. In der Theosophie spricht man in diesem Zusammenhang von den sieben Wurzelrassen. W. H. Church (*Edgar Cayce' Story of the Soul*) glaubt, dass sie den »sieben Stufen in der Entwicklung des Menschen« von Cayce entsprechen (Reading 280-

25). In einem Reading heißt es, dass der nächste evolutionäre Schritt für die Menschheit – die fünfte Wurzelrasse – mit der bald anstehenden Öffnung der »Halle der Aufzeichnungen« von Atlantis zusammenfallen wird (Reading 5748-6). Sowohl in diesem Reading als auch in Reading 5750-1 wird gesagt, dass die Öffnung und das Auftauchen der nächsten Wurzelrasse wahrscheinlich bevorstehen.

Cayce über multiple Schöpfung und Wurzelrassen

Den Readings nach bezieht sich der erste Schöpfungsbericht der Bibel auf die anfängliche Erschaffung der Menschheit als spirituelle Gefährten des Vaters – ausgestattet mit freiem Willen. Zu diesem Zeitpunkt war der Mensch ein androgynes, spirituelles Wesen (»… und schuf ihn als Mann und Frau«), das sich in Einheit und vollkommener Verständigung mit dem Schöpfer befand. Einige Zeit später wurden viele dieser Wesen neugierig, wie der Rest der Schöpfung funktionierte. Sie benutzten ihren freien Willen, um sich in die dichte Welt der Materie zu projizieren. An diesem Wendepunkt vermuten Church und John Van Auken *(The Lost Hall of Records)* Cayce' erste Wurzelrasse.

Ursprünglich wollten sie beobachten und lernen, aber vielleicht entschieden sich diese sehr veränderlichen ätherischen Wesen, noch tiefer in die Materie einzugehen, indem sie humanoide Lebensformen mit niedrigerer Vibrationsrate schufen und einnahmen. Dies war die zweite Wurzelrasse. Sie waren zu diesem Zeitpunkt immer noch androgyn und konnten in ihre irdischen Körper ein- und ausfahren. Sie begannen, Gemeinschaften auf der Erde zu bilden, und viele lebten auf den Landmassen um den Pazifik herum, die Cayce Lemuria und Mu nannte.

Einer Frau sagte er in einem Reading, dass die Höhlenzeichnungen, die sie vor 10 Millionen Jahren in Lemuria angefertigt hatte, im Südwesten Amerikas noch immer zu finden seien (Reading 2665-2).

Millionen von Jahre lang konzentrierte sich diese Gruppe immer stärker auf ihre irdische Schöpfung, bis sie ihre Verbindung zum Schöpfer fast eingebüsst hatte. Nun konnte sie nicht mehr willentlich in Materie ein- und ausgehen. Sie blieb noch androgyn, behielt einige ihrer spirituellen Kräfte und konnte Tausende von Jahren leben. Ihre Fähigkeiten nutzte sie hauptsächlich in egoistischer Weise. Eines der schlimmsten Beispiele dafür war die Erschaffung von ›Dingen‹, die ihnen als Sklaven dienten. Diese Kreaturen waren materialisierte Gedankenprojektionen – Hybriden –, halb Mensch, halb Tier oder halb Mensch, halb Pflanze. Diese Zeitperiode fällt mit den Ursprüngen von Atlantis etwa 200 000 v. Chr. zusammen und ist die Zeit der dritten Wurzelrasse.

Aufgrund dieser fortlaufenden Entartung entwickelte der Christus-Geist einen Plan, um diese Seelen zu retten, damit sie ihr rechtmäßiges, spirituelles Erbe antreten konnten. Circa 108 000 v. Chr. inkarnierten Amilius, der atlantische Christus, und eine Gruppe anderer spiritueller Wesen in Atlantis, die sich wahrscheinlich auch in die Materie verstrickten. Amilius war einer der Ersten, der sich in zwei Geschlechter teilte – seine weibliche Hälfte projizierte sich als Lilith. Einige Zeit später beschloss Amilius, dass neue physische Körper für die Entwicklung der Menschheit nötig waren, um die Evolution aus der irdischen Ebene heraus zu ermöglichen. Die physische Erscheinung des Priesters Ra-Ta, eine frühe atlantische Inkarnation von Edgar Cayce (circa 50 000 v. Chr.) war einer der Vorläufer dieser neuen Körper (Reading 294-19). Die letztendlich perfektionierte Version jedoch – die vierte Wurzelrasse – wurde nicht vor 12 000 v. Chr. offenbart (Reading 294-150).

Die vierte Wurzelrasse und die fünf Adams und Evas

Hier begegnen wir zum ersten Mal Cayce' Geschichte vom Ursprung der Rassen – eine Phase, die er mit der zweiten Schöpfungsgeschichte der Genesis gleichsetzt (Reading 364-7). Als die Körper der vierten Wurzelrasse bereitstanden, inkarnierte der Christus-Geist als Adam und Eva gleichzeitig in fünf verschiedene Rassen an fünf unterschiedlichen Orten der Erde. Die rote Rasse inkarnierte in Atlantis (und Nordamerika) bei den anpassungsfähigen Atlantern der dritten Wurzelrasse. Die weiße Rasse inkarnierte nahe dem Berg Ararat, den Karpaten und im Iran. Die gelbe Rasse im Gobigebiet von China, die schwarze im afrikanischen Sudan und in Ägypten und die braune im Gebiet der Anden und Südamerika (Reading 364-13). Interessanterweise betonte Cayce, dass die Hautfarbe nicht das ausschlaggebende Unterscheidungsmerkmal dieser fünf Gruppen war, »… denn er hat die Völker der Erde aus einem Blut geschaffen.« (Reading 3976-24 nach Apostelgeschichte 17:26). Stattdessen behauptete er, dass die Farben ein inneres Gesetz oder Gedankenmuster symbolisierten, das einem der fünf Sinne zugeordnet war. Die gelbe Rasse beschrieb er als ›im Hören verwoben‹, während die weiße und rote besonders mit Sehkraft und Sehen bzw. mit Gefühl und Berührung verbunden waren. Der schwarzen und braunen Rasse wurde kein spezifischer Sinn zugeordnet. Einige der Cayce'schen Wissenschaftler jedoch, wie Church, interpretierten die Readings und wiesen der schwarzen Rasse den Geschmacks- und der braunen den Geruchssinn zu (Reading 364-13). Die Seelen konnten in jeder dieser Rassen inkarnieren, um sich auf die spirituellen Themen zu konzentrieren, die mit dem jeweiligen Sinn zusammenhingen.

Die Einheit aller Rassen

Cayce betonte, dass es viel Vermischung gegeben hat, seit die fünf Rassen projiziert wurden. Außerdem scheint er eine neue wissenschaftliche Entdeckung zu bestätigen, die aussagt, dass die Umwelt das Pigment Melanin, das in der Haut sitzt und ihre Färbung verursacht, bestimmt.

»Denn sie sind alle eins; es gibt keine Rassen, sie sind alle eins – Sie haben sich entweder vereint oder getrennt; Umwelteinflüsse haben – was sich seit jeher erkennen lässt – die Veränderungen der Farben bewirkt, oder Nahrung oder Handlungen haben die Verschiedenheiten hervorgebracht …« (Reading 1260-1).

»Wäre Schnee ein Ort für die Schwarzen, oder Sonne ein Platz für die Weißen? Oder sind die Wüste und die Hügel für entweder die Weißen oder die Schwarzen? Sie waren Teil der Dinge, die diese Unterschiede hervorgebracht haben – das, was eingegangen ist oder zur äußeren Erscheinung wurde, oder zur Haut oder zum Pigment, das sich darin befindet.« (Reading 364-9)

Stammt die Eva der Mitochondrien von Atlantis?

ME könnte einer der androgynen Bewohner von Atlantis gewesen sein, da sie 200 000 v. Chr. gelebt hat – vielleicht die ungeteilte Amilius/Lilith-Seele? Den Readings nach war die weibliche Hälfte oft dominant, was dazu geführt haben könnte, dass der projizierte irdische Körper ausschließlich weibliche Merkmale aufwies. Sollte das der Fall sein, erklärt es vielleicht, warum der Adam des Y-Chromosoms später in unserem genetischen Erbe auftaucht. Laut Cayce' Schilderungen teilten sich die Geschlechter nämlich einige Zeit später.

Und was ist mit der 60 000 Jahre alten australischen DNA, die keine Verbindung zu ME aufweist?

Cayce sagt, dass jedes Mal, wenn eine neue Wurzelrasse auftauchte, die vorherige nicht unmittelbar ausstarb. Wissenschaftler kennen dieses Phänomen von der Koexistenz von Neandertalern und Cro-Magnon-Menschen.

Entwickeln wir uns immer noch?

1939 wurde Cayce gefragt, was das Wassermannzeitalter für die Menschheit bezüglich der körperlichen, geistigen und spirituellen Entwicklung bedeute. Er antwortete, wir würden volles Bewusstsein erlangen über unsere Beziehung zu den schöpferischen Kräften, über unsere Fähigkeit, mit ihnen zu kommunizieren, und über ihre Anwendung in der materiellen Umwelt.

Er sagte außerdem: »Nur diejenigen, die den Einfluss, den Schwingung auf sie hat, erkennen, werden sich darüber klar werden, was mit ihnen geschieht« (Reading 1602-3). Es scheint, als ob wir uns in eine Richtung bewegen, in der wir Fähigkeiten zurückerlangen, die wir während der Epoche der dritten Wurzelrasse hatten. Wenn dem so ist, werden rassische Unterschiede weniger wichtig. Die Hautfarbe der Wurzelrasse könnte willentlich verändert werden und richtete sich nach der Umwelt.

Cayce bestätigt also, dass wir uns auf der aufsteigenden und eher spirituellen Seite des Evolutionsbogens befinden und dass unsere Entscheidungen diese Richtung beeinflussen. Wir entwickeln uns durch *»Leid, Geduld und Verstehen«*, was uns durch die vielen Inkarnationen des Christus – von Adam bis hin zu Jesus – deutlich gemacht wird (Reading 5749-14). Die Readings sagen oft: »Der Geist ist das Leben, der Verstand ist der Erbauer, und der Körper ist das Ergebnis« (Reading 349-4).

Obwohl Cayce über die Wurzelrassen nur wenig gesagt hat, stellt die Studie von Van Auken, Little und Little das, was er gesagt hat, in den Kontext der modernen Wissenschaft. Die Schlussfolgerungen darüber, wie die menschliche Rasse begann und wie sie sich als Spezies entwickelt hat, sind überwältigend.

III

DIE FÜNFTE WELT

Erst seit dem späten zwanzigsten Jahrhundert haben wissenschaftliche Entwicklungen unser Verständnis der Natur so weit vorangetrieben, dass wir zum ersten Mal in der Lage sind, auch im Mythos naturwissenschaftliche Konzepte zu erkennen. Ihre Ähnlichkeit mit dem, was Theoretiker inzwischen entwickeln, ist bemerkenswert.
Einige alte Mythen sind in ihrem anspruchsvollen, kosmologischen Wissen von außerordentlicher Brillanz und weit davon entfernt, nur von Primitiven erdachte, naive Märchen zu sein. Sie können mit der gegenwärtigen Theorie vom Urknall konkurrieren und sind in vielerlei Hinsicht weitaus ästhetischer.

Paul A. LaViolette (Dr. phil.)

Wenn Sie sich für die neuesten wissenschaftlichen Entdeckungen interessieren, werden sie auf etwas stoßen, das ich bisher nur kurz angesprochen habe – dass es zwischen den frühen Lebensformen, die primitiv und von niederem Bewusstsein waren, und dem Auftauchen der modernen Menschen Wesen gab, deren Aussehen und Verhalten dem unseren sehr ähnlich waren. Sie sind das *missing link*, und man muss sie weit zurück in der Zeit ansiedeln.

Erinnern Sie sich noch an die Wesen aus den letzten beiden Kapiteln, die halb Mensch und halb Tier waren?

Cayce hat ausführlich über die im Materiellen verstrickten Seelen gesprochen, die bei der Erschaffung besserer Körper helfen wollten, dabei aber unbeholfen mit früheren Lebensformen experimentierten. Auch sexuelle Vergnügen führten zu ungewöhnlichen Nachkommen, in denen sich menschliche und tierische Formen auf einzigartige und manchmal groteske Weise miteinander vermischten. Diese Entartungen sind weltweit in Höhlenzeichnungen dargestellt. Im Jahre 2004 fanden Archäologen im Hohlen Fels auf der Schwäbischen Alb Schnitzereien aus Mastodon-Stoßzähnen. Es handelt sich um ein Pferd, einen Vogel, und einen Mann, der halb Mensch und halb Löwe ist. Sie werden auf circa 30 000 bis 35 000 v. Chr. geschätzt. Besonders der ›Löwenmensch‹ fasziniert die Wissenschaftler – sie halten ihn für das früheste Beispiel einer symbolischen Darstellung. Zumindest glauben sie, er sei symbolisch.

Mayalegenden erzählen von ›Formern‹, die aus ihnen zur Verfügung stehenden Lebensformen Menschen schufen. Wir würden das Prototypen nennen. Interessanterweise wurden vor kurzem humanoide Knochen in Äthiopien ausgegraben, deren Alter man auf sechs Millionen Jahre schätzt. Einen im Tschad gefundenen Schädel schätzt man auf sieben bis acht Millionen Jahre.

Die meisten der alten Schöpfungsgeschichten, die noch existieren – und es gibt weltweit Tausende davon –, berichten von Epochen oder Zeitaltern mit dramatischen Umwälzungen, die die Landschaft und die Lebensbedingungen für die Überlebenden bedeutend veränderten. Sie erzählen von Klimaveränderungen, die Mensch und Tier zerstreuten. Außerdem berichten sie von ›Noahs‹ – Überlebenden, die den Keim legen für den nächsten Zyklus. In der Tabelle auf Seite 37 (von mir gekürzt und bearbeitet) vergleicht John Van Auken zwei Geschichten der amerikanischen Ureinwohner und ihre symbolischen Darstellungen mit dem Material von Cayce.

ALTE LEGENDEN

HOPI	ALGONQUIN	EDGAR CAYCE
ERSTE WELT / ERSTE MENSCHHEIT	ERSTES ZEITALTER	ERSTES ZEITALTER
Lebte im endlosen Raum, vergaß das Ur-Gebot, wurde vom Rädelsführer und dem Prachtvollen in die Irre geführt, die Auserwählten werden gerufen.	Der Große Geist erschafft das Leben.	MU – ätherisch, halbphysisch
ZWEITE WELT / ZWEITE MENSCHHEIT	ZWEITES ZEITALTER	ZWEITES ZEITALTER
Sie entstammte dem Ameisenhaufen, sie gehorchte dem Plan, begehrte Dinge, die sie nicht brauchte; Bedrohung vergeht.	Wind der Veränderung, wie ein Geist, der zu Geistern spricht	MU – materiell; zwei Gruppen: physisch / halb-physisch; die selbstsüchtige Verehrung von Belial steht gegen das ewig zuversichtliche Gesetz des Einen.
DRITTE WELT / DRITTE MENSCHHEIT	DRITTES ZEITALTER	DRITTES ZEITALTER
Rascher Fortschritt – fliegende Schutzschilde, Spinnenfrau, Gesang in ihren Herzen, segelte auf Booten weg.	Die Schlange im Paradies, eine böse Rose ist heimlich im Paradies; Große Flut, Schildkröteninsel – die Erde trocknet, viel Angst und Elend.	Atlantis – Hochkultur, Prototypen, der Logos erscheint, Abfall von spirituellen Wahrheiten; Fluten / Erdbeben, kleine Gruppen wandern mit Aufzeichnungen in neue Länder, ein wenig Weisheit und Macht.
VIERTE WELT / VIERTE MENSCHHEIT	DIE SUCHE NACH DEM VIERTEN ZEITALTER	VIERTES ZEITALTER
Betonung der Spitze des Kopfes, wanderte von Insel zu Insel bis zur Neuen Welt, Welt vollendet sich.	Zeit der Wanderungen über die Bering-Landbrücke, finden das Land der Kiefern, Eintritt ins Schlangenland – zuerst Frieden, dann Krieg, weiße Menschen helfen und werden wiederkehren (einige Legenden der Inkas, Mayas und Azteken).	Neubevölkerung der Erde; der lange Zug nach Ägypten, China, Indien, die Maya, die Inka etc.

Vergleichen Sie das Schaubild der fünf Welten oder Sonnen des Mayakalenders (siehe Seite 39) mit dem Teil der Mythologien, die ihm/ihnen zugeordnet sind. Die hier von mir vorgestellte Version ist eine Zusammenfassung zahlreicher Legenden. Es scheint, als gäbe es darin einen Rhythmus, einen Pulsschlag, der weit über das hinausgeht, was die Wissenschaft bestätigt oder ablehnt. Diese von einer Quelle hervorgerufenen rhythmischen Bewegungen, die einen bestimmten Zweck verfolgen, sind für frühe Kalender typisch. Sie sind nicht dazu gemacht worden, Epochen zu bestimmen und das Fortschreiten zeitlicher Veränderungen darzustellen (lineare Herangehensweise), sondern vielmehr, das abzubilden, was ist und kommen wird – so lange wie Schöpfung und Bewusstseinsentwicklung aufeinander einwirken (abstrakte Herangehensweise).

Der Tradition nach beginnt im Jahr 2012 eine 5200 Jahre lange Periode, in der die ›natürliche Ordnung‹ zurückkehrt – eine Zeit der Weisheit, des Friedens, der Harmonie, der Liebe und verschiedener höherer Bewusstseinszustände. Einige Stimmen unserer Zeit sind der Meinung, dass dies das Aufsteigen der sechsten Sonne am Horizont bedeute.

Der sechsten?

Aus dem Sonnenstein der aztekisch-mayanischen Kosmologie geht nicht hervor, dass es eine sechste Sonne gibt – nicht einmal ansatzweise. Stattdessen weist vieles darauf hin, dass sich der Mayakalender als Kalenderrunde wiederholen wird, dass ein neuer Zyklus beginnt, wenn sich die prophezeiten Zyklen vollendet haben. Mit anderen Worten – nichts endet. Der Auf- oder Abstieg der Geschichte der Schöpfung geht weiter, und mit ihm verändern sich die Energieströme.

Beinahe alle Zeitmessungen, die mir bekannt sind – seien es Mythen, Geschichten, Traditionen oder tatsächlich kalendarische Berechnungen –, weisen den gegenwärtigen Zeitpunkt der Menschheitsgeschichte als Beginn der fünften Welt aus. Dazu gehört auch die Sonnenlegende der Mayas, denn am 21.12.2012 endet die ur-

DIE FÜNF KOSMISCHEN EPOCHEN DES MAYA-KALENDERS

ERSTE WELT *Jaguar- / Ozelotsonne*

Element Erde, weibliche Energie

Eine Zeit, in der Riesen lebten (von Göttern geschaffen). Sie wohnten in Höhlen, aßen, was sie fanden, und wurden von Jaguaren angegriffen und gefressen (Knochenfunde vorsintflutlicher Tiere in tiefen Schluchten, unter dichten Gesteinschichten). Verheerende Winde und lange Perioden der Dunkelheit. Feuer.

ZWEITE WELT *Windsonne**

Element Luft, männliche Energie

Die menschliche Rasse läuft Gefahr, von Wirbelstürmen vernichtet zu werden. Daher transformierten die Götter sie in Affen, damit sie sich besser festhalten können und nicht fortgetragen werden (deshalb sind Menschen und Menschenaffen einander ähnlich).
Riesige Wälder werden von Wirbelstürmen niedergewalzt, auch Winde und Dunkelheit.

DRITTE WELT *Feuerregensonne*

Element Feuer, weibliche Energie

Zerstörung durch Lava- und Feuerregen. Menschen wurden in Vögel transformiert und so vor der Katastrophe gerettet (menschliche Überreste unter Lava- und Ascheschichten). Vulkane brechen aus, Dunkelheit, Eis.

VIERTE WELT *Wassersonne**

Element Wasser, männliche Energie

Fürchterliche Stürme richten alles zugrunde, sintflutartige Regenfälle, Fluten reichen fast bis an die Bergspitzen (die Götter machen die Menschen zu Fischen, damit sie überleben). Zeit der Älteren. Materialismus. Die dunkle Seite besitzt viel Macht.

FÜNFTE WELT *Erdbeben-Bewegungssonne*

Element Äther, Vereinigung der weiblichen und männlichen Energien

Die Welt endet mit gewaltigen Veränderungen, Verschiebungen, Erdbeben, vielleicht eine Polverlagerung (magnetisch/geo-physisch). Das Zeitalter der modernen Menschen – begann 3114 v.Chr. und endet 2012 n.Chr.

---

* Es gibt unterschiedliche Meinungen über die zweite und vierte Sonne: Viele Metaphysiker und Mystiker sagen, dass die zweite Sonne Wasser sei und die vierte Wind; Fachleute hingegen und besonders Volkskundler behaupten meist das Gegenteil. Die Wiedergabe hier folgt der zweiten Meinung.

sprüngliche Schwingung der fünften Sonne, und *eine höhere Oktave derselben Sonne* beginnt mit einem anderen Potenzial auf einer anderen Existenzebene. Was wir bisher nicht begriffen haben, der Mayakalender jedoch durchweg abbildet, ist, dass sich genau zu diesem Umbruch der Zeitalter – wenn die fünfte Sonne endet – das Schöpfungsbewusstsein weiter entfalten wird. Es wird dieselbe Sonne umrunden, allerdings mit einer höheren Energieschwingung als zuvor. *Jeder* frühe Kalender berichtet von einer veränderten Zeiterfahrung während der ersten und letzten Zyklen, wenn sich Energie entfaltet. Zugängliches Potenzial wird also entweder gemindert oder vermehrt. Was glauben Sie, was dieses Mal passiert?

Die fünfte Welt wird sich ihrem Aufstieg entgegenwinden,
und Potenzial wird mit ihr in die Höhe schießen!

Diejenigen, die mit den beschleunigten Veränderungen, die jetzt auftreten, nicht mithalten können und sich zu wachsen weigern, werden sich gegen die wenden, die es können. Sie werden auf die einzige Weise nach Aufmerksamkeit und Liebe schreien, die sie kennen – mit Wut. Nun wird sich Bewusstsein seiner selbst bewusst … ein globaler Geist hat sich gebildet. Der russische Wissenschaftler V. I. Vernadsky und der französische Theologe Pierre Teilhard de Chardin haben dies vorhergesagt. Sie nannten die geistige Sphäre, die eines Tages die Erde umfasst, die *Noosphäre.* Diese ist ein Gewebe, das jedermanns Bewusstsein und Verstand wie ein leuchtendes Netz miteinander verbindet. Dieses geistgleiche oder ätherische Netz aus funkelndem Licht wird oft von Menschen in der Meditation, während des Gebets oder in Ekstase gesehen, bei Nahtod-Erfahrungen oder von denen, die ihr Bewusstsein transformiert haben.

Viele meinen, dass der Mayakalender das Ende der uns bekannten Welt (einer, die auf Dualität und Trennung basiert) und die Geburt des goldenen Zeitalters der Erleuchtung darstelle. Dann sei es möglich, Ganzheitsbewusstsein und Einheit zu erlangen. Die Prophezeiung lautet, dass wir zur natürlichen Ordnung zurückkehren, dass Respekt, Ehre, Zusammenarbeit, Toleranz, Verständnis und Frieden wieder zu Instinkten der Menschenfamilie werden, sofern man diesen Dingen eine Chance gibt. (Für *erlerntes* Verhalten sind kriegerische Reaktionen typisch.) Im Kern tragen die verschiedenen Kosmologien über die fünfte Welt dieselbe Botschaft und dieselbe grundlegende Offenbarung: dass ein Christus-gleiches Wesen wiederkehren wird – entweder als einzelne Seele oder als Christusbewusstsein, das jeder erreichen kann.

(Christusbewusstsein ist ein Zustand des Erfüllt-Seins von Liebe und Gnade, wenn man sich Gott oder der Quelle hingibt – ein Zustand des Vergebens und Gesegnet-Seins in einem Leben, dass einem höheren und spirituellen Ruf folgt und ihm dient.)

Ein wichtiger, jedoch selten erwähnter Aspekt der Schöpfungsmythen ist, dass es von jeder beschriebenen Sonne oder Welt heißt, sie bringe ihren eigenen Adam, Messias und Noah hervor. Unsere heutige Zeit bildet da keine Ausnahme. Auch die jetzt endende fünfte Welt wird ihren Noah haben – einen Überlebenden, der über das notwendige Bewusstsein verfügt, um den Keim für die nächste Ebene zu legen – so wie es auch am Ende anderer Epochen gewesen ist. Und auch die heraufziehende, höhere fünfte Welt wird ihren eigenen Adam besitzen, ihren eigenen Messias (vielleicht die Rückkehr von Jesus Christus, Quetzalcoatl oder einer ähnlichen Person) und vielleicht auch ihren eigenen Noah, wenn sie in die nächste Entwicklungsebene der Erde übergeht – hin zur noch vollkommeneren Verwirklichung der sechsten Wurzelrasse.

Adams, Messiasse, Noahs … jede neue Welt ist ein Mikrokosmos des Makrokosmos und ein weiterer Schritt hinauf auf der Leiter eines höheren Plans hin zu einem höheren Sinn.

IV

DAS FÜNFTE CHAKRA

Das Universum ist ein sich selbst organisierendes System, das mit der Entdeckung und Realisierung seiner Möglichkeiten innerhalb eines andauernden Transzendenz-Prozesses beschäftigt ist.

David Korten

Es fällt auf, dass der Messias immer ein Modell für den Körpertyp und Bewusstseinszustand seiner Epoche ist. Es ist immer dasselbe Muster – er ist Vorläufer für die, die nach ihm kommen, selbst wenn es mehrere sind, die weltweit an verschiedenen Orten geboren werden. Diese Heiligen haben stets Jünger oder Schüler, die sie in die Mysterien von Leben, Tod und Gott einweihen, die als heiliges Wissen oder ›das Allerheiligste‹ offenbart werden. Sie inspirieren, motivieren und bestärken, und dann gehen sie – sterben als Märtyrer oder verschwinden auf mysteriöse Weise. Danach ist es die Aufgabe ihrer Jünger, das, was ihnen beigebracht wurde, fortzuführen, und noch mehr.

Die Idee eines Vorläufers, eines Erstgeborenen, findet sich im Mythos jeder Kultur unseres Planeten. Viele Propheten und Gelehrte glauben, dass Jesus Christus der Messias der fünften Welt gewesen ist – oft werden auch Buddha, Mohammed und Bahá'u'lláh dazugerechnet. Das Schwinden der niederen fünften Welt und der Beginn einer aufsteigenden Epoche wirft daher die Frage auf, ob der Messias zurückkehre. Meine Antwort darauf: ganz sicher! Und dieses Mal, denke ich, wird die Wiederkehr überwältigend sein.

Warum ich das sage? Nun, bei aufgestiegenen Zuständen dehnt sich alles aus, wird größer und beschleunigt sich – es wird mehr es selbst. Viele moderne Beispiele verdeutlichen dieses Prinzip. Denken Sie an die Kinogänger, die scharenweise kamen, um die *Passion Christi* von Mel Gibson zu sehen, und daran, welchen Einfluss dieser Film weltweit hatte. Fast könnte man sagen, dass die Wiederkehr Christi gerade jetzt geschieht – nicht nur in den Kinos dieser Welt, sondern durch die Art und Weise, wie sich der Film auf die Betrachter persönlich auswirkte. Schauen Sie sich die Gemeindemitglieder und Gläubigen an, die überall plötzlich gewillt sind, das Bibelwort zu akzeptieren, dass wir alle ›im Entstehen begriffene Götter‹ sind und dass wir, wenn wir erst einmal ›spiritualisieren‹ (im Bewusstsein aufsteigen und uns entfalten), zu weitaus mehr fähig sind, als uns beigebracht wurde, und dementsprechend leben werden.

Dieses Bibelwort macht aus jedem von uns einen möglichen Messias und bringt – ob wir wollen oder nicht – Verantwortung mit sich.

Während wir uns im Aufstieg der fünften Welt befinden, wird uns auch übermächtiger Druck und Stress begegnen. Es scheint beinahe zu viel zu sein, und das liegt daran, dass immer mehr auf uns zukommt – immer schneller und von allen Seiten. Uns kann nur die Rückkehr zur ›natürlichen Ordnung‹ retten. Aufgestiegene Zustände sind natürliche Zustände, da seelenausfüllende Eigenschaften wie Entgegenkommen, Toleranz, Zusammenarbeit und Mitleid Instinkte sind, ebenso wie das Verlangen, höhere Bewusstseinsstufen zu erlangen. Sie werden uns von unseren Messias-Figuren vorgestellt, damit wir unser Potenzial entfalten – sie sind Wegweiser.

Die Herausforderungen nehmen jedes Jahr zu. Viele Mysterientraditionen lehren, dass das Herannahen einer neuen Wurzelrasse

Herausforderungen mit sich bringt, die der Energiewelle entsprechen, die die Gruppe repräsentiert. Diese Energiewellen sind bestimmten Chakren zugeordnet – den sieben Zentren in unserem Körper, die Lebensenergie empfangen, assimilieren und übermitteln. Man sagt, dass jede Wurzelrasse die Aufgabe hat, die Kraft des ihr zugehörigen Chakras bei allen Menschen zur Entfaltung zu bringen. Die dazugehörigen Eigenschaften, Handlungen und Herausforderungen der sozialen Struktur dieser Zeit sollen so energetisiert werden.

Wenn also alle sieben Wurzelrassen ihre evolutionäre Reise vollendet haben, werden beim Einzelnen und in der gesamten Gesellschaft alle sieben Chakren wie eins funktionieren. (Auch die Wurzelrassen, so heißt es, durchlaufen Kreisläufe, während die Menschheit ihre großen Entwicklungs- und Erfahrungsschwünge durchläuft, bis das Ziel – die erwachte Kameradschaft mit dem Schöpfer – erreicht ist.)

Gegenwärtig haben wir es mit einem gewaltigen Vorgang zu tun – den letzten Entfaltungsstufen des fünften Chakras, das für die Willenskraft steht. Chakra ist ein Sanskritbegriff und bedeutet drehendes Lichtrad. Für mich ist jedes dieser Räder (ich sehe ihr Licht sowohl in als auch über ihrem Zentrum) eine Art Generator, der es uns ermöglicht, auf gesunde Weise zu funktionieren. Ein blockiertes Chakra verstopft die Energie an der entsprechenden Körperstelle, ebenso wie die Einstellungen, Gefühle und Lebenserfahrungen, die zu diesem Chakra gehören. Ein offenes Chakra befreit die Energie an der jeweiligen Körperstelle und verhilft zu einem leichten und mühelosen Fluss – wir fühlen uns besser, haben mehr Selbstbewusstsein und erreichen mehr.

Das Buch *Chakren. Die sieben Zentren von Kraft und Heilung* von Dr. phil. Caroline Myss bietet eine umfangreiche Erklärung der sieben Chakren im menschlichen Körper, ihrer Funktion und des Einflusses, den sie bei der Umsetzung unseres Potenzials haben. Die nun folgende Darstellung beschreibt die Funktionen der Chakren und ihre Verknüpfungen. Sie basiert auf meinen eigenen Erfahrungen und Untersuchungen und unterscheidet sich ein wenig von Myss'.

1. *Wurzelchakra:* Körperversorgung, Ausscheidung, Beine, Knochen; Stammeskraft, Gruppenidentität; Themen, die mit Überleben zu tun haben; die materielle Welt, Erde
2. *Beziehungschakra:* Sexualorgane, Hüfte, Becken; Bedürfnis nach Beziehungen, Vergnügen und Sex; Themen, die mit Verlangen zu tun haben; Welt der Kreativität
3. *Chakra der eigenen Kraft:* Bauch, Nebennieren, Bauchspeicheldrüse; Selbstbehauptung, Kampf oder Flucht; Themen, die mit der Persönlichkeit zu tun haben; Welt der Energie
4. *Emotionschakra:* Herz, Lunge, Brust, Thymusdrüse; Vergebung, Mitleid, Liebe; Themen, die mit Intimität zu tun haben; Welt der Emotionen, Gefühle
5. *Chakra der Willenskraft:* Kehle, Schilddrüse, Nacken, Mund, Nerven; Ausdruck, Kommunikation, Wille; Themen, die mit Herrschaft zu tun haben; Welt der Absicht
6. *Chakra des Geistes und der Vorstellung:* Hirn, Zirbel- und Hirnanhangdrüse; Denkvermögen, Vorstellung und Wissen, geistige Themen; die Welt der Einsicht und des Geistes
7. *spirituelles Chakra:* die großen Körpersysteme und die Haut; Ergebenheit, Eingebung, Transzendenz; Themen, die mit Vertrauen zu tun haben; die Welt des Glaubens

Die Energie des fünften Chakras mit seinen Themen ›Wille und Herrschaft‹ beherrscht unsere Schlagzeilen, seit es Schlagzeilen gibt – achten Sie mal darauf.

Die fünfte Wurzelrasse tritt in ihre letzte Entwicklungsstufe, und dasselbe geschieht mit dem fünften Chakra. Die Wurzelrasse ist bereits seit vielen tausend Jahren hier, und erst jetzt ist sie zahlreich genug, um die große Veränderung in der globalen Bevölkerung einzuleiten. Alles bewegt sich im Rhythmus der Evolutionsschübe. Um diesen Rhythmus aufrechtzuerhalten, müssen die verschiedenen Teile des Ganzen synchron laufen – sonst verlangsamt sich der Prozess oder driftet ab. Durch die Entscheidungen, die wir tagtäglich treffen, unterstützen wir den Prozess oder behindern ihn. Das macht uns wichtig, und zwar aus folgendem Grund: Die Themen des fünften Chakras kreisen darum, wie man seine Willenskraft einsetzt. Welche Absicht verfolgen Sie? Wollen Sie andere bestärken oder besiegen? Diese Fragen liegen dem grundlegenden Bedürfnis nach Selbstausdruck zugrunde, das wir alle haben. Wir wollen gehört und anerkannt werden, wir wollen unsere Vorstellungen und Gedanken beisteuern und damit Ziele erreichen. Die Herausforderung des fünften Chakras ist die der Herrschaft. Wer hat das Sagen? Sollten Lebensstile streng kontrolliert werden oder gibt es Raum für Vielfalt, die durch Verhandeln und Kompromissbereitschaft möglich wird?

Die Kernfrage jedes Krieges, der auf der Erde geführt wird, jeder Missachtung menschlicher Rechte, jeder Regierung und jeder Religion, die sich ihre Engstirnigkeit nicht eingestehen will, ist, wie viel Macht man hat und wie man sie einsetzt. Wenn es um den eigenen Willen geht, kann nur die Entscheidung jedes Einzelnen eine wirkliche Verbesserung herbeiführen – eine Regierung kann das nicht.

Sind wir für die zukünftige sechste Wurzelrasse und das sechste Chakra bereit? Im Einzelnen vielleicht schon – als Gesellschaft jedoch nicht. Ich weiß, dass unsere gegenwärtige ›Mischung‹ bereits mit einer Prise sechste Wurzelrasse vermengt ist – mit denjenigen, die übersensibel sind und bei allem, was sie sehen, denken und tun, überirdisch wirken. Lassen Sie uns noch vier- oder sechshundert Jahre warten, und es wird viel mehr von ihnen geben. Vielleicht werden Sie und ich darunter sein, wenn wir zu einer Zeit inkarnieren, in der sie sich ausbreiten.

Um die Beziehung zwischen den Wurzelrassen und der Entwicklung der Chakren besser verstehen zu können, habe ich eine Tabelle angelegt (siehe Seite 49), die die Grundlehren der mystisch-esoterischen Traditionen zu diesem Thema zusammenfasst. Die Spalte mit dem Titel ›Energielevel‹ bezieht sich auf die Wurzelrasse und die Farbe des vorherrschenden Schwingungsmusters. Die Spalte ›Bewusstseinszustand‹ hängt mit der Entwicklung des Chakras zusammen. ›Arten des Bewusstseins‹ bezeichnet den grundlegenden Antrieb und die Ebenen der Umsetzung.

Die fünfte Wurzelrasse (so wie sie war, ist und sein wird) ist allem Anschein nach die blaue Rasse – blau im Sinn der Vibrationsschwingung, die sie besitzt und die sie, aufgrund des in ihrem Bewusstsein angelegten Potenzials, noch weiterentwickeln wird. Es bedeutet nicht unbedingt, dass ein Zugehöriger der fünften Wurzelrasse eine blaue Aura hat. (Die Aura ist das Energiefeld, das uns umgibt, ausfüllt und das wir ausstrahlen.) Es ist irreführend, zu behaupten, dass die Farbe der Aura eines Menschen seine Wurzelrasse bestimme.

Allerdings gibt es immer noch Geschichten von Menschen, die mit einem bläulichen Schimmer der Haut geboren werden und bestimmte Merkmale aufweisen. Der Futurist Gordon-Michael Scallion berichtet in seinen Texten davon. Auch von Mata Amritanandamayi, auch Mutter der unsterblichen Glückseligkeit genannt, heißt es, sie sei mit blauer Haut geboren worden. Diese Individuen verfügen über eine außergewöhnliche Wahrnehmung, sind intellektuell hoch entwickelt, intuitiv und haben keine Probleme mit Ambiguität und komplexen Herausforderungen. Sie haben sehr sensible Verdauungssysteme, sind anfällig für Allergien, haben differenziertes Sehvermögen und gesteigerte Fähigkeiten. Sie sind bemerkenswert sensibel, was Nahrung, Licht, Geräusche und Energiefelder angeht, und haben die erstaunliche Fähigkeit, schwierige Situationen mit extrem wenig Stress zu meistern.

Die hier aufgeführten Merkmale gelten nicht nur für Menschen, deren Haut einen bläulichen Schimmer hat – ganz und gar nicht. Dieses Schema passt auch exakt zu dem, was ich bei Kindern mit Nahtod-Erfahrungen feststellen konnte und in zwei meiner Bücher, *Children of the New Millenium* und dem Nachfolger *The New Children and Near-Death Experiences,* behandelt habe. In den

ESOTERISCHE LEHREN DER SEELENEVOLUTION DURCH DAS ERWACHEN DES MENSCHLICHEN GEISTES

FARBE/ ENERGIELEVEL	BEWUSSTSEINS-ZUSTAND	ARTEN DES BEWUSSTSEINS
Rot	physisch	physische Ebene; irdische Manifestationen; Themen, die mit Überleben zu tun haben; kollektive Stammeskraft und das Auftauchen individueller Macht
Orange	astral	ätherische Ebene; unsichtbare Blaupausen; Kreativität und die Welt der Vorstellung; innere Führung und höhere Sinne
Gelb	mental, konkret	mentale Ebene; Körper-Geist-Energie; eigener Wille, Treffen von Entscheidungen; Bedürfnis, Dinge zu erkennen und zu erfinden; aktiv
Grün	mental, abstrakt	buddhistische Ebene; Erwachen zum Geist, erste Erleuchtung, erweiterte Weltsicht; Wohlgefallen an der Verschiedenheit von Menschen und Orten
Blau	höhere Intuition	atomare Ebene; das Selbst als Individuum; Betonung von Erziehung und Wissen; Weisheit und höhere Aspekte der Intuition
Indigo	Inspiration	monadische Ebene; voll individualisiert; das Empfinden, vom unteilbaren Ganzen getrennt zu sein, verschwindet; erhöhte Einsicht und Wahrnehmung
Violett	spirituell	göttliche Ebene; mit der Seelenmacht übereinstimmend; Hingabe an den göttlichen Willen; man widmet sich höheren und engagierteren Formen des Dienens

25 Jahren, in denen ich Nahtod-Erfahrungen untersuchte, fand ich heraus, dass sich genau das Potenzial, das der Einzelne schon vor dem Vorfall aufwies, durch das Ereignis erweiterte, verstärkte und erhöhte. Es war, als seien die Betroffenen von der Energie des Aufstiegs mitgerissen worden.

Lassen Sie mich noch etwas mehr darüber sagen. Die Merkmale der Menschen der aufgestiegenen fünften Wurzelrasse sind dieselben wie die von Menschen, die irgendeine Art folgenschwerer und massiver Bewusstseinstransformation durchlebt haben – sei es durch eine Nahtod-Erfahrung, irgendein bedeutsames Ereignis oder weil sie so geboren wurden. Dieser durch individuelle Transformationen verursachte Effekt kann in der gesamten Bevölkerung festgestellt werden.

Wenn die fünfte Welt heraufzieht, kommen mit ihr auch die fünfte Wurzelrasse und die Energie des fünften Chakras mitsamt seinen Anforderungen. Wir erweitern uns, vergrößern uns und steigen auf – als Menschen, als Gesellschaft und als ganzer Planet mit seinen Regierungen, Wirtschaftssystemen, Ideologien und Religionen. Die meisten dieser Institutionen beginnen erst jetzt zu begreifen, was es heißt, den Platz auf einem Planeten in einem Himmel voller Lichtkugeln miteinander zu teilen.

Auch die Funktion unserer fünf Sinne erweitert sich. Was einst hellseherisch genannt wurde, gilt jetzt als normal, da wir näher an intuitives Wissen heranrücken. Außerdem bewegen wir uns in die fünfte Dimension. Die ersten drei Dimensionen haben mit den Gesetzen von Zeit und Raum zu tun, die vierte mit der astralen oder ätherischen Ebene und die fünfte … nun, sie wird uns von der Zeit- und Raumdynamik befreien und uns befähigen, unsere Absichten direkt in die Manifestationsmaschine zu stecken. In der fünften Dimension ist nichts verborgen – alles ist enthüllt. Können wir damit umgehen? Wir können es … vielleicht.

Joseph Chilton Pearce, ein Fachmann für die Einflüsse auf die Gehirnentwicklung bei Kindern und wie sich diese auf die Gesellschaft und die Evolutionsgeschichte der Menschheit auswirken, hat das mitreißende und wichtige Buch *Biologie der Transzendenz. Neurobiologische Grundlagen für die harmonische Entfaltung des Menschen* geschrieben. In diesem bedeutenden Werk behauptet er, dass der Mensch genau genommen fünf Gehirne besitzt. Er stellt fest, dass das Hirn aus vier Hauptregionen besteht: dem hinteren oder Reptilien-Gehirn, dem mittleren oder limbischem Hirn, dem Vorderhirn bzw. dem Neocortex und dem Präfrontallappen. Er sagt außerdem, dass die Neurokardiologie festgestellt hat, dass ein fünftes Gehirn existiert – das Herz. Untersuchungen haben ergeben, dass es weit mehr als eine Blutpumpe ist und zu 60 bis 65 Prozent aus Nervenzellen besteht, die mit denen des Gehirns übereinstimmen. Genau genommen ist das Herz die große Drüse des Körpers und produziert Hormone, die die Funktionen von Körper, Hirn und Verstand grundlegend beeinflussen. Mit jedem Herzschlag werden zweieinhalb Watt elektrische Leistung produziert, die in und um uns herum ein elektromagnetisches Feld erschaffen, das mit dem der Erde identisch ist.

Ja, wir haben ein fünftes Gehirn – eins, von dem wissenschaftliche Erkenntnisse jetzt behaupten, dass es kräftiger und außergewöhnlicher ist, als wir uns je vorstellen konnten. Es ist kaum verwunderlich, dass Patienten, denen ein fremdes Herz transplantiert wurde, von Erinnerungsfetzen und Eigenschaften des Spenders berichten. Sie haben nicht nur eine Organspende erhalten, die ein zellulares Gedächtnis besitzt, sie haben ein Gehirn erhalten. (Es gibt zunehmend mehr Untersuchungen, die die Behauptung vom zellularen Gedächtnis und der erstaunlichen Intelligenz des Herzens unterstützen, z. B. *Heilung aus dem Herzen* von Paul Pearsall, Dr. phil., und die Arbeiten des HeartMath Instituts.)

Fassen wir zusammen: Die erst jüngst entstandene Intuitionswissenschaft hat gezeigt, dass unsere fünf Sinne gereizt werden, um höhere Funktionen zu erfüllen. Zur selben Zeit hat die junge Neurokardiologie festgestellt, dass wir ein fünftes Gehirn besitzen.

Außerdem geschieht all dies, während sich die fünfte Welt, die fünfte Wurzelrasse und das fünfte Chakra erheben. Ist das nicht unglaublich?

So viele Fünfen. Muster wie dieses, in denen Ordnung und Zusammenarbeit entdeckt werden, wo keine Ordnung und Chaos zu herrschen schien, werden von einer weiteren neuen Wissenschaft erklärt – der Wissenschaft der Synchronie. Das ist kein Scherz. Die Vorstellung ›Gleich und Gleich gesellt sich gern‹ lässt sich jetzt auf jeder Existenzebene beweisen – vom Verkehr bis hin zum neuesten Trend, vom Fisch bis zum Glühwürmchen, von Geburten bis hin zur Evolution selbst – wir finden überall Muster. Wir wissen bereits aus der Chaostheorie, dass aus dem Chaos eine neue Ordnung entsteht, wenn Ordnung in es integriert wird. Willkürlich scheint das Leben Unvorhersagbares zu benutzen, um den andauernden Fortschritt zu sichern. Was jedoch wie Willkür wirkt, ist Teil und Grundlage einer tiefer liegenden Ordnung.

Können Sie noch eine weitere Fünf vertragen?

In der Nummerologie und als mystisches Symbol bedeutet die Fünf Wandel. Sie bedeutet auch Fortschritt, Wachstum, Kommunikation, Reisen, Erziehung, Spaß am Sex, Herrschaft, den Willen, Dinge zu erreichen und sich anzueignen, Wissen, Entdeckung, Abenteuer und Einsicht. Der Einfluss der Fünfer-Energie bewegt und verändert alles. Sie ist handlungsorientiert und bedeutet Vorwärtsbewegung. Sie steht auch für den fünfzackigen Stern – der Stern des Menschen in Beziehung zu Gott, Jesus als Messias und das Christentum.

FÜNF … eine Zahl der Veränderung und das Energiemuster, das erklärt, wovon unsere Welt gerade überrannt wird und was mit unseren Kindern geschieht.

Verzichten Sie auf Ritalin, liebe Eltern. Geben Sie Ihren Kindern mehr Freiraum, mehr Rätsel zu lösen und mehr Herausforderungen für ihren Verstand. Sie werden sie ohnehin nicht ruhig halten können – zumindest nicht für lange.

V

DER MARSCH DER GENERATIONEN

Die Autobahn des Lebens ist eine ewige Baustelle.
Frank und Ernest (Cartoon von Bob Thaves)

Nicht jedes Mal wird das Auftauchen einer neuen Wurzelrasse von dem Beginn oder Ende eines Zeitalters begleitet – dieses Mal schon. Im Laufe der Übergangsphase kommt es zu einem grundlegenden Wertewandel in unserer Kultur, der sich auf den Marsch der Generationen auswirkt. Einige meinen, er sei auf den Vietnamkrieg-Krieg zurückzuführen, der uns aus der Postmoderne heraus zu neuen Denkarten angeregt habe. Andere halten den Beginn des dritten Jahrtausends für die Ursache. Beides hat seinen Anteil, aber es steckt noch weitaus mehr dahinter. Betrachtet man sich die Sache näher und wagt einen Blick über den Tellerrand hinaus, kann man erahnen, wie die großen Schemata der Schöpfungsgeschichte mit dem kurzen Leben der Menschen zusammenhängen.

Letztendlich ist Evolution keine abstrakte Idee. Evolution sind Sie und ich, Großmutter Tilly und Onkel Fred, Menschen, die ein sonst wenig bemerkenswertes Leben führen. Dass wir wichtig sind, habe ich bereits gesagt. Wir sind es wirklich, denn ohne jeden Einzelnen von uns würde der große Plan nicht funktionieren.

Was also genau ist der Marsch der Generationen? Ich meine damit, dass Menschen im Lauf der Zeit in bestimmten Sinn- und Absichtswellen auftauchen und wieder verschwinden – eine Gruppe nach der anderen. Jede dieser Wellen verfügt über ein ganz bestimmtes Energiemuster und eine ganz bestimmte Bewusstseinsart. Diese definieren den Unterschied zwischen den Angehörigen dieser Welle und denen, die vorher da waren oder noch kommen werden. Jede Generation rollt wie eine Ozeanwelle heran und verteilt sich, von einzigartigen Kräften getrieben, über die vielen Küsten unseres Planeten. Diese Wellen sind zyklisch und können erforscht und erfasst werden. So kann man Informationen gewinnen über das, was geschehen wird und wie es sich auf den menschlichen Geist auswirkt, und das ist überaus nützlich. Die wichtigsten Generationsforscher der USA, Neil Howe und William Strauss, haben mit ihrem ersten Buch, *Generations: The History of America's Future, 1584 to 2069*, ein bedeutendes Werk geschrieben. (Auf ihrer Typologie basiert meine Arbeit. Was die Datierung angeht, sind andere Demographen oft anderer Meinung. Ich jedoch halte Strauss und Howe für die genauesten.)

Das Wörterbuch definiert als ›Generation‹ eine durchschnittliche Zeitspanne, die von der Geburt der Eltern bis zur Geburt der Nachkommen dauert. Außerdem beschreibt der Begriff eine Gruppe gleichgesinnter und ungefähr gleichaltriger Menschen, die über eine gewisse Zeitspanne gemeinsam agieren (z. B. unsere gegenwärtigen Richter beim obersten Gerichtshof der USA. Sie sind sich einig, dass sie Schutzherren des Föderalismus, der Staatssouveränität und der amerikanischen Verfassung sind. Etwa alle 30 Jahre ändern sich die Einstellungen und Meinungen des hohen Gerichts, auch die gerade erwähnten. Dies entspricht ungefähr einer Generation).

Traditionell wird eine Generation auf exakt 33 Jahre festgelegt. Genauso lange soll Jesus gelebt haben. Wenn wir jetzt, durchaus berechtigt, die Astrologie hinzuziehen, dann kann diese Zeitspanne –

wegen der elliptischen Umlaufbahn des Planeten Pluto – zwischen 12 (Pluto im Skorpion) und 32 Jahre (Pluto im Stier) dauern. Es ist faszinierend, dass Generationsforscher heute die Zeitbeschleunigung genauso unterschiedlich einschätzen wie die Astrologen. Die Definition einer Generation schwankt meist zwischen 14 und 26 Jahren, je nach Einfluss der historischen Ereignisse. Bei Prognosen jedoch setzt man willkürlich 22 Jahre fest.

Was hat all das nun mit der fünften Wurzelrasse oder, noch genauer, mit den neuen Kindern zu tun, die jetzt auf die Welt kommen? Das Generationsschema, das diesen Zusammenhang am besten erklärt (zumindest was die USA angeht), lautet folgendermaßen:

1901–1924, G. I. Joes (Gründergeneration), rund 6 % der amerikanischen Bevölkerung im Jahr 2002,
1925–1942, Silents (die Stillen, die sich kümmern), rund 11 % der amerikanischen Bevölkerung,
1943–1960, Baby-Boomer (Rebellen), rund 27 % der amerikanischen Bevölkerung,
1961–1981, Generation X (Überlebende), ebenfalls rund 27 %,
1982–2001, Millenials (Instandsetzer), etwa 29 % der amerikanischen Bevölkerung.

Die neueste Generation kann dem jetzt hinzugefügt werden. Ich nenne sie:

2002–2024, die Generation des 11. September (die Anpassungsfähigen), Prozentsatz unbekannt.

Sie werden überrascht und verblüfft sein, wenn Sie sich die Generationen dieser Liste genauer ansehen, denn diese Einteilung spiegelt, wie Menschen reagieren, wenn sich der soziale Druck ändert. Da

Pluto für die Generationsveränderung der Menschen steht, habe ich zusätzlich noch etwas erklärende Astrologie hinzugefügt.

1901–1924, G. I. JOES (GRÜNDERGENERATION)

Sie wird, was Aufopferungsbereitschaft und die Errungenschaften des gesamten 20. Jahrhunderts angeht, die ›große Generation‹ genannt. Durch die große Depression und zwei Weltkriege gestählt, verfügten diese Menschen über eine praktische und bodenständige Disziplin, die es ihnen ermöglichte, jedes Problem mit der Zuversicht anzugehen, dass es zu schaffen sei. Sie stehen für ungewöhnlichen Wagemut. Ihr Handeln war motiviert durch kontinuierliche Verpflichtung, Patriotismus und einen starken Gottesglauben, was auch ihre Art zu denken ausmachte. Sie schufen große Firmen, große Regierungen, große Kirchen und große Unterhaltungsunternehmen. Man handelte wie eine Gemeinschaft, die aus dem richtigen Holz geschnitzt ist. Diese Menschen waren beharrlich und hartnäckig – Meister der Erfindung, des Designs und der Konstruktion, außerdem pflichtbewusste Eltern, die für ihre Kinder Pfadfindergruppen gründeten. Sie verfügten über unbändige Energie (Supermann- und Superheldencomics entstammen dieser Gruppe) und standen für die Macht der Autorität, der Tradition und des Gemeinwohls. Sie erfüllten den amerikanischen Traum wie keine Gruppe vor oder nach ihnen und gewannen dadurch zwei Drittel der Nobelpreise, die an Amerikaner vergeben wurden. Vielen gelang es, ein Vermögen anzuhäufen.

Sie können sich wahrscheinlich schon denken, dass sie auch dafür bekannt waren, sparsam und geizig zu sein, mehr anzuhäufen, als sie brauchten, und dafür, dass sie übertriebene Anforderungen daran hatten, wie eine Arbeit zu erledigen sei – nämlich genau so, wie es zu sein hat. Ihr Vorstellungshorizont war auf Stoffliches reduziert – auf alles, was man sehen, hören und anfassen konnte. An Frivolem, an sexuellen oder emotionalen Exzessen oder Abweichungen waren sie nicht interessiert. Ihr Leben war an Bedingungen geknüpft – man bekam, was man verdient oder geleistet hatte.

Astrologisch gesehen teilte sich diese Generation. Von 1901 bis 1913 stand Pluto in den Zwillingen (das Zeichen des Experimentierens, der Erfindungen, Ideen, Kommunikation, ruhelosen Energie und des Verlangens, Neues auszuprobieren) und von 1914 bis 1924 im Krebs (das Zeichen von Mutterschaft, Nahrung, Schutz, Verteidigung, Tradition der harten Arbeit und Loyalität, Eigentum, Sentimentalität und dem Bedürfnis, Energie zu stabilisieren).

1925–1942, SILENTS (DIE STILLEN, DIE SICH KÜMMERN)

Eingezwängt zwischen den Helden des zweiten Weltkrieges und den Rebellen, die danach kommen sollten, ist diese Generation als die der zerbrochenen Träume bekannt. Treue Arbeiter, die entweder vergessen, nicht geschätzt, übersprungen oder ignoriert wurden. Sie hatten seit ihrer Kindheit die Verantwortung, sich um andere zu kümmern – besonders um ihre Eltern. Es war, als seien sie dazu bestimmt, die perfekten Helfer zu sein. Das Zeug zum Anführer fehlte ihnen (kein U.S.-Präsident stammt aus dieser Generation). Daher entwickelten sie eine Mentalität, die eher einen Annäherungsversuch an das Leben darstellte als individuellen Unternehmungsgeist. Sie stehen weder für Großes noch für Herausforderungen. Sie wuchsen verschlossen, meistens uninteressiert und ohne herausragende Eigenschaften auf.

Dennoch sind sie dadurch, dass sie die Tiefen des Selbst ausloteten, die Generation der bürgerlichen und sozialen Belange. Während ihres Prozesses erlangten sie ein scharfes Gespür für die Phasen, Wendepunkte, die Höhen und Tiefen des menschlichen Daseins und dafür, warum es Menschen so schwerfällt, ihre Ideale zu erfüllen. Die darauf folgende sexuelle Revolution und die Scheidungswelle sind auf diese Menschen zurückzuführen, ebenso wie die Entdeckung der Psychiatrie und der Psychoanalyse als wichtige

Forschungsgebiete. Ihnen entstammen einige der besten Komödianten und Komponisten der Geschichte, genauso wie zahlreiche Menschen, die sich durch professionelles Helfen hervorgetan haben. Genau genommen kann jede große Gestalt der Bürgerrechtsbewegung auf diese Generation zurückgeführt werden – ebenso die Entstehung des Friedenskorps und zahlreiche Interessenbewegungen. Oft als Bürokraten oder Firmenmenschen abgestempelt, waren Organisation und Management ihre Stärken.

Der Einfluss des Pluto spaltete auch sie in zwei Gruppen: 1925 bis 1937 waren sie unter der Schirmherrschaft des Krebses (bereits beschrieben) und von 1938 bis 1942 unter der des Löwen (das Zeichen des Herrschens, Chef-Seins, der dramatischen Veranlagung, der aufgeschlossenen Weltsicht, Großzügigkeit, Offenherzigkeit, Vorliebe für Gourmetspeisen, Spielen und der Tendenz, mehr zu erwarten, als geliefert werden kann).

1943–1960, BABY-BOOMER (REBELLEN)

Was bei den Stillen mit Selbstentdeckung begann, entwickelte sich bei den Baby-Boomern zur narzisstischen Mentalität, die rasch zu einem heftigem und mächtigen Aufruhr der Jugend führte. Sie waren Sieger und so zahlreich, dass sie jeden erdenklichen Rahmen sprengten: Schulwesen, Wohnen, medizinische Versorgung, Regierungsprogramme, Anstellungsmöglichkeiten und – bereits am Horizont zu sehen – die Rente. Sie waren echte Yuppies (die mehr verlangten, als sie je ausgeben konnten) und von Beginn an mit so viel Fülle gesegnet, wie ihre Eltern nur aufbringen konnten. Sie waren visionäre Idealisten, die allein ihrem Entzücken folgten. Sie ließen aus der sexuellen Revolution eine Orgie der freien Liebe, der psychedelischen Pillenschlucker und des Rock & Roll werden. Riesige Konzerte wurden veranstaltet (»Wenn Sie sich an Woodstock erinnern können, waren Sie nicht da«), gewaltige Proteste (»Stoppt den Krieg in Vietnam« und »Atomkraft? Nein danke!«), riesige Versammlungen (»Wir stehen zu den Arbeitern Polens«) und große Bewegungen (»Das Wassermannzeitalter ist nahe«). Es gab ein neues Bewusstsein und neue Werte.

Dieser Generation war eine spirituelle Euphorie zu eigen, die keine andere Generation besaß. Sie betraf alles: Drogen, religiöse Revivals von ›Jesus liebt dich‹ bis hin zum Evangelikalismus, von New-Age-Bewegungen bis hin zur Mythologie, östlicher Mystik, Gurus, Prophezeiungen, übernatürlichen Phänomenen, einer wahre Explosion an neuen Therapiemethoden, Selbsthilfebüchern, Yoga und Meditationsgruppen. Sie erzeugte auch die aktivste Phase neuer Kirchenbildungen im 20. Jahrhundert.

Ihre Arroganz und kreative Unabhängigkeit begünstigte eine Revolution in der Unterhaltungsindustrie und in den Medien, auch bei Technologie, Kommunikation, Literatur und Mode. Spaceshuttles wurden entwickelt und neue Gebiete erforscht. Diese Gruppe, die ihre Väter als emotional blockiert und ihre Mütter als ihre beste Freundin bezeichneten, scheint sich aus der Selbstbezogenheit hin zur Selbstzerstörung bewegt zu haben. Es kam zu einer großen Bandbreite von Leiden – Aids, Drogensucht und Alkoholmissbrauch. Um sich vor dem Vietnamkrieg zu drücken, wurden einige zu Drückebergern und Herumtreibern. Viele strandeten durch falsche Erwartungen oder gewaltige Konkurse und Zwangsvollstreckungen.

In den Jahren 1943 bis 1957 – also fast während der ganzen Zeitspanne dieser Generation – stand Pluto im Zeichen des Löwen (s.o.). Erst 1958 bis 1960 trat Pluto in die Jungfrau ein (das Zeichen der Ernte, des Ertrags, der Nützlichkeit, der gesundheitlichen Themen, der Tugend, der detaillierten Analyse, der Kritik, der zurückgehaltenen Emotionen, der Vorsicht, des Anstands und einer nervösen, manchmal selbstverachtenden Energie).

1961–1981, GENERATION X (ÜBERLEBENDE)

Die dreizehnte Generation der amerikanischen Nation wird auch die ›verlorene Generation‹ genannt. Ein unheilvoller Haufen, der für Armut, Drogen und elterliche Vernachlässigung steht. Der Vietnam-Konflikt hat sie der Gesellschaft entfremdet. Ihre Merkmale sind explodierende Scheidungsraten, von Gier getriebene Massenübernahmen, Regierungsbetrügereien, das Versagen religiöser Werte und ein Schulsystem, das nicht in der Lage ist, seiner Aufgabe gerecht zu werden. Ihre Natur ist die von Einheimischen eines Stammes. Wenn Sie mir nicht glauben, werfen Sie einen Blick auf ihre Piercings und Tätowierungen, und achten Sie auf ihre Neigung, eigene Familien durch Gang-Zugehörigkeit oder geschlossene Clans unter Gleichgesinnten zu bilden.

Keine Generation der Geschichte wurde so zahlreich abgetrieben wie diese. Daher ist sie überzeugt, dass Kinder nicht gewollt sind und Pflichtgefühl eine Zeitverschwendung ist. Wenn man dann noch bedenkt, dass ihre Welt von Instant-Befriedigungen geprägt ist, von Fast Food, Online-Banking und unzähligen Fernsehkanälen zum Rumzappen, kann man ihre verkürzte Aufmerksamkeitsspanne verstehen. Es verwundert nicht, dass sie einen unheilvollen, dunklen Zynismus entwickelt haben. Auch ›namenlose Generation‹ genannt, sind sie die Erfinder von Verbrechen wie Computerviren und Piraterie auf ›sicheren‹ Web-Seiten.

Musik, so behaupten sie, ist für sie wichtiger als Sex, Geld oder Macht. Ihre Musik ist Acid Rock, Punk und Rap, Geschmacklosigkeit ist zur Kunstform geworden. Sie werden von Anarchie, sexuellen Abweichungen und Androgynität angezogen und sind die einzige Generation, die weniger gebildet ist als die ihrer Eltern.

Depressionen und Selbstmord sind typisch für ihre Energie, genauso wie ein starker Instinkt fürs Überleben. Das lässt sich gut an ihrem Talent für Unternehmertum erkennen – sie machen nicht wirklich Karriere, haben aber die Fähigkeit, unabhängige Unternehmen zu gründen, die auf Netzwerk-Zugang basieren, wobei die Zahl der Arbeitsstunden oft utopisch ist. Sie haben beinahe missionarischen Eifer, auf jede Rhetorik, jedes schmückende Beiwerk zu verzichten und alles auf praktische Wahrheiten zu verkürzen. Ihnen bedeuten erwiesene Loyalität und bewährte Beziehungen mehr als Wohlstand. Einige sind nur ›halb-erwachsen‹ und leben mit zwanzig oder dreißig noch bei ihren Eltern oder werden von ihnen unterstützt. Andere teilen Werte und Pflichten in Wohngemeinschaften. In dieser Generation steht Pluto zu gleichen Anteilen von 1961 bis 1971 in der Jungfrau (bereits beschrieben) und von 1972 bis 1981 in der Waage (das Zeichen der Heirat, Beziehung, Partnerschaft, der Diplomatie, des Gerichtswesens, der Gerechtigkeit, raffinierter Perversionen, der Unschuld, der Künste, der Maske des Lächelns, wenn eigentlich Zweifel herrschen, und der Kontrolle nach außen, während das Innere weint).

1982–2001 MILLENNIALS (INSTANDSETZER)

Als diese dynamische Gruppe neuer Traditionalisten auftauchte, ging ein Seufzer der Erleichterung durch die Gesellschaft. Sie sehen sich selbst als die ›Generation der Instandsetzer‹. Sie sind da, um die Exzesse der Baby-Boomer und den Zynismus der Generation X zu ›reparieren‹. Ihre Fähigkeit zu Innovation, Abstraktion, intuitives Wissen und räumliches Denken, ihre hohen IQs und eine für ihr Alter bemerkenswerte Weisheit prallten auf die Realität einer stetig kleiner werdenden Mittelklasse, die hauptsächlich aus allein erziehenden Single-Haushalten bestand (siehe auch *Millenials Rising: The Next Great Generation* von Neil Howe und William Strauss). Schon in jungen Jahren sind sie für die Wiedereinführung ethischer Werte und engagieren sich oft auch freiwillig für Menschenrechte, Artenvielfalt, Naturschutzbewegungen, erneuerbare Energien und die Qualität der Ausbildung.

Sie sind ihrer Familie treu ergeben, legen sich nicht schnell fest, sind vernünftig und selbstständig. Sowohl die Frauen als auch die Männer machen nicht selten Judo, Karate und viele andere Sportarten sowie Ausdauertraining. Die früh in diesem Zeitrahmen Geborenen favorisieren die radikale politische Mitte und propagieren die Vorteile elektronischer Demokratie und der Steuerreform. Eifrig sind sie an Geschäftsunternehmen und der Anhäufung von Wohlstand beteiligt. Sie lieben Herausforderungen und funktionieren am besten in kleinen Gruppen und Koalitionen aus hellen Köpfen. Autorität beeindruckt sie nicht.

Die jüngeren Millenials scheinen ebenso gepolt zu sein. Außerdem strahlen sie eine bissige Selbstsicherheit aus, die alle Merkmale einer tief sitzenden Wut aufweist – besonders gegen alles Unauthentische und Aufgesetzte oder Schwindel. Die Frauen haben einen Hang zur Aggressivität, und die Männer sind bereit, Pflichten und Vergnügen auf gleichberechtigter Basis mit ihnen zu teilen. Viele der Älteren sind bisexuell und praktizieren Oralsex. Obwohl sie früh erwachsen werden, fehlt ihnen ein Gespür für Rechtschreibung und Grammatik – vielleicht, weil diese Anforderungen im Zeitalter der Elektronik nicht gebraucht werden. Sie sind so daran gewöhnt, Musik zu tauschen, Videos zu kopieren und Bilder herunterzuladen, dass ihnen die Idee fremd ist, jemanden für seine Arbeit zu bezahlen, um damit sein Talent zu honorieren. Obwohl sie viel Energie besitzen, wird Fettleibigkeit zunehmend zu einem Problem, ebenso wie ein Übermaß an Aufmerksamkeitsstörungen und den Hang, in Schwierigkeiten zu geraten. Die Berichterstattung über den Anschlag vom 11. September ließ in ihnen neuen Patriotismus erwachen und eine starke Entschlossenheit, die mit jener der G.I. Joes nach Pearl Harbor vergleichbar ist.

In dieser Generation stand Pluto in drei Zeichen – von 1982 bis 1983 unter dem Einfluss der Waage (bereits beschrieben), von 1984 bis 1995 im Skorpion (das Zeichen der Transformation, ›Tod des Alten und Geburt des Neuen‹, der Besteuerung, des Geldes anderer Leute, extremer Lebensumstände, von Sexualität und Geburt als politische Themen, der Heiligkeit, der Magie, der Geheimnisse und des Schwankens zwischen Ego und Seele). 1996 bis 2001 stand Pluto im Schützen (das Zeichen der humanitären Gesinnung, der Philosophie und Religion, des Gesetzes, der fremden Länder und Interessen, des Reisens, der höheren Bildung, der Wissenschaft, des Sports, der Launen und scharfen Zungen, der Ehrlichkeit und einer ansteckenden Begeisterung für Fortschritt).

2002–2024, DIE GENERATION VOM 11. SEPTEMBER (DIE ANPASSUNGSFÄHIGEN)

Da diese Generation noch im Entstehen begriffen ist, können zu diesem Zeitpunkt nur Vermutungen ausgesprochen werden. Obwohl ihre Angehörigen auf den ersten Blick furchtlos zu sein scheinen, sind sie von Angst geprägt. Astrologische Studien und Intuition sagen mir, dass Sicherheit, Geldpolitik, Steuerverantwortung und Umstrukturierungen für sie wichtig sein werden. Sie fokussieren sich besonders auf den Kampf der Kulturen, der für die Unruhen auf unserem Planeten verantwortlich ist. Und sie werden diese Herausforderung annehmen, denn die dazu nötigen Fähigkeiten sind Teil und Merkmal ihrer Seelen. Unter ihnen wird sich die Welt, wie wir sie kennen, verändern. Das gilt auch für Grenzen und Begrenzungen, Sozialdienstleistung, Handel, Regierungen und Entwicklungsmöglichkeiten des Einzelnen. Die Euphorie über die bevorstehende Aufgabe wird sich legen, wenn ihnen ihr Ausmaß bewusst wird. Ganz sicher werden sie einen unmittelbaren Anstieg von Spiritualität und Kreativität erfahren, doch er könnte sich als Eigentor erweisen, falls sie vergessen, sich selbst zu schützen und starke Abwehrmaßnahmen zu ergreifen. Daher kann eine Menge Konservatismus und Vorsicht nötig sein und eine große Portion Geduld.

Viele Hellseher, Channeling-Medien und Visionäre haben Prophezeiungen über die einzelnen Jahre dieser Generation ausgesprochen. Ich habe meine eigene gemacht – hier eine Auswahl:

2004 und 2012: Venus wandert zwischen der Erde und der Sonne. Ein seltenes Himmelsphänomen kündet die letzte Vorbereitungsstufe an, bevor die Pforte der Maya durchschritten wird.

2007: Wahrscheinlich Beginn des Krieges von Armageddon, so wie er von christlichen Fundamentalisten vorausgesagt wurde.

2012–2013: Der Aufstieg der fünften Welt beginnt, so wie er von vielen spirituellen Traditionen übereinstimmend vorausgesagt wurde.

2017: Nach einer Reihe großer Fehleinschätzungen in der Außenpolitik, bei Wirtschaftsreformen und bei der politischen Führung werden die Vereinigten Staaten mit neuem Denken und neuer Tatkraft ›wiedergeboren‹.

Ebenfalls 2017: Astronomen halten dies für das Jahr der letzten großen Sonnenfinsternis. Da sich unser Mond allmählich von der Erde wegbewegt, ist er später wahrscheinlich zu weit entfernt, um die Sonne gänzlich zu verdecken.

Von 2002 bis 2008 wird Pluto im Schützen stehen, für die Zeit von 2009 bis 2024 jedoch im Steinbock (das Zeichen von Regierungen, Führern, Autoritätspersonen, Konservativismus, sozialen Diensten, Status, Investitionen, Karriere, Kontrolle und Manipulation, der Auszeichnungen, der Errungenschaften, von Engagement, praktischem Nutzen, der Enthaltung, des Perfektionismus, Protektionismus und der Beherrschung von Gefühlen).

Die meisten Astrologen glauben, dass das Wassermannzeitalter 2025 beginnt, wenn Pluto in dieses Zeichen eingeht und die unter seinem Einfluss geborene Generation prägt. Eine weit verbreitete Prophezeiung lautet, dass der nächste große Avatar oder Messias am 18. Februar 2080 zur Welt kommt, wenn sieben Planeten im Zeichen des Wassermanns stehen – besonders Jupiter und Saturn. Dieselbe einzigartige Konstellation ist auch bei der Geburt Jesu aufgetreten. Ich habe keinen Zweifel daran, dass auf eine solche Geburt spektakuläre Ereignisse folgen. In den Jahren 2133 und 2134 wird der Halleysche Komet zum dreiunddreißigsten Mal an uns vorbeiziehen und den Aufstieg der Wassermannenergie verkünden. Die Veränderungen werden so dramatisch sein, dass die uns bekannte Welt dann nicht mehr existiert. Die Generation, die das Wassermannzeitalter einführt (ein ›Monat‹ des kosmischen Jahres dauert 2160 Jahre), wird höchstwahrscheinlich die Jahre 2025 bis 2043 umfassen. Ich nenne sie Aquarianer, denn ihre Zeitspanne dauert so lange, wie Pluto im Wassermann verweilt. Wassermannenergie beinhaltet unglaublich viel Vorstellungs- und Schöpfungspotenzial. Sie ist so innovativ, freigeistig, exzentrisch, offen und freiheitsliebend, dass ich Zweifel daran habe, dass für ein anderes Muster noch genügend Platz bleibt. Deshalb füge ich die Jahre der Aquarianer (Universalisten) 2025 bis 2043, dem Marsch der Generationen hinzu.

Ich habe bereits mehrfach die Erkennungszeichen erwähnt, die die Prägung einer Generation ausmachen. Erlauben Sie mir, sie etwas genauer zu erklären. Es handelt sich dabei um die Merkmale des Energiemusters, das dem jeweiligen Kreislauf zugrunde liegt. Eine Zusammenfassung der positiven und negativen Merkmale der Generationen habe ich in der Tabelle auf Seite 66 zusammengefasst.

Die Millenials sind die Energieveränderer und führen die Menschheit zu einer radikalen Bewusstseinsveränderung mit verstärkter Gleichheit und Spiritualität. Während ihres Generationszyklus wechselt Pluto drei Mal das Tierkreiszeichen. Da deshalb drei verschiedene Schwingungsenergien in nur einer Generation herrschen, können Spannungen auftreten, was auch der Fall ist. So geraten unmoralische oder verbitterte Kontrollfreaks, die auch dementsprechend handeln, mit optimistischen Problemlösern aneinander. Die Situation der weit auseinanderliegenden Extreme in Absicht und Verhalten spiegeln die Tatsache wider, dass Evolution und Devolution gleichzeitig aufwallen. Solche Muster lassen die Energie, die zur Verfügung steht, in beinahe unvorstellbaren Ausmaßen anwachsen. Es kommt zu unvorhersehbaren Gruppenaufspaltungen in der Bevölkerung. (In den muslimischen Ländern z. B. ist die Hälfte der Bevölkerung jünger als 25 Jahre, manche drohen damit, sowohl unsere als auch ihre eigene Kultur in den Flammen des Terrorismus zu zerstören. Junge Männer und Kinder, die nie kritisches Denken gelehrt wurde und die meist der Armut ausgeliefert sind, werden zur Beute von manischen Gläubigen, die nur Hass und Intoleranz predigen. Das so verursachte Konfliktpotenzial könnte uns den dritten Weltkrieg bescheren. Man könnte dieses Phänomen als ›Jugend-Beben‹ bezeichnen, wenn man bedenkt, wie es die ›Späten‹ der Generation X und sämtliche Millennials von der weisen Führung Älterer und Erziehender abschneidet. Der so verursachte Druck von Evolution und Devolution (also Erschaffung/Zerstörung und Fortschritt/Rückschritt) könnte die Diplomatie überflüssig machen.)

GENERATIONSMERKMALE

GENERATION	POSITIVES MERKMAL	NEGATIVES MERKMAL
G.I. Joes (1901–1924)	Beharrlichkeit	Dickköpfigkeit
Silents (1925–1942)	Mitleid	Verzagtheit
Baby-Boomer (1943–1960)	Enthusiasmus	Selbstsucht
Generation X (1961–1981)	Einfallsreichtum	Selbstmord und Depression (Selbstverachtung)
Millennials (1982–2001)	Toleranz	Wut (eine seltsame Ungeduld)
Generation des 11. September (2002–2024)	Anpassungsfähigkeit	Angst (Unsicherheit)
Aquarianer (2025–2043)	Menschenfreundlichkeit	Instabilität (Krise)

In den Vereinigten Staaten sind die Schulen wegen der Bedürfnisse einer jungen multikulturellen Bevölkerung finanziell schwer angeschlagen. Lehrpläne und Unterrichtsformen müssen erstellt werden, die einer beinahe unvorstellbaren Bandbreite von Immigranten gerecht werden sollen. Das sprengt die Budgets. Der Generationswechsel verschlimmert die Sache noch – zu viel Stress in zu kurzer Zeit.

Die Millennials sind die Hauptgruppe in diesem Szenario. Keine Studie weltweit war bisher in der Lage, die ganze Bandbreite des Potenzials, das sie besitzen, auszuloten. Da jede Generation ihre eigene Wahrheit herausfinden muss, sind wir immer wieder neu herausgefordert. Die Aufgabe der Millennials als Schlüsselgruppe ist, Energie und Ressourcen neu zu erfinden und umzuverteilen. Sie errichten die Bühne, auf der das menschliche Drama aufgeführt wird, damit die Generation des 11. September und die Aquarianer ein besseres Drehbuch verfassen können. *Sie sind die Generation des Wandels im Zeitalter des Wandels und als 14. Generation unserer Nation eine Fünf!* In der Nummerologie werden Zahlenwerte addiert, um zu ihrer symbolischen Bedeutung zu gelangen. Aus 14 wird also eins plus vier, was fünf ergibt … und schon sind wir wieder beim Thema.

Verstehen Sie, was ich meine? Ob nun zum Guten oder zum Schlechten – diese neuen Kinder werden uns an Orte führen, an denen wir noch nie zuvor gewesen sind.

VI

BLAU ODER INDIGO – WIE SOLL MAN SIE NENNEN?

Wir sollten gut darüber nachdenken, was wir tun, wenn wir diesen ›neuen Kindern‹ eine Bezeichnung geben. Ich glaube, es handelt sich um Individuen der neuen Unterrasse, auf die sich unsere fünfte Gemeinschaft vorbereitet hat. Sie sind wie die neuen Triebe eines alten Baumes – des Baumes der Menschheit.

Pastorin Carol Parrish-Harra (Dr. phil.)

Mir ist aufgefallen, dass es immer zu einer Welle von Offenbarungen kommt, sobald ein Kreislauf endet und neues Bewusstsein einströmt – Prophezeiungen von Hellsehern und Visionären, Behauptungen und Gegenbehauptungen von Sensationslustigen, Skeptikern und Forschern. Alle wollen die Aufmerksamkeit der Öffentlichkeit darauf lenken, was an dem aktuellen Phänomen stimmt und was nicht. Dass immer mehr Stimmen laut werden, hilft uns dabei, aufzuwachen. Da auch ich zu den ›Glöcknern‹ gehöre, möchte ich meine Stimme diesem anwachsenden Chor anschließen. Zunächst jedoch eine Frage: Zu welcher Wurzelrasse gehören die Neuen – Blau oder Indigo (fünfte oder sechste)?

Es gibt für sie die verschiedensten Bezeichnungen – Indigos (aufgrund der angenommenen Farbe ihrer Aura), Sternenkinder (aufgrund ihrer vermuteten Herkunft von anderen Welten), Kristallkinder (da einige meinen, sie seien hoch entwickelt) u.v.m. Keine dieser Behauptungen jedoch hält einer genaueren Untersuchung stand, weder bei einer wissenschaftlichen Herangehensweise noch beim Studium mystisch-esoterischer Traditionen oder der Zusammenfassung visionärer Enthüllungen. ›Indigo‹ und andere Bezeichnungen müssen ernsthaft hinterfragt werden.

Fachleute auf dem Gebiet der Kindesentwicklung und Erziehung, Eltern und auch Kinder haben Probleme mit der Vorstellung, dass bestimmte Merkmale so genannten Indigos (oder Kristall-, Sternen- und Himmelskindern) vorbehalten sein sollen. Genau genommen treffen diese Merkmale heute auf die meisten Kinder zu, auch wenn sie keine violette Aura haben, Hybriden von einem anderen Planeten sind oder göttliche Weisheit besitzen. Die typischen Merkmale der Energie der fünften Wurzelrasse sind, sobald sie ansteigt, eine ausgeprägte Empfindlichkeit, Selbstsicherheit, hohe Intelligenz, Kreativität, Nonkonformismus, übersinnliche Fähigkeiten und spirituelle Wachheit, Ungeduld, Empathie, hohes Problemlösungspotenzial, Unbändigkeit und Schwierigkeiten bei der Erziehung.

Die seit ungefähr 1982 geborenen Kinder sind wirklich anders als jede Generation zuvor. Wenn der ganze Wirbel um die Indigos dabei hilft, diese Tatsache zu verdeutlichen, wurde der Welt ein Gefallen getan. Hoffentlich führt es dazu, dass die Art, wie wir Kinder betrachten und belehren, eine Transformation erfährt. Bestimmt wird sich ein Forum bilden, in dem die Kinder selbst sprechen und sich Gehör verschaffen können. Unsere Jüngsten haben ohne Zweifel Wichtiges zu sagen, und ich denke, dass es wert ist, dass wir zuhören.

Was jetzt mit unseren Kindern, mit uns selbst und in der Welt um uns herum geschieht, hängt zusammen. Es sind die synchronen Bewegungen ein und desselben Evolutionssprungs. Um besser verstehen und erkennen zu können, was im allgemeinen Diskurs über die neuen Kinder von Wert ist und was nicht, möchte ich das Thema etwas ausweiten.

Lee Carroll und Jan Tober nennen in ihrem bekannten Buch *Die Indigo Kinder* die neuen Kinder Indigos (sechste Wurzelrasse), weil ihre Aura violett ist. Sie schreiben auch, Indigos seien technologisch orientiert, hoch intuitiv und kreativ, selbstsicher, stark, abgeklärt und von schnellem, scharfem Verstand.

Viele Informationen in diesem Buch sind von einem Medium gechannelt und mit zusätzlichen Kommentaren einiger Fachkundiger und Eltern versehen.

Auch der Mystiker Drunvalo Melchizedek äußert sich zu den neuen Kindern. In einem Interview mit ihm, das Diane Cooper führte und später in einem Artikel ›Die Kinder des neuen Traums‹ nannte, erklärt er, dass zurzeit drei verschiedene Arten von Kindern auftauchten: hoch medial begabte Kinder in China, Indigo-Kinder und Kinder, die mit AIDS geboren werden. Über die chinesischen Kinder sagt er, sie seien ›unglaublich übersinnlich‹. Er berichtet, sie hätten jeden Test, dem sie unterzogen wurden, hundertprozentig bestanden – egal, welcher Test es war und wie schwierig er gewesen sei. Ihre Eltern seien irritiert und klagten oft: »Ich habe ein Kind, das alles weiß. Was soll ich nur tun?« Drunvalo behauptet, dass solche Kinder ebenfalls in Russland und in den Vereinigten Staaten auftauchten und dass diese hoch medial Begabten den Indigo-Kindern ähneln. (Paul Dong ist jemand, der sich in seinem Buch *Indigo-Schulen* ausgiebig über diese chinesischen Kinder äußert.)

Am stärksten beeindruckten Drunvalo die AIDS-Kinder. Hier ein Beispiel:

> Vor 10 oder 11 Jahren kam in den USA ein Baby mit AIDS zur Welt. Der Junge wurde nach der Geburt und erneut sechs Monate später getestet – er war positiv. Auch nach einem weiteren Jahr fiel der Test positiv aus. Der nächste Test wurde erst im

Alter von sechs Jahren durchgeführt – verblüffenderweise war das Kind vollkommen aidsfrei. Tatsächlich gab es keinerlei Anzeichen, dass es jemals AIDS oder HIV gehabt hatte.

Drunvalo behauptet weiterhin, Forscher der Universität von Kalifornien in Los Angeles hätten bei medizinischen Untersuchungen entdeckt, dass einige Kinder – wie auch dieser Junge – ein einzigartiges DNA-Muster aufwiesen, über das sonst niemand verfügte: 24 aktive Kodons. In der menschlichen DNA sind sonst nur 20 von 64 möglichen DNA-Verbindungen aktiv. Drei befinden sich im Ruhemodus, und der Rest ist einfach inaktiv. Er behauptet, dass die Kinder mit 24 aktiven DNA-Strängen statt der sonst üblichen 20 eine bemerkenswerte Resistenz gegenüber Krankheiten aufweisen. Sie scheinen gegen alles immun zu sein. Drunvalo glaubt, dass diese höher entwickelte DNA das Ende aller Krankheiten bedeuten könnte. Jeder, der sich wie diese Kinder dafür entscheidet, sich auf Einheit und Verbundenheit auszurichten, kann zu demselben Resultat gelangen.

Der Autor und Sänger James Twyman, auch der Friedenstroubadour genannt, reist um die Welt und veranstaltet Konzerte, die er ›Friedensmissionen‹ nennt. Er berichtet in seinem Buch *Emissary of Love* (Botschafter der Liebe) von einer persönlichen Begegnung mit einem ungewöhnlichen Kind aus Bulgarien. Nach dieser Begegnung stellte Twyman fest, dass er plötzlich übersinnliche Fähigkeiten besaß. Nun konnte er die Form von Materie verändern, die Gedanken der Menschen lesen und Bilder nur durch Absicht an andere übermitteln. Vier Monate später reiste er nach Bulgarien und erfuhr, dass er allein dadurch, dass er mit diesem Jungen und ähnlichen Kindern zusammen war und ihnen gegenüber sein Bewusstsein öffnete, plötzlich in der Lage war, sie telepathisch zu hören – egal, wo er sich befand. Die Kinder sagten, dass die Fähigkeiten, die er plötzlich manifestierte, latent in ihm und auch in allen anderen Menschen schlummerten. Während seiner Friedensmissionen in Bulgarien, Bosnien und anderen kriegsgeplagten Gebieten begegneten ihm viele, von ihm ›übersinnlich‹ genannte Kinder. Seine sensationellen Behauptungen über diese Kinder haben zu einer Explosion an Indigo-Büchern geführt, zu Musik für Indigos, Indigo-Camps, Schulen, Literatur, Unterricht, Spielzeug, Webseiten und Business-Logos.

Diese Sammlung verschiedenster Aussagen über diese bemerkenswerten Kinder, die heute geboren werden, muss natürlich überprüft werden. Zwar ist es unmöglich, jede Kleinigkeit zu hinterfragen, aber einiges davon möchte ich kommentieren.

Ein vorherrschender Trend – Kinder mit indigofarbener oder violetter Aura

Anzunehmen, dass Kinder mit indigofarbener oder violetter Aura gang und gäbe sind, ist stark übertrieben. Vorläufer der sechsten Wurzelrasse gibt es bereits, soweit ich sagen kann, seit dem späten 19. Jahrhundert. Heute sind es noch mehr, aber nicht annähernd so viele, wie angenommen wird.

Eigenschaften wie höhere Intuition, telekinetische und andere übersinnliche Fähigkeiten und technologische Fachkenntnis kennzeichnen die fünfte Wurzelrasse. Sie werden zunehmen, wenn sich der evolutionäre Kreislauf vollendet. Allerdings ist es schwierig, während der nächsten 400 Jahre die Wurzelrassen voneinander zu unterscheiden, denn während der Übergangszeit von einer Bewusstseinsstufe in die nächste werden sich die Merkmale vermischen. Dass die Farben der Aura kräftiger werden, ist bereits verbreitet ist und wird in den nächsten Jahren noch zunehmen – besonders das Blau bei jungen Erwachsenen und Kindern. Das ist ein Zeichen dafür, dass sich die Energie intensiviert. Wenn die fünfte Welt aufsteigt, steigt mit ihr die fünfte Wurzelrasse. Die Meisten der Blauen, die bereits hier sind und noch kommen werden, sind wahrlich ›aufgestiegene Blaue‹. Um sie zu erkennen, muss nicht nur auf die Farbe der Aura geachtet werden, sondern auch auf

Körpertypus, Verhaltensmerkmale und den geistigen und intuitiven Scharfsinn.

Wahre Indigos, und bisher sind mir nur sehr wenige davon begegnet, haben nicht dieselbe physische Ausdauer, die typisch für die fünfte und die aufgestiegene fünfte Wurzelrasse ist. Mit wahren Indigos meine ich jene, die die höheren Bewusstseinszustände aufweisen, die typisch für die sechste Wurzelrasse sind. Voll entwickelte Individuen sind in den ersten Wellen evolutionärer Übergangsphasen eher selten. Jede Wurzelrasse ist eine Verbesserung des Körpertypus und des Bewusstseins der vorangegangenen. Die ›Sechser‹ werden viel feiner sein als die, die sich jetzt manifestieren, mit der Fähigkeit, in bedeutend höhere Geisteszustände und spirituelle Realitäten einzutauchen. Außerdem schätzen die wahren Indigos sexuelle Variationen, scheinen schutzlos zu sein, was ihre persönlichen Grenzen angeht, und haben die Neigung, Hygiene und Gesundheit nicht allzu ernst zu nehmen – so, als ob diese Dinge eher für andere und nicht für sie gälten. Sie sind nicht körperlich, sondern geistig geerdet. Es sind die aufgestiegenen Blauen, die mit der unendlichen Weite der heutigen Probleme umgehen können. Machtvolle Instandsetzer, Freigeister und quasi nicht zu bremsen, wenn sie sich einem Ziel erst einmal verpflichtet haben. Sie werden sich mit nichts weniger als einer Generalüberholung der gesamten Menschheit zufriedengeben. Diesen neuen Kindern eine feste Bezeichnung aufzudrücken, z. B. Indigo-Helden, Kristalline, Übersinnliche, Sternensaat, Alien-Hybriden, blauer Strahl, Wunderkinder oder Ähnliches, hilft keinem … und bringt mehr Schaden als Nutzen.

Die Verbreitung nahezu unglaublich übersinnlicher Kinder

Neuerdings gibt es Berichte über Kinder, die Gegenstände mit ihrem Geist bewegen (levitieren) können, die Zukunft vorhersagen, Menschen von Krankheiten heilen und andere große Taten vollbringen. Viele dieser Behauptungen sind wahr. Weltweit sind Hunderte von Schulen für übersinnlich begabte Kinder entstanden. Es werden

Konferenzen abgehalten, Artikel und Magazine veröffentlicht. Es wird jedoch häufig übersehen, dass alle Kinder von Geburt an übersinnlich sind und oft über die gleichen Fähigkeiten verfügen. Allerdings werden sie ausschließlich denen zugeschrieben, die man für etwas ›Besonderes‹ hält. Ich jedenfalls frage mich, ob nicht das ›freundlichere‹ Klima für Paranormales heute die Ursache für die ungewöhnlich hohe Anzahl übersinnlicher Leistungen bei Kindern ist. Auch sind Eltern inzwischen weitaus eher als früher gewillt, den freien Ausdruck ihrer Kinder zu unterstützen. Außerdem werden in Zukunft Menschen aller Altersgruppen – um sich anzupassen und zu schützen – sensitiver für Übersinnliches werden, da sich unsere Umwelt verändert (weniger Sauerstoff und Magnetismus, mehr Stürme). Was die hoch medial begabten Kinder aus China angeht, haben Wissenschaftler herausgefunden, dass die Mehrheit ihre hellseherischen, telepathischen und telekinetischen Fähigkeiten nach der Pubertät verliert. Das stimmt mit Berichten parapsychologischer Untersuchungen überein, die mehr als ein Jahrhundert lang in England und Europa (später auch in den USA) durchgeführt wurden. Übersinnliche Fähigkeiten werden durch Bewusstseinszustände, den Hormonhaushalt und die Umwelt beeinflusst. Sie sind real und verdienen eine breitere Anerkennung, als sie ausschließlich mit Aberglauben zu verbinden oder aus religiöser Sicht zu verdammen.

Kinder, die mit AIDS geboren werden und später genesen

Die ursprünglichen Tests, die mit AIDS-Babys gemacht wurden und vor zehn Jahren für Wirbel sorgten, sind inzwischen unglaubwürdig. Bei der Überprüfung der Protokolle haben Ärzte entdeckt, dass keines dieser Kinder jemals AIDS hatte oder HIV-positiv war, es handelte sich um Fehldiagnosen. Im Jahre 2000 berichtete das *National Institute of Health*, dass in 20 Jahren HIV-Forschung weltweit nur fünf Erwachsene und 27 Kinder plötzlich auf mysteriöse Weise negativ getestet wurden. Wenn man bedenkt, wie viele Fälle es gibt, kann wohl kaum von einem Trend die Rede sein.

Kinder mit veränderter DNA-Helix, zusätzlichen Kodons (Nukleinsäurebasen) und Mutationen

Es gibt in der medizinischen Literatur keine Berichte über die Entdeckung zusätzlicher aktiver Kodons im Menschen. Das ist merkwürdig, wenn man bedenkt, wie wichtig diese Nachricht sein müsste. Was allerdings in der alternativen Presse zu finden ist, sind Geschichten über Mutationen der DNA-Helix und über sich formende zusätzliche Stränge. Einige dieser Behauptungen haben aufgrund eingehender Untersuchungen durch medizinische Forscher erste Zustimmung erhalten, andere sind eher fraglich. Die ganzheitliche Ärztin Dr. Berrenda Fox (Ärztin für Physiologie und Naturheilkunde) erklärte öffentlich, dass sie über zuverlässige Beweise verfüge, die diese Mutationen bestätigten. Kurze Zeit später schloss sie jedoch ihre Klinik und erklärte, ein Streit mit der amerikanischen Ärztekammer habe sie dazu gezwungen. Es ist nicht bekannt, wo sie sich jetzt aufhält und ob ihre Behauptungen stimmten. Viele verwarfen die ganze Angelegenheit nicht ganz ohne Grund, denn Fox war einst Autorin für TV-Sendungen wie *Akte X* oder *Sightings*. Nichtsdestotrotz haben zahlreiche Ärzte und Channel-Medien Ähnliches behauptet. So stellt z. B. Susanna Thorpe-Clarke aus Australien fest:

> Wir verändern uns körperlich. Wir basieren auf Kohlenstoff mit zwei DNA-Strängen und werden zu kristallinen Wesen mit 1024 DNA-Strängen. Denn nur kristalline Substanzen können auf höher-dimensionalen Ebenen existieren. Unsere Körper verschmelzen mit sirianischen DNA-Strängen, da diese den unseren am stärksten ähneln und in der Lage sind, mit nur wenigen Nebenwirkungen integriert zu werden.

Susanna ist, wie andere auch, sehr bekannt und hoch angesehen. Dennoch ist die Beweislage für die Behauptungen der Channel-Medien, Ärzte oder Menschen aus anderen Heilberufen rar.

Kinder aus Kriegsgebieten mit ungewöhnlichen, übersinnlichen Fähigkeiten

In psychologischen und medizinischen Kreisen ist seit mehr als 100 Jahren bekannt, dass viele Kinder übersinnliche Fähigkeiten entwickeln, wenn sie missbraucht wurden, problembelastet oder furchtbar schüchtern sind, von Kriegen oder ähnlichen Gräueln traumatisiert oder vernachlässigt wurden. Typisch sind Berichte über außerkörperliche Erfahrungen, Telepathie, die Fähigkeit, Dinge durch Gedankenkraft zu beeinflussen, die Zukunft vorherzusagen und Engel, Dämonen oder Nicht-Inkarnierte zu sehen und mit ihnen zu sprechen. Es handelt sich um angeborene, intuitive Fähigkeiten, die dazu tendieren, in Krisenzeiten automatisch zu einem Überlebensmechanismus zu werden.

Viele dieser Kinder wurden von sehr bekannten Erwachsenen, z. B. dem bereits erwähnten James Twyman, beinahe zu Superstars gemacht. Er hat mit seinen Friedenskonzerten Unglaubliches erreicht. Sein Auftritt 2004 in Bagdad, bei dem nur einige Blocks weiter die Granaten niedergingen, ist legendär. Das Waisenhaus, das dort von Mitgliedern seiner ›geliebten Gemeinschaft‹ errichtet wurde, hat Leben gerettet. Seit Neuestem wird ihm jedoch auch vorgeworfen, dass er die Kriegsangst und Friedenssehnsucht ausnutzt, um aus seinen Behauptungen über übersinnliche Kinder Kapital zu schlagen. Twyman hat bereits zugegeben, in seinem Buch um des Effekts willens übertrieben zu haben.

Kinder, die für ihr Alter unvorstellbar weise sind

Viele Erwachsene fragen inzwischen bei den verschiedensten Themen Kinder um Rat. Sie empfangen so weise Worte, dass sie sagen, es habe ihr Leben verändert. Schaut man sich das Gesagte genauer an, stellt man fest, dass es sich eigentlich um bekannte Wahrheiten handelt, dass aber diese Kinder sie wirklich ernst nehmen: Liebt einander, stelle dir vor und es wird so sein, bewahre deinen Glauben, niemand ist allein, jeder Mensch ist wertvoll, Gott existiert und Gott liebt uns. Behalten Sie im Auge, dass *alle* Kinder in der Lage sind, auf verschiedenste Weise zu kommunizieren. Einige haben ihre eigenen Web-Seiten, veröffentlichen inspirierende Bücher, werden im Radio und in Fernsehshows vorgestellt, produzieren sogar Online-Magazine und E-Mail-Rundschreiben. Oder sie haben Verwandte, die das für sie erledigen. Es ist noch gar nicht so lange her, dass sich Leute an den Betten sterbender oder versehrter Kinder zusammenfanden, um zu hören, welch große Wahrheiten sie aussprachen. Es ist interessant, dass eine ganze Reihe der außergewöhnlichen Kinder an schweren Krankheiten oder Behinderungen leidet, gelähmt ist (einige benutzen Schreibtafeln, da sie ihre Stimme verloren haben) oder dem Tod ins Auge sieht. Ihre Einstellung dazu macht sie so ungewöhnlich. Sie sagen Dinge wie »Es war meine Entscheidung, so geboren zu werden, damit Ihr mir zuhört« oder: »Ich bin hier, um Liebe zu verbreiten«.

Da wäre z. B. Marshall Stewart Ball, ein hochbegabter Fünfzehnjähriger aus Austin, Texas. Er ist von Geburt an schwer behindert und dennoch eine Quelle unerschöpflicher Inspiration und Führung für andere. Seine Internet-Seite sollten Sie sich ansehen, und seine Bücher sind wahre Schätze. Dasselbe gilt für den elfjährigen Mattie J. T. Stepanek in Upper Marlboro, Maryland, der eine seltene Form muskulärer Stoffwechselstörung hatte und der vor seinem Tod 2004 erhebende Gedichtbände verfasste.

Kinder, die unter allen Umständen ruhig und liebevoll bleiben

Viele unserer jungen Bürger sind auf eine Weise ruhig, die Eltern aufatmen lässt und an Zeiten erinnert, als Kinder noch höflich waren und gute Manieren hatten. Hinter diesem ruhigen Verhalten steckt jedoch häufig Verwirrung, Gleichgültigkeit und eine ruhelose Ungeduld. Oft findet man heute Schlagzeilen wie »Junge Schüler werden immer gewalttätiger« (»Ich habe Angst, zur Schule zu gehen«, so ein Fünfklässler). Man spricht von ›Rotznasenwut‹ und meint damit eine Wutepidemie, die direkt nach der Kleinkindphase beginnt.

Im März 2003 ging ein Reporter der Geschichte über einen Vater nach, der erst seine drei Söhne und dann sich selbst getötet hatte. Er sprach mit einem Nachbarjungen, der den jüngsten Sohn gekannt hat. Dieser Junge stellte die ziemlich sachliche Frage: »Finden Sie, dass alle Väter ihre Kinder töten sollten?« Der Reporter war von der Gleichgültigkeit der Frage schockiert. Es gibt keinen Zweifel, dass die neuen Kinder liebevoll und außergewöhnlich großzügig sind, doch unter der Oberfläche zeigen sie noch ein ganz anderes Gesicht.

Diese Kinder werden auf eine Weise widersprechen und Autorität in Frage stellen, die überraschend und beunruhigend zugleich ist.

Kindergenies – Intelligenz auf dem Vormarsch

Die Ergebnisse durchschnittlicher IQ-Tests schnellen sprunghaft in die Höhe. Wir haben geglaubt, dass Intelligenz angeboren sei – eine genetische Veranlagung, die nicht viel mit der Umwelt zu tun habe. Was jedoch heute geschieht, widersetzt sich der Natur *und* der Erziehung. Der Psychologe Ulrich Neisser von der Universität Cornell ist einer von vielen, die feststellen: »Unser Glaube an die Unumstößlichkeit des IQ-Wertes ist erschüttert. Es gibt starke Hinweise, dass man ihn tatsächlich verändern kann.« Das Magazin *Psychological Review* brachte einen provokanten Artikel von William T. Dickens von *Brookings Institution,* der das IQ-Rätsel sinnvoll erklärt. Er spricht vom »Flynn-Effekt« (benannt nach den Beobachtungen von James Flynn 1987), der besagt, dass der IQ von Menschen sowohl von den Genen als auch von der Umgebung beeinflusst wird. Der Artikel, an dem Flynn übrigens beteiligt war, besagt zudem, dass die Umgebung jeweils dem IQ entspreche. Ein höherer IQ führe somit zu einer besseren Umgebung, die wiederum einen höheren IQ begünstige.

Das Besondere an Flynns Arbeit ist, dass er die Kinder in einem Gruppenzusammenhang sieht und nicht als isolierte Individuen.

Vielleicht handelt es sich also um den »Vermehrungseffekt«, wenn der IQ bei Kindern steigt, denen als Gruppe Rätsel oder Denksportaufgaben gegeben werden. Dabei scheint es nicht von Belang zu sein, ob der Einzelne von der Gruppe motiviert wird. Die Intelligenz nimmt zu, auch wenn das Spiel auf einer Verpackungsrückseite oder ein Kreuzworträtsel ganz allein gelöst wird.

Nehmen Sie sich einen Moment Zeit, um darüber nachzudenken, was an diesen neuen Kindern festgestellt wurde. Dann atmen Sie tief durch, und vergegenwärtigen Sie sich, dass auch bei Kindern ohne diese Besonderheiten ein ungewöhnlich ansteigender IQ zu verzeichnen ist. (Aber Achtung: Einige dieser genialen Superstars sind Schwindel. Sie wurden ertappt, wie sie von ihren Müttern gecoacht wurden. Das ändert zwar nichts am Intelligenz-Phänomen, aber es verändert das Bild der Unschuld, das wir von unseren Kindern haben.)

Kinder mit vergrößerten Präfrontallappen, die wie Aliens aussehen

Es ist wirklich wahr. Es werden Geschichten von Kindern mit veränderten Hirnstrukturen, Nerven- und Verdauungssystemen erzählt, die anders funktionieren und deren Haut, Ohren und Augen ungewöhnlich sensibel sind. Einige habe ich untersucht. Sie ähneln Kindern, die eine Nahtod-Erfahrung gemacht haben. Über die körperlichen und psychologischen Veränderungen, die nach einem solchen Ereignis auftreten, habe ich ausführlich in meinem Buch *The New Children and Near Death Experiences* berichtet. Die Nachwirkungen einer Nahtod-Erfahrung sind den Merkmalen der Kinder, die jetzt geboren werden, sehr ähnlich, z. B. erhöhte Intelligenz, Kreativität, übersinnliche Fähigkeiten, Wissen über Zukünftiges, Fähigkeit zu Heilen, inneres Wissen u.s.w.

Das bedeutet nicht, dass jedes Kind, das diese Merkmale aufweist, eine Nahtod-Erfahrung hatte. Aber es bestätigt meine Annahme, dass wir Nahtod-Phänomene als Model nehmen können, um besser zu verstehen, was mit der Menschheit als Ganzes geschieht. Ich erkenne darin das Wirken der Evolution. Auch andere Forscher kommen zu demselben Schluss, etwa Joseph Chilton Pearce. In seinem Buch *Biologie der Transzendenz. Neurobiologische Grundlagen für die harmonische Entfaltung des Menschen* gibt es Fotos von Kleinkindern mit vorstehenden Präfrontallappen. Diese verlaufen vom oberen Nasenansatz bis zum Haaransatz und bilden eine hohe und stark geschwungene Stirn. Eine meiner Enkelinnen hat so eine Stirn, und ich habe noch Hunderte mehr gesehen. Pearce hat mir noch weitere Bilder von Kindern gezeigt, die aussehen, als trügen sie Helme (mit verblüffenden Ausbuchtungen des Präfrontalkortex sowie auch am Hinterkopf).

Auf später nachgereichten, aktuellen Fotos waren diese Anomalien wegen der gewachsenen Haare nicht länger sichtbar – außer natürlich diesen einzigartigen Stirnen. Pearce fand heraus, dass diese Kinder so entwickelt und intelligent waren, dass sie nicht von dieser Welt zu sein schienen. Er berichtete:

> Die Mütter der Kinder, mit denen ich ausführlich gesprochen habe, haben alle einen erstaunlich ähnlichen Hintergrund. Es handelt sich um starke Frauen mit Selbstbeherrschung und Selbstvertrauen, die auf eine persönliche, nicht offizielle Art tief spirituell sind. Viele sind Ende dreißig, Anfang vierzig.

Wie Sie diesem kurzen Auszug entnehmen können, ist einiges von dem, was über die neuen Kinder gesagt wird, berechtigt, anderes falsch, einiges ist visionäre Enthüllung, anderes kann zu diesem Zeitpunkt weder bestätigt noch widerlegt werden. Eins steht jedoch fest: Wir verändern uns als Spezies, selbst auf zellularer Ebene. Unsere Kinder sind sich dessen sicher. Und was für Kinder das sind!

VII

VIELERLEI STIMMEN

Gott muss eine sehr wichtige Rolle in meinem Leben spielen – sonst hätte ich keine fünf Minuten auf dieser Erde überlebt. Ich wurde geboren und hatte einen Herzstillstand. Ich bin bereits zwei Mal gestorben, und Gott hat mich da durchgebracht. Ich glaube, er hat es getan, weil ich aus einem bestimmten Grund hier bin.

Mattie J. T. Stepanek

Wir werden die vielen neuen Kinder und die Bandbreite ihrer Fähigkeiten nie verstehen, wenn wir ihnen nicht zuhören. Manchmal klingen sie weise, spirituell und mitfühlend, ein anderes Mal sind sie genauso chaotisch wie andere Kinder – nicht besser, nicht schlechter. Trotzdem müssen wir zuhören, und wir können es, dank vieler Eltern, interessierter Erwachsener und Fachleute. Sie alle erzählen Geschichten über den Umgang mit diesen Kleinen, auch die Kinder selbst wollen sich unbedingt einbringen. Diese vielen Stimmen erlauben einen vertieften Blick auf das große Thema unserer neuesten Generation und auf die Veränderungen, die sie mit sich bringen, während die ganze Welt in höhere Schwingungsfrequenzen aufsteigt.

Wir beginnen mit Susan aus Texas, einer Tagesmutter, die nicht nur über ihre »eigenartige« Verantwortung, sondern auch über die ebenso »eigenartigen« Mütter spricht:

»Ich bin Tagesmutter für Neugeborene und Säuglinge. Es sind Babys, die zwischen 1989 und 1992 geboren wurden. Ich hatte das Glück, 15 Säuglinge zu betreuen – einige sogar während ihrer gesamten Kleinkindphase. Diese Babys waren so ungewöhnlich, dass wir immer noch von ihnen sprechen. Sie waren ausnahmslos hoch intelligent, hielten sich nicht an die Entwicklungsphasen, die in Büchern beschrieben werden, und teilten sich in zwei Gruppen auf (die allerdings auch vieles gemeinsam hatten):

Die erste Gruppe schien immer etwas über und um meinen Kopf herum zu erblicken und war davon entzückt (die Mütter behaupteten, dass die Babys auf meine Haarsträhnen guckten); sie brauchten stets Augenkontakt; sie untersuchten alles Neue mit den Augen, waren sehr, sehr ruhig und entgegenkommend und ganz auf mich und ihre Mutter ausgerichtet; Vorkommnisse wie das Läuten der Klingel oder Geschrei beachteten sie nicht; sie liebten leise Kinderreime und Lieder und wollten, dass man mit ihnen sprach (ein Säugling klopfte einmal mit seinen kleinen Händen den Takt einer ganz bestimmten Musik); während der Säuglingsphase wollten sie auf den Arm; als Kleinkinder versteiften sie sich oft, wenn man sie berührte; sie hatten kein Interesse an Krabbeln und fingen erst spät zu laufen an; sie liebten Gemüse (einem Baby musste ich so oft Erbsen kochen, dass mir vom Geruch heute noch übel wird).

Die zweite Gruppe war extrem neugierig; sie mussten alles berühren und begannen früh zu krabbeln und zu laufen; da sie als Kleinkinder ihren Tag stets mit mir begannen, umrundeten sie zuerst mein Haus; sie liebten Spiele und Musik – je lauter, desto besser; sie waren körperlich stark und aktiv und gut bei Stimme (ein dreimonatiges Kind war dafür berüchtigt, den Kirchenchor zu übertönen); meist entzogen sie sich jedem Hautkontakt; sie schliefen unregelmäßig, banden sich an jeden, den sie mochten, und begannen früh mit fester Nahrung, z. B. von den Eltern vorgekaute Pizza, Hamburger und Fritten!«

Dreizehn der fünfzehn Kleinkinder bei Susan hatten eher gleichgültige Eltern.

»Ich war auf die Pflege Neugeborener spezialisiert und hatte 24 Stunden am Tag geöffnet. Viele der Mütter waren Schichtarbeiterinnen in medizinischen oder Sicherheitsberufen, im Dienstleistungsgewerbe oder bei der Polizei. Ihre Lebensumstände reichten von ledig und unglücklich (›Das Baby war ein Unfall – wenn Sie ihn so sehr mögen, nehmen Sie ihn doch‹) über nervös (eine hielt ihr Baby so ungeschickt, dass mein Nachbar mich fragte, wer sie sei) bis zu esoterisch (›Er hat Schnupfen – ich habe ihn in die Heilfarbe Lila gekleidet‹ oder ›Er mag es nicht, wenn sein Kindersitz angeschnallt ist, deshalb habe ich ihn mit einer goldenen Ausstrahlung versehen‹). Nur zwei von all diesen Müttern schienen ihre Babys bedingungslos zu akzeptieren.

Lassen Sie mich an dieser Stelle anmerken, dass nicht alle Frauen geschickte Mütter sind – manchmal machen es die Männer besser. Nicht alle Kinder werden mit einer reellen Chance auf das, was das Leben zu bieten hat, geboren. Dennoch ist jedes Kind ein Geschenk – bereit und willens sich zu entfalten, sofern es die Möglichkeit erhält.

Wenn Sie sich die nun folgenden Zitate durchlesen, denken Sie daran, dass Evolution und Devolution jetzt gleichzeitig geschehen; auf eine Weise, die amüsant, erschreckend und überraschend ist. Die neuen Kinder müssen sich auf negative *und* positive Extreme einstellen – wir natürlich auch.

Beginnen wir mit einigen Zitaten von Fachleuten:

Anna Quindlen, Journalistin, New York: »Kinder, die kein Dach über dem Kopf haben – und es gibt Hunderttausende von ihnen – bleiben doppelt so oft wie andere sitzen, werden krankenhausreif geschlagen und leiden viermal öfter Hunger. Vor zwanzig Jahren stellte die Stadt New York Notunterkünfte für knapp 1000 Familien pro Tag bereit. Letzten Monat (Februar 2001) mussten in nur einer Nacht Unterkünfte für 10 000 Kinder gefunden werden. Seit der großen Depression sind nicht mehr so viele Babys, Kleinkinder und Kinder ohne Zuhause gewesen.«

Barrie Drazen, Leiterin eines Übergangsheims für frisch entlassene Häftlinge in Connecticut: »Die Jüngeren (Männer um die zwanzig) unterscheiden sich von den Älteren folgendermaßen: Sie scheinen überhaupt nicht arbeiten zu wollen, schauen zu viel MTV, wollen, dass alles für sie getan wird, und sind davon überzeugt, dass ihnen alles zufallen müsse, da die Gesellschaft es ihnen schulde.«

Mary L. Salomon, Arbeitsvermittlerin, Washington: »Ich hatte das Glück, eine Gruppe junger Hochbegabter zu interviewen, die so zuversichtlich waren und über eine so gute Einstellung verfügten, dass es kaum zu beschreiben ist. Es handelte sich um Acht- bis Zwölfklässler. Alle waren hoch aufnahmefähig und voller Licht. Nie zuvor bin ich jungen Menschen mit solch einer Leidenschaft für das Lernen begegnet. Sie alle lernen absolut selbstständig, sind für alle möglichen Erfahrungen offen und haben einen ansteckenden Optimismus.«

Jetzt einige Zitate von Eltern mit Vorschulkindern:

Lori Lite, Georgia: Lori berichtet, dass ihre Vierjährige eines Tages zu ihr sagte: »Mama, erinnerst du dich, wie ich dich beobachtet habe, bevor ich geboren wurde?« »Später«, berichtet Lori, »saßen mein Mann und ich draußen und sprachen mit meiner Schwiegermutter. Meine Tochter lag zusammengekuschelt auf dem Schoß meines Mannes. Wir redeten von dem Schmerz, den der Tod meines Schwiegervaters verursacht hatte. Während wir einen Moment lang trauerten, sagte meine Tochter plötzlich zu ihrem Vater: ›Dein Papa ist ein Engel, und er ist genau hier.‹ Sie deutete auf einen Punkt über dem Kopf meiner Schwiegermutter. Wir alle sahen uns ungläubig an. Über so etwas hatten wir nie mit ihr geredet. Es gibt uns ein Gefühl des Friedens.«

Dora, Texas: »Das Interessanteste daran, Jacqueline aufzuziehen, war, sie während ihres spirituellen und metaphysischen Wachstums zu begleiten. An ihrem zweiten Geburtstag erzählte sie mir, wie so oft, Dinge wie: ›Ich erinnere mich daran, geboren zu werden. Es war, als ob sich ein großes Fenster öffnet.‹ Dabei öffnete sie weit die Arme. Ich hatte sie per Kaiserschnitt zur Welt gebracht. Dann fuhr sie fort: ›Davor war ich eine alte Dame.‹ Dabei trug sie eine alte Kette, ihren alten Hut und meine alten High Heels.«

Tim, Illinois: »An dem Tag, als Sandy zur Tagesmutter ging, um Erik abzuholen, war es dort ungewöhnlich still. Sie ging hinein und sah Erik mit einem anderen kleinen Jungen in der hinteren Ecke des Raumes auf einer Matte sitzen. Beide waren drei Jahre alt und betrachteten ein aufgeschlagenes Buch über Tiere. Alle anderen Kinder und die Betreuer standen in einer anderen Ecke des Raumes und lauschten gespannt. Das scheint zunächst nichts Besonderes zu sein, aber Erik deutete auf die Namen der Tiere und sprach sie laut aus. Sein kleiner Spielkamerad wiederholte sie dann. Der Name des kleinen Jungen war Amika. Seine Familie stammte aus Afrika, und er war Autist. Bis zu diesem Tag hatte Amika nur das Wort ›Ente‹ gesagt – nichts anderes, kein Hallo oder den Namen eines anderen Kindes. Erik war das einzige Kind, das auch sonst mit Amika spielte – wahrscheinlich war er froh, dass er die ganze Zeit reden konnte. Kinder sind wirklich erstaunlich, und Gott hat uns mit einem kleinen Jungen mit einer besonderen Gabe gesegnet, die er hoffentlich immer verschenken wird.«

Victoria, New Jersey: »Meine Tochter kann nicht schlafen, wenn in ihrem Zimmer das Licht aus ist. Manchmal sind vier Lampen gleichzeitig an. Im Dunklen zu sein fällt ihr wirklich schwer. Ich glaube, es hat angefangen, als sie ungefähr fünf war. Sie schrie und wollte unbedingt bei mir schlafen. Mein Arzt riet mir, die Tür zu schließen und sie nicht hineinzulassen – es sei nur eine Phase. Ich konnte es nicht ertragen, sie in so schrecklicher Angst weinen zu hören, also ließ ich sie doch hinein und bei mir schlafen. Sie hatte nie darüber gesprochen, warum sie in ihrem Zimmer nicht schlafen konnte, aber eines Tages erzählte sie mir, dass die Leute, die in der Nacht zu ihr kämen, sie wach hielten. Ich fragte sie über diese Leute aus, und sie erzählte mir, dass sie die ganze Zeit redeten und ihr Fragen stellten. Wenn ich manchmal nachts an ihrem Zimmer vorbeiging, konnte ich hören, wie sie Antworten gab. Ich wandte mich an eine ansässige Kinderpsychologin und erzählte meiner Tochter, sie sei eine Freundin von mir. Millie ging wundervoll mit ihr um, und sie redeten darüber, was diese Leute nachts von ihr wollten. Ich muss zugeben, ich habe gedacht, mit meiner Tochter stimme was nicht. Millie sprach beinahe eine halbe Stunde mit Jamie und sagte dann: ›Jamie, würdest du in deinem Zimmer schlafen, wenn deine Mama den Fernseher oder das Radio anmachte?‹ Jamie schüttelte ihren Kopf. ›Deine Mama lässt ja für dich das Licht an, aber dann kannst du nicht schlafen. Wie wäre es, wenn sie Fenster und Türen schließt, damit dich keiner mehr besuchen kann? Würdest du dich dann wohler fühlen?‹ Daraufhin stemmte das kleine fünfjährige Mädchen ihre Hände in die Hüften, ging auf die Therapeutin zu und sagte: ›Was hat es für einen Sinn, Türen und Fenster zu schließen, wenn diese Leute einfach durch die Wände kommen?‹«

Lynn, Virginia: »Eines der deutlichsten Beispiele dafür, dass Sara Lehrerqualitäten besitzt, trat auf, als sie fünf Jahre alt war. Ich hatte einen sehr frustrierenden Arbeitstag wegen einer schwierigen Angestellten hinter mir. Ich hatte beschlossen, dass es an der Zeit war, sie zu entlassen. Als ich an diesem Abend gegenüber Sara ein paar harte Worte fallen ließ, wurde mir klar, dass es mein eigener Frust aus dem Tagesgeschehen war, den ich an ihr ausließ. Ich setzte Sara auf meinen Schoß und entschuldigte mich bei ihr. Ich erklärte ihr, dass ich mich über eine Angestellte geärgert hatte, da sie nicht das machte, was ich von ihr wollte. Da sagte Sara: ›Hast du sie denn nett darum gebeten?‹ Als ich nickte, fragte sie: ›Hast du es auch entschieden gesagt?‹ ›Ich glaube, ja‹, erwiderte ich. Es gab eine kurze Pause, bevor Sara es weiter versuchte: ›Hast du versucht, ihr Liebe zu schicken?‹ Jetzt plötzlich hielt ich inne. Nein, ich hatte nicht versucht, einer Angestellten Liebe zu schicken – genau genommen hab' ich eher das Gegenteil getan. In dieser Nacht fand ich, bevor ich einschlief, ganz bewusst einen Raum der Liebe in meinem Herzen, und ich ließ diese Liebe bis auf meine problematische Angestellte ausstrahlen. Als ich am nächsten Morgen auf der Arbeit eintraf, hatte sich meine Beziehung zu dieser Frau sehr verändert – ich habe sie nicht gefeuert.«

Jetzt einige Stimmen zu älteren Kindern:

Trish Alley, Ausschusspräsidentin der Greensboro Wonder & Wisdom-Schule in Vermont, erzählte mir von einem kleinen Mädchen namens Alice und was Alice in der Klasse über das Streiten gesagt hatte: »Streiten ist, als würde man Rolltreppe fahren. Wenn man befreundet ist und sich streitet, sagen sich beide Dinge, die einen auf der Rolltreppe immer höher fahren lassen. Der Streit führt die Treppe immer weiter hinauf, und die Energie steigt immer mehr an. Die Situation wird immer schlimmer, weil man die Freundschaft bricht und sie verliert. Wenn man weiter streitet und das Problem nicht löst, fährt man mit dieser Treppe immer weiter nach oben – und man verliert. Dann möchte man natürlich wieder hinabfahren und versucht, nette, freundliche und hilfreiche Dinge zu sagen, um die Freundschaft wieder hinzukriegen. Aber verletzte Gefühle so weit zu bereinigen, dass das Problem ganz gelöst ist, ist schwer. Wenn man erst mal auf dieser Rolltreppe ist, geht's hoch und runter – immer weiter. Um das zu vermeiden, sollte man besser gar nicht erst auf die Rolltreppe gelangen. Dazu muss man an der Freundschaft arbeiten und daran, wie man Probleme löst. Aber das hilft nur teilweise. Wenn man die Freundschaft erst zurückgewinnen muss, ist sie bereits irgendwie vorgetäuscht. Wenn jemand erst mal gemerkt hat, dass er mit dir auf dieser Rolltreppe landet, ist es schwer, wieder völliges Vertrauen zu fassen. Ein wahrer Freund wird eher darauf achten, dass man gar nicht erst auf diese Treppe gelangt.«

Lori Lite aus Georgia berichtet diese Geschichte: »Ich hatte meinen sechsjährigen Sohn ins Bett gebracht. Mein Mann und ich räumten die Küche auf und fingen an, uns über den Gesundheitszustand meines Sohnes zu unterhalten. Er wurde seit einem Jahr gegen Pilze behandelt. Seine Gesundheit hatte sich sehr verbessert, und seine Hyperaktivität hatte abgenommen. Unser Arzt wollte, dass er weiterhin seine Medikamente nahm. Mein Mann und ich wussten nicht so recht, ob das die richtige Entscheidung war. Wir gingen ins Bett und waren uns unsicher, was wir tun sollten. Am nächsten Morgen kam mein Sohn beim Frühstück in die Küche und erzählte mir, dass in der vergangenen Nacht ein Engel in seinem Zimmer gewesen sei, der ihm gesagt habe, er sei geheilt. Überflüssig zu sagen, dass wir die Medikamente sofort und ohne Bedauern absetzten. Ich war für diese Nachricht überaus dankbar.«

Einiges von und über Teenager:

Gary W. Hardin, ein Autor, über seine Begegnung mit Joe Klein, einer ganz anderen Art von Teenager: »Joe hat sich vorgenommen, die Welt zu verändern. Gemeinsam mit mir sprach er vor der *Society of Psi Research* in Fort Collins, Colorado. Zu dem Vortrag waren mehr Menschen gekommen als jemals zuvor. Ich war auf wundervolle Art ich selbst, aber Joey stach mich mit seiner erstaunlichen Energie und der Art, wie er mit dem Publikum umgehen konnte, vollkommen aus. Er beschloss, vor versammelter Mannschaft eine Heil-Session durchzuführen. Es blieb kein Auge trocken. Einer der Führer der Sai Ma-Leute (die zu Sai Baba gehören) traf Joe in New York und sagte zu ihm, dass er glaube, dass Joey die Macht habe, Delphine herbeizurufen. Also flog er sofort nach San Diego, um Sea World zu besuchen und eine Bootsfahrt in der Bucht von San Diego zu machen. Als er in Sea World war, schwammen zwei Delphine auf ihn zu und legten ihren Kopf auf seinen Schoß. Später besuchte er eines der Unterwassersicht-Becken und drückte seine Hand gegen die Scheibe. Eine Seekuh, die sich ganz hinten versteckt hatte, schwamm zu ihm hin, stupste gegen die Scheibe und schien seine Hand zu beschnüffeln, bis er sie einige Minuten später wieder wegnahm. Ganz schön verrückt. Dann ging er wegen eines Bootes zum Jachthafen. Die Leute dort sagten ihm jedoch, dass gerade keine Delphine in der Bucht seien – er verschwende nur Zeit und Geld. Mit einigen Freunden im Schlepptau mietete er trotzdem ein Boot. Sie fuhren in die Bucht hinaus, und plötzlich umschwammen 20 Delphine das Boot. Joey zog seinen Schwimmanzug an und sprang ins Wasser. Sie schwammen um ihn herum und kamen zu ihm hin. Dann tauchte plötzlich ein weißer Delphin auf, schwamm zu Joey und tauchte unter ihm. Joey konnte die ›Stimme‹ des Delphins hören, die ihm etwas sagte. Als die Energie des weißen Delphins zu viel für ihn wurde, mussten ihm seine Freunde aus dem Wasser helfen.«

Tori, sechzehn Jahre alt, Virginia: »Die Tage kommen und gehen, und es bleiben nur Erinnerungen. Versuche, dich nur an die guten Sachen zu erinnern, und lass Kleinigkeiten gar nicht an dich ran. Wahrscheinlich weißt du morgen nicht mehr, was dich heute so aufgeregt hat. Jeder Ratschlag ist nur ein Sandkorn, also vergiss nicht, dass keine Meinung so gut wie deine eigene ist, wenn es um dein Leben geht. Handle aus dem Bauch heraus, und tue, was sich richtig anfühlt. Schaff dir deine eigene Moral, finde heraus, was für dich richtig ist, und bleib dabei. Wenn du dir selbst nicht treu sein kannst, kannst du es niemandem. Ich will nichts von dem wissen, was sie uns in der Schule beibringen. All diese nutzlosen Informationen, die uns eingetrichtert werden und die wir bei Tests wieder hochwürgen müssen. Ich will das alles gar nicht wissen. Ich will wissen, warum wir nicht in ein schwarzes Loch gehen können und ob außerirdisches Leben existiert. Ich will wissen, ob es einen Gott gibt und wer den ganzen Kram am Anfang erschaffen hat. Was hat den Anstoß gegeben? Wo, zur Hölle, kommt Materie her? Zurzeit beschäftigen mich diese Fragen am meisten, und ich finde keine Antworten.«

Jennifer, Texas: »Als ich 15 war, habe ich ganz bewusst eine Entscheidung getroffen, die mein Leben auf unglaubliche Weise veränderte. Ich traf die Entscheidung, ein United States Marine zu werden. Ich wollte schon immer ein Marine werden, aber bis ich fünfzehn war, habe ich es niemandem erzählt. Ich weiß, dass das damals ziemlich verrückt klang, denn ich hatte starkes Übergewicht und war extrem faul. Und immerhin bin ich, und das sagten auch die meisten meiner Freunde, ein Mädchen. Dennoch war ich davon überzeugt, dass Soldat meine Bestimmung war. Ich weiß, dass ich in meinem letzten Leben ein einfacher Infanterist war, der während des ersten Weltkriegs eines gewaltsamen Todes starb. Fragen Sie meine Mutter, sie wird Ihnen sagen, dass ich immer noch marschiert bin, als ich auf diese Welt kam; und ich sah wohl sehr,

sehr überrascht aus. Mit ungefähr 14 hatte ich sehr lebhafte Träume, in denen ich ein Kriegsführer war, der Lederkleidung und schwere Waffen trug. Ich hatte viele verschiedene Frauen und plünderte Dörfer. Ich frage mich bis heute, warum ich in diesem Leben als Frau geboren wurde. Genau genommen macht mich das sehr traurig. Abgesehen davon, dass ich mich in meiner Haut stets unwohl gefühlt habe, stellt sich mir auch die Frage, wie furchteinflößend ein 1,50 Meter großer Marine sein kann. Und Gott hat sichergestellt, dass man mich niemals mit einem Mann verwechselt. Ich habe den Körper einer verdammten Barbiepuppe. Wie soll ich kämpfen und Dinge in die Luft jagen und Schlachten gewinnen und Männer anführen, wenn ich eine Frau bin, die erstens an Gefechten nicht teilnehmen darf und zweitens bei einer Verwundung nicht die Kraft hat, aus der Schusslinie zu gehen – selbst wenn sie kämpfen dürfte? Also Gott, was soll ich jetzt tun?«

(Nachtrag: Jennifer hat stark abgenommen, sich abgehärtet und ist jetzt bei den Marines. Sie ist Teil des Korps und stolz und glücklich, ihrem Land als Marine dienen zu können.)

Nun zu einigen Stimmen von Achtklässlern einer Schule in Berkeley, Kalifornien:

Alexandria (Latina): »Ich möchte die Welt spezieller und besser machen. Ich denke, die Welt um mich herum ist ein fürchterlicher Ort, an dem jeder nur Schaden anrichten will und nicht viel gute Leute übrig sind. Ich möchte die Dinge verändern, indem ich so vielen Menschen wie möglich helfe. Wenn man einigen hilft, wird die Welt schon besser. Ich fühle, dass ich nicht in diese Welt passe – sie ist hektisch und grausam, und ich bin keins von beiden. Der Grund und meine Absicht, warum ich da bin, sind, dass ich dabei helfen werde, diese Welt zu verändern. Ich weiß, ich habe die Macht, zu sein und zu tun, was immer ich will.«

Anne (japanisch-amerikanisch): »Ich denke, ich bin viele verschiedene Dinge und auch auf verschiedene Weise. Ich kann geduldig, freundlich und sehr still sein, andererseits auch unflätig und falsch und ignoriere Menschen, auf die ich sauer bin. Dennoch bin ich stolz auf alles, was ich geschafft habe: meine Abschlüsse, mein Schlittschuhlaufen und meine Schauspielerei. Ich denke, ich bin sehr ehrlich. Natürlich lüge ich gelegentlich, wie die meisten Menschen. Nichts gegen meine Lehrer – aber ich denke, es ist einfacher, sie zu belügen als meine Eltern. Wenn ich meine Eltern anlüge, fühle ich mich wirklich schuldig, und es verfolgt mich für den Rest meines Lebens. Ich denke, dass jeder aus einem Grund geschaffen wurde, und wir sind alle ein Teil des Schicksals unseres Planeten. Die Entscheidung eines Einzelnen betrifft die ganze Welt. Deshalb müssen wir an andere denken, bevor wir eine Entscheidung fällen. Ich denke, dass alle Menschen auf der Erde auf irgendeine Art die kommenden Jahre beeinflussen und auch das Leben der Menschen, die noch kommen werden.«

Kyerra (Afroamerikanerin): »Ich bin nicht immer ehrlich. Manchmal habe ich Angst, die Wahrheit zu sagen, und dann lüge ich. Ehrlichkeit bedeutet treu zu sein. Ehrlichkeit bedeutet mir viel, denn sie sagt zu 90 % aus, wer man ist. Gott hat mich in diese Welt gebracht, also bin ich hier. Religion ist eine wundervolle Sache für mich, denn sie hat viel mit Verpflichtung und Ehrlichkeit zu tun – dasselbe gilt für die Ehe. Abtreibung ist eine Frage der Religion. Ich persönlich halte sie für grausam. Selbstmord ist etwas Sinnloses, Gedankenloses und ebenfalls grausam. Der Tod von Familienangehörigen hingegen ist etwas, das einfach geschehen muss.«

Shezad (Pakistani): »Ich komme aus der kleinen Stadt Tano in Pakistan, wo ich meinem Großvater auf den Feldern geholfen habe. Dabei habe ich die dunkle, fruchtbare Erde gerochen, in der die Pflanzen gedeihen. Ich würde mein Leben riskieren, um den Bauern in meinem Land zu helfen. Meine Religion ist der Islam. Ich bete fünf Mal am Tag. Ich mag meine Religion. Sie hilft mir, mich zu beherrschen. Eines Tage werde ich mich verlieben und heiraten, denn man hat nur ein Leben. Wenn ich gestorben bin, werde ich in den Himmel kommen – ein wunderschönes Land, das Allah für seine Anhänger geschaffen hat. Ob ich dorthin gelange, wird die Zeit zeigen.«

Grace (weiß, amerikanisch): »Ich halte mich oft für einen wandelnden Widerspruch. Ich fühle mich gleichzeitig beliebt und ausgestoßen. Oberflächlich gesehen komme ich mit beinahe jedem in meiner Schule zurecht. Ich mag es, mit allen zu tun zu haben und von jedem etwas über seine Interessen und seinen Hintergrund zu wissen. Deshalb bin ich in beinahe jedem Freundeskreis willkommen. Dennoch habe ich dieses grundlegende Gefühl, dass ich überhaupt keine Freunde habe. Ich fühle mich, als wäre ich mit niemandem in meinem Alter verbunden. Ich habe versucht, mit den Mädchen meiner Klasse auf eine tiefere Ebene zu kommen, aber schon vor dem Versuch habe ich das Gefühl, dass ich lüge. Es fühlt sich an, als würde ich mich anpassen, wenn ich versuche, ihnen näherzukommen. Schon seit ich sehr klein war, stand für mich nie außer Frage, dass aus mir mal ein Umweltforscher wird – obwohl ich Wissenschaft hasse und mich die Umwelt furchtbar deprimiert. Ich habe immer gewusst, dass die Erde in einer traurigen Verfassung ist und so viel Hilfe braucht wie möglich. Offensichtlich sehen das nicht viele so, und genau deshalb wird die Erde weiter zerstört. Religion ist eine schlechte Sache – es ist einfach unlogisch, dass riesige Massen aufeinander prallender Gläubiger bereit sind, sich umzubringen, um ihren Standpunkt durchzusetzen. Ich denke, es wäre gut, eine spirituelle Einstellung zur Erde zu haben.«

Ellen, eine Mutter aus New York, über ihren Sohn im College-Alter: »Als er am College war, kamen manchmal 40 Leute pro

Abend in sein Schlafzimmer oder in den Verbindungsraum, um entweder festzustellen, wo die Party stattfindet (offensichtlich mit Micah) oder weil sie Hilfe oder Rat brauchten. Als Baby hat er nie geschrieen, sich nur geräuspert, wenn er Aufmerksamkeit oder eine neue Windel brauchte. Er ist eine sehr alte und bewusste Seele. Seine dynamische, charismatische Energie ist erstaunlich (und er ist bescheiden und hilfsbereit – nicht egoistisch). Eine Sache die mich jedoch schon immer gestört hat, ist, dass er nie Angst zu haben schien und schon immer dazu neigte, ein Teufelskerl zu sein. Die Freundin, die er seit drei Jahren hat, bekräftigt ihn darin noch. Er war schon immer für gefährliche Kunststücke zu haben. Als er jünger war, ließ er sich auf seinen Rollerblades von Lastern mitziehen. Als er sechzehn war, zischte er auf ihnen vor meinen Augen zwischen fahrenden Autos durch – ich bekam beinahe einen Herzinfarkt. Sein Bruder ist da viel vorsichtiger. Micah war stets begeistert vom Rennen, Skaten und Fliegen und ließ nichts aus. So war er schon immer.

Interessant ist, dass er mir als Kind einmal völlig unerwartet sagte: ›Ich weiß, du machst dir Sorgen, Mama, aber das solltest du nicht. Ich weiß, mir ist dein Großvater nie begegnet (er starb Jahre, bevor Micah geboren wurde), aber ich fühle ihn um mich, und er beschützt mich.‹ Ich hatte schon immer das Gefühl, dass mein Sohn die direkte Inkarnation meines geliebten Großvaters ist und dass er in dieses Leben zurückgekehrt war, um noch einmal mit mir und meiner Familie zusammen zu sein. Ich erkannte es, als ich meinen Sohn das erste Mal sah. Ich dachte: ›Er ist Großvater.‹ Ich habe das Micah gegenüber nie erwähnt. Er hat seine ganz besondere Energie, und irgendetwas ist mit ihm – hmmm.«

Die neuen Kinder kommen bereits seit einiger Zeit in unsere Welt. Cynthia Sue Larson aus Kalifornien ist ein bereits erwachsenes »neues Kind«. Ihre Kindheitserinnerungen werden viele Menschen berühren:

»Ich spürte, dass die Leute um mich herum ihr Bestes versuchten, mich würdevoll zu behandeln, während ich aufwuchs. Sie schienen jedoch nicht zu verstehen, dass mir vieles von dem, was sie sagten und taten, fürchterlich primitiv vorkam. Es war merkwürdig, dass mir Menschen sagten, was das Richtige sei, die ganz offensichtlich selbst sehr große Probleme hatten. Ich wusste immer, was die Leute um mich herum dachten und fühlten, und es verwirrte mich, dass die Erwachsenen das offensichtlich nicht konnten. Die Wahrheit der anderen wirklich zu kennen und es zu leugnen und so tun zu müssen, als wisse man es nicht, kam mir vor wie die Wurzel allen Übels in der Welt.

Als ich noch sehr jung war, konnte ich mich daran erinnern, wie es vor meiner Geburt war. Als ich ungefähr fünf war, fühlte ich mich, als hätte ich einen Fehler begangen und sei deshalb hier auf der Erde gelandet. Am liebsten hätte ich gesagt: ›Hey – das ist der falsche Planet‹, und zwar zu dem, der dafür verantwortlich ist. Ich sehnte mich danach, wieder von bewussten, fühlenden Wesen umgeben zu sein, die *wussten*, dass sie Zugang zu den Gedanken und Gefühlen anderer Menschen hatten und diese auch zu ihnen. Dieser Ort, an den ich mich so deutlich erinnerte, war voller Mitgefühl. Ich sehnte mich so sehr danach, dass mir das Herz wehtat. Dann bemerkte ich die schnell vorbeirasenden Autos vor meinem Fenster, und ich dachte, wenn ich einfach vor eins dieser fahrenden Autos springe, könnte ich wieder an diesem Ort sein. Ich entschloss mich, diese Welt bald zu verlassen. Das einfache Treffen dieser Entscheidung und das Gefühl, nur noch wenige Tage mit meiner Familie und meinen Freunden zu verbringen, linderten meinen Schmerz.

Einige Tage später ging ich in mein Schlafzimmer und war sehr überrascht, dass die Zeit plötzlich langsamer wurde. Dann waren plötzlich hell leuchtende menschliche Gestalten um mich herum und zeigten mir mögliche Lebenswege auf. Sie sagten mir, ich müsse eine Entscheidung treffen – ich könne mein Leben entweder langsam oder schnell leben. Diese Frage brachte meinen fünfjährigen Verstand auf eine ganz andere: Möchte ich dieses Leben wirklich so schnell beenden, oder will ich es vielleicht lieber langsamer leben? Sie zeigten mir viele Dinge, und nachdem ich sie gesehen hatte, entschied ich mich für ›langsam‹. In dem Moment, in dem ich die Entscheidung für ein längeres Leben getroffen hatte, glitt ich zurück in die normale Zeit und Realität. Ich fühlte mich erfrischt und belebt. Am liebsten hätte ich der ganzen Welt zugerufen: ›ICH HABE LANGSAM GEWÄHLT‹, aber niemand hätte das verstanden.«

Joann Ambrus aus Wisconsin ist ebenfalls ein erwachsenes »neues Kind«. Sie sagt: »Ich halte es nicht für merkwürdig, dass diese Kinder jetzt auftauchen. Viel merkwürdiger ist es, dass niemand bemerkt hat, dass wir schon viel früher aufgetaucht sind.«

»Schon lange«, erklärt sie, »gibt es Kinder wie uns, und endlich wird Forschern klar, dass da etwas in der Welt vor sich geht. Sehen Sie sich all die Menschen an, die zurück zur Natur wollen. Es ist eine Sehnsucht, in die Welt des Gefühls zurückzukehren und sich selbst als ein Teil des kosmischen Ganzen zu fühlen. Wir wollen aus der heutigen Welt hinaus und hinein in die, die einem diese Kinder zeigen. Wir, die wir in zwei Welten leben, wissen, wie schwierig und frustrierend das sein kann. Die materielle Welt gibt wenig her, und irgendetwas anderes hört nicht auf, uns zu rufen. Ich glaube, irgendetwas war mit dem Zweiten Weltkrieg, dass Kinder wie ich plötzlich auftauchten. Seit wir aufgetaucht sind, geht unser Erbe auf unsere Kinder und Kindeskinder über. Da wir immer mehr werden, werden wir endlich bemerkt. Wie Sie sehen, handelt es sich um keine neue Entdeckung. Es ist vielmehr ein Bewusstwerden, das die letzten 50 Jahre gefehlt hat.«

VIII

DIE VERLOCKUNG DES ASTRALEN

Es braucht Mut, erwachsen zu werden
und dann das zu werden, was man wirklich ist.

E. E. Cummings

Die gerade gehörten Stimmen bilden gemeinsam einen erstaunten, aber auch unzufriedenen Chor. Er ermöglicht uns, einen genaueren Blick auf die »neuen Kinder« zu werfen und auf das, was sie so sehr von allen anderen Generationen der vergangenen Jahrtausende unterscheidet. Es ist nicht so, dass sie ungewöhnliche gemeinsame Merkmale aufweisen, sondern vielmehr – wie Sie ja bereits wissen – eine stärkere Ausprägung bestimmter Merkmale. Das macht sie zu Vorreitern einer neuen Genetik. Sie sind wahrlich einzigartig. Damit Sie verstehen können, wie wichtig dieser Punkt ist, werde ich Ihnen in den nächsten sieben Kapiteln mitteilen, was ich, andere Fachleute und Visionäre über diese »Welle neuer Kinder« herausgefunden haben, die sich so schnell über unseren Planeten verbreitet.

Joanne Ambrus, von der wir bereits im vorangegangenen Kapitel hörten, sagt uns noch mehr darüber, was es bedeutet, »anders« zu sein – also außergewöhnlich übersinnlich, sensitiv und Tag für Tag in einer weiteren Welt zu Hause als der uns bekannten. Interessanterweise ist nicht nur Joanne, sondern auch ihr Sohn ein »neues Kind« und weist dieselben Merkmale auf. Ihn zu erziehen, half ihr, die eigene Kindheit und ihre Reaktionen auf bestimmte Behandlungen besser zu verstehen.

»Eine Sache, die mir bei der Erziehung eines außergewöhnlichen Kindes klar wurde, war, dass man es nicht wie ein Kind behandeln sollte. Sein Lieblingskommentar war: ›Ich bin zwar ein Kind, aber ich bin nicht dumm.‹ Man sollte sie wie intelligente Wesen in kleinen Körpern behandeln. Er schlug, als er zwei war, Purzelbäume vom Fußkissen runter. Meine Mutter machte das wahnsinnig, aber wir ließen ihn gewähren. Er wusste, was er tat, und er machte es gut. Er war schon sehr früh sehr geschickt und ging von einem Tag auf den anderen auf die Toilette – er erklärte, er mache nicht mehr in die Windeln, und so war es dann auch. Er ist sehr sportlich und sehr wissbegierig (oder neugierig – wenn man so will). Am schlimmsten jedoch ist, dass er sehr schnell gelangweilt ist. Er kann stundenlang mit demselben Spielzeug spielen, aber monotone Schularbeiten sind für ihn sterbenslangweilig. Beim Spielen kann er lange aufmerksam sein, aber sobald er etwas gelernt hat, will er etwas Neues machen.

Wir sind sehr ungebunden. Oft lassen wir unsere Stadt hinter uns und probieren neue Dinge aus. Meine Arbeit langweilt mich sehr – es ist immer und immer dasselbe. Ich brauche Herausforderungen. Ich würde gern in Rente gehen und Neues ausprobieren. Das Leben sollte ein Abenteuer sein!

Ich fühle mich immer so, als wäre ich nicht im Takt mit dem Rest der Welt. Als hätten alle außer mir die Gebrauchsanweisung gelesen. Mein Sohn und ich haben sehr vieles davon gemeinsam – das macht das Leben in dieser Welt zu einer Herausforderung. Ich bin zu dem Schluss gekommen, dass die Menschen im Grunde wahnsinnig sind. Irrationalität scheint nicht die Ausnahme, sondern die Regel zu sein.

Oft wissen wir Dinge, bevor sie eintreffen, und wir haben ein enges Verhältnis zu Tieren. Es kommen Hunde zu uns, die zu niemandem sonst gehen – auch Katzen. Frettchen flitzen über die Veranda, und ich glaube, sie ziehen gerade ein.

Mein Sohn und ich agieren auf einer anderen Wellenlänge, und deshalb empfangen wir deutlich andere Informationen. Nehmen wir zum Beispiel den Geruchssinn. Ich konnte noch nie verstehen, wie man Zwillinge verwechseln kann – sie riechen anders. Jeder Mensch riecht anders. Ich bin sehr kurzsichtig. Ohne Brille bin ich quasi blind. Dennoch habe ich damals, als ich noch auf einer Farm lebte, nie eine Taschenlampe gebraucht, um den Weg zu finden. Aus irgendeinem Grund gab es immer ein Licht. Ich kann nicht sagen, was das für ein Licht ist oder wie ich es sehe, aber es ist immer da. Meinem Sohn geht es genauso.

Dann ist da noch die Sache mit dem Tastsinn. Ich habe an einem Reiki-Kurs teilgenommen (Heilenergie) und alle dort – auch der Lehrer – sind ausgeflippt, weil ich die Energie nicht nur fühlen, sondern auch manipulieren konnte. Einmal habe ich einem Heiler, der an meinem Knie arbeitete, ganz genau gesagt, wo die Energie herkam, die er benutzte. Er war sprachlos. Mit unserer Hypersensibilität ist es so, als lebten und arbeiteten wir in einer anderen Dimension und hielten uns nur teilweise in dieser auf.

Und noch etwas – mein Sohn und ich schätzen Frieden über alles. Die Vorstellung, Krieg zu führen, ist abstoßend. Ich bin nicht wirklich ein Pazifist – manche Kriege müssen einfach geführt werden. Die momentane Mentalität jedoch, wieder zum Imperialismus zurückzuwollen, verstehe ich überhaupt nicht.«

Kommen Ihnen die von Ambrus beschriebenen Merkmale bekannt vor? Um sie auf den Punkt zu bringen: Die neuen Kinder (wahrscheinlich auch einige ihrer Eltern und vielleicht sogar Sie) denken anders, verfügen über einen gewissen Charme, der Tiere anzieht (selbst wildlebende), sind hypersensibel bei Feldwirkungen (in der

Natur und bei Gerätschaften), unstillbar neugierig und lernhungrig, und sie sehen, fühlen, hören und spüren Dinge auf außergewöhnlich vielen Ebenen. Sie reagieren sehr empfindlich auf zu viel Licht, Geräusche und Chemikalien; große Menschenmengen oder Energie in Schulen kann ihnen zusetzen. Sie sind geborene Heiler und verfügen über ein Intelligenzniveau, das irgendwie reifer wirkt. Sie sind mit mystischen und spirituellen Dingen außerordentlich vertraut, und – sind Sie dafür bereit? – sie wissen »Dinge«. Sie sind außergewöhnlich übersinnlich oder auch intuitiv – falls Sie diesen Begriff bevorzugen.

All das macht sie so erstaunlich. Sie können Dinge, die uns unheimlich vorkommen. Die meisten erinnern sich z. B. an ihre Geburt (als wären sie dabei ein Beobachter gewesen) und an ihre vorherigen Leben (einige ganz detailliert). Die meisten wissen, dass sie aus einem bestimmten Grund hier sind, und viele kennen ihn auch. Ohne weiteres unterhalten sie sich mit Engeln und Außerirdischen, Lichtwesen und außerweltlichen Führern und Wächtern, auch mit Dämonen, Teufeln und anderen Mischwesen. Für sie sind die Toten lebendig, und Heilige (z. B. Jesus) die besten Freunde – selbst Gott. Außerdem neigen sie dazu, sich gegenseitig zu erkennen, selbst wenn sie sich vorher nur »im Unsichtbaren« begegnet sind – das, was sie Netze nennen. Sie bilden diese Netze, als seien sie ein gemeinsamer Geist oder ein Gruppenbewusstsein. Es ist ein Gruppenprojekt. Wir wissen aus ihren eigenen Berichten von diesen Dingen, aus Erzählungen ihrer Eltern und von Forschern wie mir, die sich mit dem Phänomen aktiv auseinandersetzen. Alles wird genau untersucht – immer und immer wieder.

Lassen Sie mich noch mehr über die neuesten Erkenntnisse sagen: Eine große Anzahl der heutigen Kinder scheint sich tatsächlich nachts »im Bewusstsein« zu treffen. Sie spielen und besuchen die Schule, ohne ihre Betten zu verlassen oder aufzuwachen.* Sie übernehmen spezielle Aufträge oder Missionen für die Kräfte des Lichts (die Kraft, die stärkt) oder der Dunkelheit (die Kraft, die schwächt). Einige der Schulen, von denen die Kinder sagen, sie gingen dorthin, lehren Magie (so wie bei *Dungeons & Dragons*), andere beschäftigen sich mit der Entwicklung und Stärkung der Netze. Ihr Ziel (zumindest das, was sie uns mitteilen) ist, ein weltweites und auf Herzlichkeit beruhendes Kommunikationssystem zwischen allen Menschen zu knüpfen, so dass der Schaden, der uns durch Krieg und durch von Krieg ausgelöster Wut zugefügt wird, bereinigt werden kann.

Falls Sie nicht wissen, was ich mit Netz meine – es handelt sich um eine Art Flechtwerk oder Gewebe, das aus reiner Intelligenz gebildet wird. Es heißt, dass diese Netze die verschiedenen Arten der Matrix oder der Bewusstseinsebenen zusammenhalten. Sie umgeben unseren Planeten und füllen den Äther. Sie existieren, seit es Bewusstsein gibt. Je mehr die Menschheit in der Lage ist, ihr eigenes Potenzial zu entwickeln und auszudrücken, desto komplexer werden die Netzstränge. Die Integrität des Gemeinschaftsgeistes oder des kollektiven Bewusstseins hängt von der Stärke der Netze ab. Ein bekannter Begriff für dieses Flechtwerk ist »das Netz des Lebens«.

Die Quantenphysik und die neuen Wissenschaften kennen dafür Präzedenzfälle – es soll tatsächlich eine Ebene geben, auf der jedermanns Geist miteinander verbunden ist. Es gibt ein Bewusstseinsgeflecht – das Netz des Lebens. Die neuen Kinder wissen das bereits bei ihrer Geburt. Sie wissen, wie man weitere Netze schafft, um noch mehr Bewusstsein miteinander zu verknüpfen, damit noch mehr Dinge bewerkstelligt werden können. Sie benutzen dafür die Formel: *Gedanke plus Gefühl, geleitet von Absicht und bestärkt durch Wissen.*

* Das wissen wir nicht nur aus den Berichten dieser Kinder, sondern auch von Dritten, die bei der zufälligen Begegnung von Kindern, die sich nicht kannten, dabei waren. Falls sie sich nachts bereits begegnet sind, erkennen sie sich sofort und reden über das Netz, in dem sie sich treffen, und darüber, was sie dort tun. Sie leben oft Hunderte oder Tausende von Kilometern voneinander entfernt. Ihre Begegnungen geschehen zufällig – in Parks, Restaurants oder manchmal auf Flughäfen.

Wacht auf, Ihr Eltern. Eure Kinder sind nachts äußerst beschäftigt und manchmal auch tagsüber. Es ist kein Wunder, dass so viele von ihnen müde und erschöpft sind, auch wenn es offenbar keinen Grund dafür gibt. Sicher, der Fernseher vor dem Bett, spätes Lesen oder Vorm-Computer-Sitzen kann einiges erklären. Aber was ist mit den Kindern, die nichts von alldem tun und trotzdem ständig erschöpft sind? Ich übertreibe nicht. Verwechseln Sie das, was ich sage, nicht mit Träumen oder ausgedachten Geschichten, obwohl die Kinder das oft sagen werden – schon allein, um ihre Eltern zu beruhigen.

Bobbie Sandoz ist ein Therapeut und mit Preisen ausgezeichneter Kolumnist, der seit Jahrzehnten mit Delphinen und Walen auf der ganzen Welt befreundet ist. Er schrieb einige Bücher, darunter *Parachutes for Parents: 10 Keys to Raising Children for a Better World.* Er sagt:

> »In der ersten Auflage meines Buches wies ich 1997 darauf hin, dass Kinder bei indigenen Kulturen im Alter zwischen sechs und zwölf Jahren mit der Kraft hinter ihren übersinnlichen Erfahrungen vertraut gemacht werden. Dazu gehört Feuerlaufen, Löffelbiegen, gemeinsam mit Delphinen fischen, Hellsehen und telepathische Kommunikation untereinander, mit Tieren, der Natur, mit Engeln und noch vieles andere mehr. Hier wird das meist geringschätzig als die Zeit der ›magischen Ideen‹ abgetan, in der das Kind fälschlicherweise annimmt, dass Gedanken die Macht besitzen, die Welt zu beeinflussen. Stattdessen sollten wir die Macht und den Wert dieser realen und echten Magie schätzen lernen – und deren wissenschaftliche Grundlage. Diese Zeit wird immer noch für eine Übergangsphase gehalten, die unterdrückt werden sollte.«

Seien Sie sich darüber klar, dass die neuen Kinder das Unsichtbare lieben. Sie wandern zwischen den Welten hin und her wie ein interplanetarisches Kollektiv miteinander verwandter Seelen. In ihren »Nachtschulen« können sie dem nachgehen, was ihnen tagsüber fehlt. Und was fehlt ihnen? Der gesamte Lehrplan des Astralen! Das Unbekannte hat eine Definition.

In den esoterischen Lehren ist die Rede davon, dass es drei grundlegende Bewusstseinsdimensionen gibt, von denen jede einer bestimmten Hirn- oder Geistesfunktion entspricht:

Physische Dimension: alles, was sichtbar, berührbar und messbar ist; die bewusste Welt (linke Gehirnhälfte)

Astrale Dimension: die unsichtbare Realität, die Manifestationen unterstützt; die unbewusste Welt (rechte Gehirnhälfte)

Spirituelle Dimension: die alles miteinander verbindende Grundlage, die Quelle jeder Existenz; die Welt des Überbewussten (limbisches System und Präfrontallappen)

Das Astrale kann viel Spaß machen – ganz besonders Kindern. Zum Reich der »niederen« Seelen gehören Mittelerde, die Musen, das Elfen- und das Zwergenvolk, Energiewesen, Geister, Nicht-Inkarnierte, Dämonen und Teufel, Hexen, emotionale und übersinnliche Reste oder Überbleibsel, Leidenschaften, Spuren, Außerirdische oder »Graue«, Absichtswesen, Dschinns, Zaubersprüche und Trickster, Tier- und Naturgeister, Führer und Wächter, Gestaltveränderer, Phantome, verlorene Seelen und Beobachter. Das Reich der »höheren« Seelen hingegen soll in den inneren Welten beheimatet sein: himmlische Wesen, aufgestiegene Meister, spirituelle Hierarchien, Engel, die Älteren, Geistbewahrer, Matrixhelfer, die unbefleckte Seele und der Zugang zum großen Plan der Schöpfung.

Kein Wunder, dass Kinder das Astrale lieben und so oft wie möglich dorthin gehen. Aber es ist auch ein riskanter Ort, und es ist schwer, seinen Verlockungen zu widerstehen. Durch die unbewussten Funktionen unseres Geistes kann man in dieses unbegrenzte

Terrain gelangen. Es nennt sich die »Welt der Imagination« oder das »Traumland der Seele«. Aber das Astrale ist noch viel mehr. Alles, was es dort gibt, kann sich auf der irdischen Ebene körperlich manifestieren, zu Problemen führen und geistige Störungen verursachen. Deshalb braucht es klare Anweisungen für den nötigen Schutz.

Da die meisten Eltern wenig Ahnung von den vielen verschiedenen Bewusstseinszuständen haben, erhalten die wenigsten Kinder eine brauchbare Anleitung für die Kontrolle und Führung ihrer intuitiven Fähigkeiten und für den Umgang mit übernatürlichen Phänomenen. Sie müssen unterscheiden können zwischen dem, was das Ego aufbläht, und dem, was Nahrung für die Seele bedeutet. Die Kinder von heute sagen: »Tu so, als sei das wahr, was du wahrhaben möchtest, fülle dich mit Gottes Atem und verbinde dich erneut mit der Quelle. Wenn du so tust, als seiest du erleuchtet, dann bist du es auch. Wenn du etwas bekräftigst, dann wird es auch so sein.« Für sie sind die intuitiven Fähigkeiten ein offenes Tor zur Schatzkammer der Welt der Imagination – und sie haben recht. Sie tauchen massenweise und ohne zu zögern in das Astrale ein und gelangen zu unterschiedlichen Ergebnissen. Aber nicht immer ist ihre Magie wirklich »magisch«.

Manche Schlagzeilen in Magazinen und Zeitungen lauten: »Zehnjährige hat Röntgenaugen«; »Autistischer Junge heilt Hunderte«; »Fünfjähriger erkennt Krankheiten«; »Neunjährige kann bei jedem Menschen die Aura sehen und ihre Farben erklären«; »Jugendlicher bewegt kleine Gegenstände durch Willenskraft«; »Vierjähriger weiß, wer sterben wird und wann«.

Was diese Kinder können, ist atemberaubend. Allerdings kann der Mangel an Richtlinien dazu führen, dass sie sehr verwirrt sind, dass ihre eigenen Demonstrationen sie ängstigen, dass sie müde und erschöpft sind, dass der Starrummel sie selbstsüchtig und egoistisch werden lässt, dass sie kontrollierend und unausstehlich werden (und z. B. Erwachsene wie Kinder behandeln) und dass ihnen jegliche Moral verloren geht, wenn sie merken, dass man sie regelrecht verehrt.

Sind nun die Neuen die Antwort auf unsere Gebete? Sind sie das, was die Gesellschaft braucht? Nun, das hängt ganz von der Führung ab, die wir ihnen zukommen lassen, und welches Beispiel wir ihnen geben. Noch sind die Würfel nicht gefallen. Ganz gleich, welch reifen Eindruck diese Kinder vermitteln, sie brauchen eine verantwortungsvolle Erziehung. Leider verstehen das nur wenige. Das, was bei der Indigo- oder Kristallbewegung geschieht, ist ein Paradebeispiel – es führt zu Elitedenken und schafft Exklusivität. Das Resultat ist nicht zu übersehen: Es gibt Indigo-Teenager, die ihre Bezeichnung wie eine Referenz in ihrem Leben einsetzen, die ihr Charisma benutzen, um schnellen Sex zu haben, und viele von ihnen, die auf Indigo-Konferenzen die Massen erstaunen, mutieren hinter der Bühne zu selbstsüchtigen Angebern. Es sind viele Faktoren, die aus unserem wertvollen Nachwuchs eine Sensation machen: Indigo-Webseiten, Internet-Tests, mit denen man feststellen kann, ob man ein Indigo ist, Bücher und Kassetten für Indigo- und Kristallkinder, Indigoschulen, Indigosommerlager, Indigomode und -Schmuck, Astrologie für Indigos und Kurse über ihre Erziehung. All das wird von Erwachsenen initiiert. Sie schlagen daraus Kapital und achten nicht darauf, welche Wirkung es auf Dauer auf die Kinder hat oder ob es überhaupt angemessen oder berechtigt ist. Die Mehrheit der Kinder lehnt diese Etikettierung ab – es sind die Eltern, die nicht zuhören und die Quellen nicht hinterfragen. (Gechannelte Informationen z. B. müssen nicht unbedingt spirituell sein – sie können auch von der astralen Ebene stammen.) Ein wundervolles Sprichwort lautet: »Vertrau, aber schau wem.« Wir müssen hinterfragen, selbst nachforschen und Herz und Verstand abwägen. Wie sollen wir unseren Kindern Unterscheidungsvermögen beibringen, wenn wir es selbst nicht besitzen?

In unseren öffentlichen oder privaten Schulen wird Kindern beigebracht, wie sie produktive und intelligente Bürger werden. Der

Lernstoff bereitet sie auf ein Leben in einer Welt vor, die sich außerhalb von ihnen und ihrem Selbstsinn befindet. Wenn wir gesunde, vernünftige Erwachsene haben wollen, müssen wir ihnen auch etwas über ihre inneren Welten beibringen, über die andere Hälfte ihrer Existenz – den Kern ihres Selbst. Wenn wir ihnen nur beibringen, dass ihre Imaginationswelten lediglich Teil einer Übergangsphase sind, dann lehren wir sie, dass ihr kreativer Drang, ihre Fähigkeiten zu erkennen und einen Sinn darin zu entdecken, ein Irrtum ist.

Was ist der Unterschied zwischen einem Künstler und einem Schamanen, einer Hexe und einem Heiler, der Imagination eines Kindes und der Vision eines Architekten? Die Absicht! Die Fähigkeit ist dieselbe. Sie ist in derselben Schwingung aus Gedanken, Gefühl und Emotion verankert. Was am Ende jedoch herauskommt, wenn die Fähigkeit benutzt wird, hängt ganz allein von der Absicht ab.

Denken Sie an die Harry-Potter-Reihe von J. K. Rowling. Sicher, Geschichten über einen Waisenjungen, der eine Zauberschule besucht, während er vom Mörder seiner Eltern gejagt wird (der versucht, auch ihn umzubringen), lassen sich in vielen dicken Wälzern finden. Das Ganze ist angereichert mit kuriosen Redewendungen, magischen Flüchen, Monstern, Zauberern und fliegenden Dingen (wie Hexenbesen) – alles typisch astral.

Auf den zweiten Blick sind es jedoch Bücher über die Art von Held, die jedes Kind gern verehrt: Er ist unordentlich, trägt eine Brille, ist unbeliebt, wird von Rabauken gehänselt und von seiner Adoptivfamilie verfolgt – ein wahrer Verlierer. Harry lässt merkwürdige Dinge geschehen, die er nicht kontrollieren kann und die ihm Schwierigkeiten einbringen. Dann jedoch findet er Freunde, erhält über den Schulstoff hinausgehende Anweisungen und lernt, wie er seine Kräfte einsetzt, um über tagtägliche Missgeschicke zu triumphieren. Diese Bücher haben in Millionen von Menschen nicht nur das Bedürfnis zu lesen wiedererweckt, sondern auch das nach der Schönheit und Eleganz der Sprache. Die Geschichten drehen sich um die Macht der Liebe und die Ewigkeit der Seele, wobei deutlich gemacht wird, dass es wichtiger ist, anderen zu helfen, als selbstsüchtig zu sein.

Dem Himmel sei Dank für Harry Potter. Er dringt zu einer Generation von Kindern durch, die nur wenige erreichen.

Dennoch könnte es hilfreich sein, einige weitere Dinge zu erläutern: Das Wort »magisch« bedeutet schlicht und einfach »empfänglich«. Unsere Vorfahren wussten, wenn jemand empfänglich war oder Empfänglichkeit bezeugte (also willens war, zu empfangen), konnte er mühelos alle möglichen oder ersehnten Dinge herbeiführen – als sei er mit Magie gesegnet. Heute beschreibt das Wort »magisch« das Vorhandensein von Einfluss nehmenden Mächten, die man daran erkennt, auf welche Weise (auch als Farbe bezeichnet) sie benutzt werden:

Weiße Magie basiert auf dem Geist und hat die Absicht, sich selbst und andere zu heilen; die Betonung liegt auf Wachstum und Bewachen; sie verstärkt, befähigt und beschützt.

Schwarze Magie basiert auf dem Ego und hat die Absicht, die eigene Wichtigkeit zu verstärken; die Betonung liegt auf Besessenheit und Status; sie frönt ihren Leidenschaften, beutet aus und versklavt.

Graue Magie basiert auf Überzeugungen und hat die Absicht, Aufmerksamkeit zu erregen und eine Anschauung durchzusetzen; die Betonung liegt auf Wunschdenken und kultureller Fixierung; sie verlockt, zwingt und programmiert.

Echte Magie (transparent) basiert auf dem Gefühl und hat die Absicht, Offenheit und Akzeptanz zu etablieren; die Betonung liegt auf Empfänglichkeit und Sensibilität; sie befähigt, bereitet vor und bringt in Einklang.

Seelenmagie (leuchtend) basiert auf der Quelle und will, dass aus Erfahrung gelernt wird, damit sich die Seele entwickeln kann; die Betonung liegt auf der Bestärkung des Selbst und der eigenen Verantwortung; sie erhebt, befreit und fügt alles in die Ganzheit

Es gibt unzählige sehr gute Bücher, Hörbücher, Lehrer und Möglichkeiten, mit deren Hilfe man die eigenen intuitiven und übersinnlichen Fähigkeiten entdecken und mehr über die positiven und negativen Aspekte des Astralen lernen kann.

Was die Arbeit mit Kindern angeht, finde ich die von der paranormalen Ermittlerin Pam Coronado entwickelten Programme besonders aufregend. Unter dem Titel *Smart Hearts* (kluge Herzen) bringt sie Kindern praktische Selbstverteidigung bei, bei der Intuition eine große Rolle spielt.

»Bei meinem Bemühen, vermisste Kinder ausfindig zu machen, habe ich so viel Leid kennen gelernt, dass ich mein eigenes Präventionsprogramm namens ›Smart Hearts‹ entwickelt habe«, so Coronado. »Es unterscheidet sich bedeutend von anderen Programmen, die sich mit der Gefahr durch Fremde beschäftigen.«

Sie sagt, dass Kindern beigebracht werden sollte, ihren Instinkten zu vertrauen und auf ihre Intuitionen – ihre »Herzen« – zu hören. Man muss ihnen sichere Wege zeigen, was zu tun ist, wenn sie in bedrohliche Situationen mit Fremden geraten, und ihnen praktische Selbstverteidigung beibringen. Sie betont, dass Kinder nicht hilflose Opfer sein müssen. Sie sind zwar klein, aber bei weitem nicht machtlos. Ihre Lehrgänge kann man als Videokassetten erwerben. Außerdem hat sie ein wichtiges Buch geschrieben: *Kid Safe! How to Protect Your Family from Molesters & Kidnappers.*

Die Imaginationswelten des Astralen sind absolut real, sie schwingen und sind lebendig für all diejenigen, die sie besuchen – und wir alle besuchen sie. Es nicht zu tun, bedeutet, kein Mensch zu sein. Dies ist ein weiterer Grund, liebe Eltern, sich noch tiefer einzulassen und den Kindern dabei zu helfen, die Magie dieses machtvollen und wichtigen Aspekts des Unterbewusstseins zu meistern.

IX

JA ZUR SPIRITUALITÄT

Ich sehne mich nach dem Tag, an dem die Aussage: ›Unser Gott ist Liebe, wir sind Menschen, und unsere Religion ist Einheit‹ nicht mehr nur eine Idee in unseren Köpfen ist, sondern ein Glaubensbekenntnis des Herzens – das der gesamten Menschheit.

Pater Jim Rosemergy

Für die neuen Kinder steht spirituelles Wissen – das tiefe Gewahrsein und Verständnis der inneren Ebenen und unserer Verbundenheit mit der Quelle, dem Gott unseres Daseins – an erster Stelle. Was für sie eher eine erlebte, tiefe Wahrheit ist, stellt für die meisten von uns eher eine Option denn eine Realität dar. Da die neuen Kinder jedoch immer mehr werden und auch unser Bedürfnis zunimmt, mehr über die spirituelle Seite unserer Natur zu wissen, boomen religiöse Themen und spirituelle Bildersprache.

Das Heilige hält Einzug in die Popkultur.

Ein Beispiel: Im April 2004 stand in den USA *Die Passion Christi* von Mel Gibson auf Platz eins der Kino-Hitlisten, der Film *Hellboy* von Guillermo del Toro auf Platz zwei. Ob Sie es glauben oder nicht – der Sohn Gottes und der des Satans buhlten in der Gunst der Kinogänger um den Spitzenplatz. Beide Filme thematisieren die positiven und negativen Aspekte des Astralen (exzessive Gewalt, Horror und die Kräfte des Bösen gegen unterstützende Hilfe, das Verlangen nach Selbstlosigkeit und die Kräfte des Guten).

In *Die Passion Christi* wurde nur in den letzten beiden Minuten Jesu ganze Macht enthüllt. *Das Johannesevangelium* von Philip Saville, ein wirklich bemerkenswerter Film, war eigentlich eine viel bessere Umsetzung der Geschichte Jesu und des Aufstiegs des Christentums. Warum also hat Gibsons Film alle Zuschauerrekorde gebrochen und nicht Savilles? Warum war Gibsons Film so einflussreich, dass er das Leben vieler Menschen veränderte, beinahe wie die Wiederkehr Christi, und das nur durch diese beiden letzten Minuten? Gibson versteht sich auf die Kunst der Manipulation – rasante Action, wenig Worte, unglaubliche Effekte und der schockierende Kontrast von Grausamkeit und reißerischer Sensation. Während sich Savilles Film mit den Lehren Jesu auseinandersetzt, konfrontiert uns Gibson gnadenlos mit unserer Schuld an seinem Tod.

Falls es je eine Metapher für den Unterschied zwischen Spiritualität und Religion gegeben hat, dann wird sie anhand dieser beiden Filme und der jeweiligen Botschaft des Messias deutlich. Gibsons Film handelt von einer religiösen Tradition, die Schuld und Leid überbetont und sagt, wie machtlos wir im Leben sind, wenn wir Gott nicht um die Vergebung unserer Sünden bitten. Savilles Film hingegen hat die Überwindung der Not durch die spirituelle Tradition der rechten Gesinnung zum Thema. Er demonstriert unsere Kraft und unseren Wert als Kinder des lebendigen Gottes.

Alle Rassen und Kulturen gehören einer religiösen Richtung an, die sich meist auf eine ehrfurchtgebietende Erfahrung stützt, die jemand von der Allgegenwart Gottes machte. Um die Offenbarung der Gottheit zu bewahren, werden Dogmen aufgestellt – Doktrinen, Bekenntnisse und Gesetze, die sicherstellen, dass viele von wenigen geleitet werden können. Religion selbst dient dem gegenseitigen Schutz und der Rechtleitung. Sie ist für ein intaktes Leben genauso wichtig wie Wasser, Luft und Sonne. Wenn sich Menschen jedoch so sehr auf Dogmen fixieren, dass sie die Quelle der Weisheit im Kern ihres Glaubens vergessen, oder wenn sie darauf bestehen, dass das, was sie glauben, das Beste oder am besten ist, wird sie zum Problem. »Kein Baum ist so närrisch, gegen seine verschiedenen Äste vorzugehen.« Der Glaube an Exklusivität, an die Auserwähltheit, ist eine Sackgasse.

Spiritualität hingegen ist die persönliche und intime Erfahrung der Allgegenwart, die den Einzelnen in den Mittelpunkt rückt. Pater Don Welsh hat das in wundervolle Worte gefasst: »Spirituelles Wachstum ist ein Zurückdrängen der Grenzen, der Grenzen der Ignoranz gegenüber unserem Gott und unserer eigenen Natur – damit wir das werden, was wir eigentlich schon sind.«

Wenn wir das tun, handeln wir spirituell. Das Herz und der Kern einer jeden Religion basiert auf Erfahrung – nicht auf Glauben. Es geht um die ultimative menschliche Reise über das Selbst hinaus in die Ekstase und Glückseligkeit des Einssein mit dem Einen.

Alle Überbringer der göttlichen Ordnung, gleich, ob es Schamanen, Weise, Vertreter einer großen Berufung oder spirituelle Meister sind, haben in ihrer Kindheit eine Beziehung zu Gott entwickelt, die zu einer persönlichen Verpflichtung führte. Fast jeder, der um die Wahrheit weiß, geht in der Kindheit ein Bündnis mit Gott ein. Dieses Versprechen oder diese Vereinbarung prägt unser Verhalten während unserer Kindheit und Jugend und unsere Erwartungen als Erwachsene. Viele Menschen verleugnen das und können sich nicht daran erinnern, einen solchen Bund geschlossen zu haben. Ich aber gehe jede Wette ein – auch sie taten es. Warum sage ich das? Werfen Sie einen Blick auf unsere Kleinen.

Kinder haben manchmal von Geburt an sehr reichhaltige und zuweilen komplexe spirituelle Erfahrungen, und sobald sie sprechen können, reden sie auch darüber. Sie erzählen von Engeln, die sich um kranke Babys kümmern, und vom ›roten Mann‹ (Fieber), der komme, um sie krank zu machen. Sie reden mit Tieren und beten unablässig und ganz natürlich – manchmal stammelnd, aber immer lobpreisend. Sie tanzen und singen voller Freude darüber, lebendig zu sein, und sie wissen, dass sie Kinder Gottes sind. Viele erinnern sich an ihr Leben im Mutterleib und können beschreiben, was sie gehört und gesehen haben – was den Eltern manchmal ganz schön peinlich ist. Oft erinnern sie sich an vergangene Leben, als könnten ihre Seelen einen Blick zurück entlang der Zeitenstränge werfen. (Diese Stränge sind Aufzeichnungen im Äther über unser Kommen und Gehen als Seelen während unseres Wachstums- und Lernprozesses innerhalb der gesamten Schöpfungsspirale).

Melissa Martin hat über ihren Sohn Todd Folgendes zu berichten: »Als er vier Jahre alt war, erzählte er mir, dass er in einem Land namens Australien gelebt habe. Ich glaube nicht, dass er schon jemals etwas über Australien gehört hatte. Er erzählte, dass er ein allein erziehender Vater zweier Teenager gewesen sei – eines Jungen und eines Mädchens. Offensichtlich lebten sie im australischen Busch, und die Mutter war gestorben. Als seine Kinder ungefähr zwanzig waren, starb auch er. Er klang sehr traurig und schien weit weg zu sein, als er darüber sprach. Ich fragte ihn, ob er sie vermisse. Er sagte: ›Nein, denn ich werde sie ja wiedersehen.‹«

Ich bin selbst schon Zeuge solcher Erinnerungen gewesen. Nicht nur, dass viele der neuen Kinder ihre Geburt und den Mutterleib beschreiben (meistens beginnen die Erinnerungen um den siebten Monat herum), einige erzählen auch von ihrer Existenz in anderen Welten oder auf anderen Planeten. Es ist, als existiere ein Kontinuum, ein unendlicher Bewusstseinsstrom, den wir mit unserer Geburt verlassen und erneut betreten, wenn wir sterben.

Ganz sicher erfahren Kinder seit Urzeiten die spirituellen Welten und die höheren Aspekte des Lebens. Neuerdings hören wir mehr darüber, weil wir endlich bereit sind, zuzuhören. Wir lernen, wie man den kleinen Stimmen, ihrem Gekicher und Geflüster zu lauschen hat. Von allen Büchern, die je darüber geschrieben wurden, ist *The Secret Spiritual World of Children* von Tobin Heart (Dr. phil.) bei weitem das Beste. Das *ChildSpirit Institute,* das von ihm und seiner Frau Mary Mance Heart gegründet wurde, engagiert sich sehr in Forschung und Ausbildung. Dazu gehört auch die alljährliche Konferenz zur Spiritualität von Kindern. Das Buch ist so wichtig, dass alle Eltern und jeder Lehrer auf der Welt ein Exemplar besitzen sollte.

Die erste Hälfte des Buches enthält Geschichten, die amüsieren und ans Herz gehen, etwa die des Dreijährigen, der sagte: »Mami, ich weiß alles, was du weißt.« Die Mutter gab zu, dass ihr Kind recht hatte. Die zweite Hälfte beschäftigt sich mit elterlicher Führung, mit dem, was zu tun ist und was nicht, mit Techniken, Übungen und Meditationen. Es ist eine ganze Sammlung bewährter und geprüfter Einsichten, die eine große und einfach formulierte Hilfe für Eltern und Kinder darstellt, die sich mit spirituellen Themen konfrontiert sehen. Spiritualität ist nicht immer ein Segen. Zugang zu den Geheimnissen des Universums zu haben, kann auch eine Bürde sein oder Grund dafür, sich anderen überlegen zu fühlen. Das Gleichgewicht zwischen Himmel und Erde zu finden ist eine Herausforderung – egal wie alt man ist.

Hart sagt: »Die Welt ist ganz anders, wenn wir ihr dienen.«

Lassen Sie mich das noch einmal wiederholen: »Die Welt ist ganz anders, wenn wir ihr dienen.«

Die kraftvolle Wahrheit dieser Aussage führt uns an die vorderste Front, zu dem, was gerade passiert … wie ein Schrei frustrierter Erwachsener, wie die Forderung des jüngsten »Jugend-Bebens« der uns bekannten Geschichte, wie ein Bote der letzten Tage der uns bekannten Welt und jener neuen Welt, die gerade jetzt in unserer Mitte geboren wird. Eine neue Spiritualität erhebt sich: neue Arten der Verehrung, eine neue Kirche, ein neues Wertesystem, eine neue Offenbarung Gottes und unserer Rolle als seine Kinder. Diese Bewegung, dieser Drang hat seinen Ursprung in den neuen Wissenschaften und den größeren Kontaktmöglichkeiten, die sich global durch die Internet-Kommunikation ergeben … das Herz sehnt sich nach der Vereinigung mit dem Kopf.

Und was ist der Dünger, der das Ganze zum Blühen bringt?

Das Sehnen nach einer umfassenderen Verwirklichung Gottes.

Die Verwirklichung unseres Selbst.

Neale Donald Walsch spricht seit Jahren mit Gott. Wenn man bedenkt, wie viele Menschen seine Bücher gekauft haben, scheinen seine Einsichten über »die Quelle« vielen Menschen aus der Seele zu sprechen. In seinem Buch *Tomorrow's God: Our Greatest Spiritual Challenge* sagt er:

> »Jeder Aspekt des menschlichern Bestrebens hat in den letzten zweitausend Jahren erstaunliche Fortschritte gemacht, bis auf einen – die menschliche Theologie. Das ist der Grund, warum viele Menschen das 21. Jahrhundert mit einer vorsintflutlichen Moral, Ethik und theologischen Konstruktion betreten. Die ethischen und moralischen Krisen, die uns im 21. Jahrhundert begegnen werden, sind mit diesen alten Vorstellungen nicht zu überwinden …«

Walsch sagt voraus, dass die Menschheit innerhalb der nächsten zwei, drei Jahrzehnte eine ganz neue Theologie erschaffen wird und einen ganz neuen Gott.

Walsch denkt so, wie die neuen Kinder sind. Die Jungen und die im Herzen jung Gebliebenen blicken auf den historischen Messias und bemerken, dass sich ein Muster wiederholt: beten, predigen, lehren, heilen, nachfolgen – und sie sagen zu sich selbst: »Hey, das sind wir, das können wir auch. *Wir sind die Kirche.* Da ist nicht Gott *und* wir, sondern Gott *in uns, durch uns und wie wir.*«

Die meisten der seit 1982 geborenen Kinder lieben Logik und Wissenschaft, und das aus folgendem Grund: Die Wissenschaft hat festgestellt, dass ein Partikel und eine Welle dasselbe sind. Das bedeutet, dass Gott sowohl immanent als auch transzendent ist, er ist im Inneren wie im Äußeren, gelassen und voller Mitgefühl, sowohl der Eine als auch die Vielen in dem Einen. Viele Dinge stellen für unsere Theologie eine große Herausforderung dar: die Logik der neuen Kinder, die Wiederentdeckung des Thomas-Evangeliums und der verlorenen Evangelien; die Neudeutung der biblischen Maria Magdalena als Schülerin Jesu und nicht als Hure; die Enthüllung, dass der sexuelle Missbrauch von Knaben durch Priester in den meisten Religionen eine lange Tradition hat, selbst im Buddhismus; die Erkenntnis, dass fundamentalistische Kleriker auf der ganzen Welt ihre Gläubigen dadurch kontrollieren, dass sie ihre im Namen Gottes durchgeführten Exzesse und Fehlinterpretationen verleugnen.

Es gibt bereits große Veränderungen im Bestreben der Menschen, sich mit Gott zu vereinen. Unser Instinkt, unsere Gesundheit und unsere Seelen drängen uns in eine neue Richtung. Und im Laufe der Jahre werden die neuen Kinder noch mehr drängen.

Es folgt eine kurze Zusammenfassung der neusten Trends, Übungen und Hilfsmittel. (Obwohl ich aus den Vereinigten Staaten berichte, sind diese Dinge weltweit anzutreffen – selbst dort, wo es per Gesetz verboten ist).

Das Comeback des Mystizismus. Durch den Mystizismus (die Kunst des Einsseins mit der Realität) trachtet man danach, eine Sache zu begreifen, indem man sich mit ihr vereint. Das Ziel ist, sie auf praktische Weise ins Leben zu integrieren, damit die Wahrheit gelebt werden kann.

Übungen, um sich der Seele bewusst zu werden. Davon gibt es sehr viele. Eine heißt »Seelenabdrücke«. Man gibt seiner Seele einen Namen und erinnert sich jeden Morgen daran, dass man eine spirituelle Identität besitzt. Diese besteht aus einer bestimmten Essenz, die nur einem selbst gehört. Beobachtet man sich bei den alltäglichen Begebenheiten im Leben, kann man erkennen, welche Überzeugungen verinnerlicht sind und vielleicht verändert werden sollten.

Eine andere Übung nennt sich »Seelenbriefe«. Zehn Tage

lang schreiben Sie jede Nacht, bevor Sie zu Bett gehen, einen Brief an Gott. Schütten Sie Ihr Herz aus und reden Sie ganz normal. Dann legen Sie den Brief in eine Schachtel oder Schublade, auf der »Nachtbriefe« steht. Jeden Morgen, wenn Sie aufwachen, werden Sie zu Gott und schreiben sich selbst einen Brief. Schreiben Sie einfach so schnell Sie können darauflos, und lesen Sie nicht, was Sie schreiben. Legen Sie den Brief in eine andere Schachtel oder Schublade und nennen Sie diese »Morgenbriefe«. Nach zehn Tagen lesen Sie sich alle Briefe durch. Vielleicht wird Gott durch Ihre Briefe zu Ihnen sprechen, ganz sicher wird es Ihre Seele tun. Vergleichen Sie die nächtlichen Inspirationen und Beschwerden mit den Vorschlägen vom Morgen. Die Seele ist weise und wird die notwendigen Wahrheiten liefern, sofern wir ihr eine Stimme geben.

Unterstützende, spirituelle Mentoren. Es gibt immer mehr Menschen, die weder kirchlich noch religiös gebunden sind und die anderen bei ihrem spirituellen Wachstum helfen – durch das, was sie sagen, durch gemeinsames Beten oder Meditieren oder weil sie einfach nur zuhören. Es gibt sogar Kurse, in denen man das lernen kann, z. B. an der Atlantic University in Virginia Beach, Virginia.

Neue Kirchen. Diese meist kleinen Kirchen versuchen konfessionsübergreifend erneut Mysterien und Ehrfurcht in alten Ritualen und Symbolen zu finden. Man nennt sie auch »suchende Kirchen«. Meist werden sie von jungen, evangelikalen Gläubigen geführt. Man trifft sich zu Hause und führt die Andacht auf die ehrwürdige »urchristliche Art« durch.

Alkoholfreie Discos als Gebetsorte. »Lobpreiset« lautet der Sprechchor junger Menschen, die sich in Diskotheken treffen, um zu feiern, zu lobpreisen und zu beten. Die Anhänger wollen alteingesessene Schranken aufbrechen und ihre ganz eigene Form der Verehrung finden – eine, die genau ihre Sprache spricht.

Meditation und Lerngruppen. Es gibt Hunderttausende davon, und jeder kann sich die aussuchen, die ihm zusagt. In einigen Jahren werden es wahrscheinlich Millionen sein. Oft trifft man sich privat oder in Bibliotheksräumen und spricht über spirituelle Bücher, lauscht erbaulichen Texten und praktiziert verschiedene Meditationsformen oder Heilgebete. Durch das Zusammensein mit Gleichgesinnten zentrieren sich die Anhänger in der Macht der Stille mit ihrem inneren Gott. Auch wenn einige neue Kirchen wie *Unity* oder *Religious Science* solche Gruppen sponsern, gehört die Mehrheit keiner größeren Institution an und ist allein durch den Einsatz Einzelner entstanden.

Die Wiederkehr von Labyrinthen und Medizinrädern. Der Drang, diese alten Strukturen nachzubauen, macht sich inzwischen überall bemerkbar: in Kirchen, Hospitälern, Seniorenheimen und im eigenen Garten. Der Grund ist nicht schwer zu verstehen. Diese Formen wurden einst geschaffen, damit der Einzelne in der Lage ist, schneller in einen Zustand des Gebets oder der Heilung zu gelangen. Labyrinthe sind dabei besonders wirksam. Die Wiederentdeckung ihrer Bedeutung hat das heilige Ritual wieder dem Individuum zugeordnet.

Die Schaffung sakraler Räume und Altäre. Es ist eine große Bewegung im Gange, die Meditationsgärten errichtet, Naturschutzgebiete auf Privatbesitz anlegt, Schmetterlingswiesen pflanzt oder drinnen wie draußen Plätze als Besinnungsorte errichtet. Zu Hause einen Altar zu haben ist inzwischen ebenso wichtig wie einen Fernseher oder ein Sofa. Sehen Sie mal im Kinderzimmer nach – dort ist wahrscheinlich schon einer. Halten Sie nach Gegenständen Ausschau, die so drapiert sind, dass sie ein kleines Arrangement bilden, oder nach einer Anhäufung von Dingen, die durch ihre Farbe oder Gestalt irgendwie Symbolgehalt aufweisen. Die Art des Altars muss nicht unbedingt Ihrer Vorstellung entsprechen.

Feng Shui und heilige Geometrie. *Feng Shui* ist die Kunst der richtigen Platzierung. Sie achtet auf Energieströmungen und stellt fest, wie sich diese Strömungen auf den eigenen Hausgrundriss auswirken, auf die Landschaftsgestaltung und auf die Anordnung von Möbeln und Objekten.
Heilige Geometrie lässt spirituelle Realitäten deutlich werden, die in der architektonischen Gestaltung, in der Nutzung von Bauland, in Beziehungen und sogar Verhalten vorhanden sind bzw. fehlen.
Beides wird inzwischen eingesetzt, um zu beleben und zu spiritualisieren, wo und wie wir leben.

Neue Priesterseminare und eine neue Art von Seelsorger. Sie entstehen überall. Halten Sie nach Priesterseminaren Ausschau, die sich *New Being* nennen, *Interfaith, One Spirit* oder *The Religion of the Heart.* Die Namen verraten es bereits – es handelt sich um eine neue Spiritualität, die annimmt, dass allen Religionen *eine* Wahrheit zugrunde liegt, die verehrt wird. Es geht um das Verschmelzen weiblicher und männlicher Polarität, und es wird klargestellt, dass eine Religion, die nicht hinterfragt werden darf, eine Religion der Menschen und nicht Gottes ist.

Spirituelle Zukunftsschau. Jüngere Generationen erkennen bereits den Zusammenhang zwischen der Kunst der Intuition und spirituellen Realitäten. Sie nutzen dafür divinatorische Praktiken, Objekte und Fähigkeiten. Sie erkennen, wenn scheinbar unzusammenhängende Gedanken, Gefühle und Ereignisse plötzlich zusammenlaufen und auf ein größeres Thema hinweisen, um es zu klären. Eine solche Synchronizitätserfahrung kann von großem Einfluss sein. Eine große Hilfe für solche Einsichten sind die *Soul Cards* von Deborah Koff-Chapin, die *Wisdom Cards* von Paul Ferrini, die *Vibration Medicine Cards: A Sacred Geometry of the Self* von Rowena Pattee Kryder und meine eigenen *Goddess Runes*.

Die neuen Kinder wissen, dass »Christus« nicht irgendein Nachname ist, sondern ein Bewusstseinszustand, den jeder erreichen kann. Man kann ihnen nichts vormachen, sie können Seelen erkennen. Die meisten von ihnen sind an den Glaubenssystemen vergangener Generationen nicht interessiert. Stattdessen bevorzugen sie eine Religiosität, die nicht starr ist, und Gedankensysteme, die alles umfassen und nichts ausschließen, die alles bejahen und nichts verleugnen. Deshalb ist es so wichtig, spirituelles Unterscheidungsvermögen zu erlernen. Elizabeth Lesser, Autorin des Buches *The Seekers Guide: Making Your Life a Spiritual Adventure,* meint dazu:

> »Viele der heutigen Sucher bedienen sich traditioneller ritueller Gegenstände und haben wenig Respekt vor der Bedeutung, die diese Dinge haben. Da Spiritualität demokratisiert wird und im Alltag jedes Menschen Einzug hält, riskiert jeder von uns, ein messianischer kleiner Papst zu werden, ein humorloser Heiliger oder ein unfassbar tiefsinniger Mensch, der sich für größer oder besser als alle anderen hält.«

Selten wurden wahrere Worte gesprochen. Die neue Spiritualität, die aus der Sehnsucht unserer Herzen und durch die Inspiration unserer Kinder entstanden ist, ermöglicht uns tatsächlich ein stärkeres Erkennen Gottes. Gleichzeitig ist sie jedoch auch eine Herausforderung – wir müssen unterscheiden zwischen dem, was die Seele nährt, und dem, was sie behindert.

Die Werte sollten stets hinterfragt werden. Die Spätfolgen und die Konsequenzen unserer Taten bestimmen ihren Wert. Ich habe folgende Beobachtung gemacht: Wenn wir ein Leben der Vergebung und des Glaubens wählen und uns gewahr sind, dass sich hinter jedem sichtbaren Ding ein unsichtbares göttliches Muster verbirgt, dann wird allein durch unser Dasein und ganz von selbst Heilung und Erhebung möglich – für die Luft, die wir atmen, den Boden, auf dem wir gehen, für die Pflanzen und wachsenden Dinge um uns herum, die Tiere, Vögel und Insekten, die Einstellungen und Gefühle der Menschen (selbst die Vorübergehender, die man gar nicht kennt), selbst für das Wetter und den Regen.

Erkennen Sie, wie wertvoll jeder Mensch ist? Sehen Sie, wie wichtig es ist, unser wahres Selbst zu werden oder uns ihm zumindest zuzuwenden? Fragen Sie ein Kind – irgendein Kind, und Sie werden sehen. Oder lesen Sie ihre Gedichte. Diese Kinder verehren durch das, was sie erschaffen. Für sie ist Gott eine Gegenwart, keine Person.

Edie Jurmain, eine Frau, die während des Holocausts aus Österreich floh, ist eine dieser neuen Schöpfer unserer neuen Welt. Sie ist die Großherzigkeit in Person, die in ihrem Inneren die unsterbliche Weisheit trägt, mit der auch unsere jetzigen Kinder auf die Welt kommen. Diese Weisheit drückt sie in einer kleinen Unterhaltung zwischen ihr und ihrem Gott aus. Sie nennt sie »Suche«:

Wer bist du?	*Ich bin der Ich bin.*
Wie lautet dein Name?	*Ich habe viele Namen: Vater, Mutter, Quelle, Allah, göttliche Gegenwart, kreative Energie, höchstes Wesen, Gott.*
Besitzt du einen Körper?	*Ich bin kein physisches Wesen. Ich bin spirituelle Energie.*
Wie kann ich dich finden?	*In den reinen Augen eines Neugeborenen, in der Stimme des Sängers, der Hand des Chirurgen, des Piloten und des Künstlers, im Rauschen des Meeres, im Duft der Blume.*
Was hindert mich daran, die Fülle des Leben zu erfahren?	*Falsche Überzeugungen! Hör auf, dich mit deiner Vergangenheit zu identifizieren. Vergib jedem, der dich einst verletzt hat.*
Was ist der Sinn meines Lebens?	*Du solltest danach streben, dein spirituelles Erbe besser zu verstehen – betrachte die Welt als Spielplatz – du solltest jeden Tag voll und ganz genießen.*
Wirst du immer da sein, selbst wenn ich sterbe?	*Natürlich, mein geliebtes Kind. Es gibt keinen Anfang, und es gibt kein Ende. Ich werde dich niemals verlassen. Das Leben ist ewig.*

X

EINE GANZ SPEZIELLE WUT

Es ist eine Zeit der laut erhobenen Stimmen, der offenen Worte und des angstfreien Denkens. Ich bin froh, in solch einer großartig beunruhigenden Zeit zu leben.

Helen Keller

Auszüge aus den Traumtagebüchern von Kindern – besonders im Nordosten Amerikas – belegen, dass sie den Anschlag vom 11. September in New York bereits erahnten, bevor er erfolgte. Einige Einträge waren bis zu zwei Jahren alt. Wenn man sagt, dass unsere Kinder »Dinge wissen«, dass sie auf die Zukunft eingestellt und in Einklang sind mit den Energien, die das kollektive Bewusstsein antreiben, ist das noch untertrieben. Es ist beinahe unheimlich, wie sehr sie Menschen durchschauen, Gedanken lesen, Ereignisse voraussagen oder in Frage stellen, was ihnen beigebracht wurde. Außerdem sind sie richtige Nervensägen. Mussten Sie schon mal eins von ihnen aufziehen? Ihre Mütter und Väter haben mein Mitgefühl. Ich bin Großmutter – ich kann jederzeit gehen, Eltern können das nicht.

Wie sagt man so schön: »Da prallen zwei Welten aufeinander.« Eine ganz spezielle Wut ist ein Merkmal aller Kinder, die seit 1982 geboren werden. Sie kocht direkt unter der Oberfläche und bricht selbst bei den liebevollsten Kindern hervor. Alles, was nicht wirklich stimmt, was aufgesetzt ist, hochgejubelt, doppelzüngig, übertrieben, unehrlich oder unecht, entfesselt in ihnen eine Wut, die ganz anders ist als die vorangegangener Generationen. Aufgrund dieser Tendenz können die neuen Kinder leicht manipuliert oder benutzt werden.

Sie haben von Natur aus die Fähigkeit des unbeteiligten Beobachtens und sind gar nicht daran interessiert, Entscheidungen zu treffen – so laufen sie Gefahr, entweder maßgefertigte Rebellen, Revolutionäre, Aktivisten, Agenten des Wandels oder Killer zu werden.

Denken Sie mal an das soziale Klima, in dem diese Kinder aufwuchsen:

Bill Clinton behauptete, niemals Sex mit »dieser Frau« gehabt zu haben; die Führungskräfte von Enron leugneten, ihre Buchhaltung frisiert zu haben. Vertrauensselige Aktionäre erlitten dadurch verheerende Verluste; die oberste Führungsliga der USA leugnete die Veruntreuung der Millionen, die für irakisches Öl bezahlt worden sind; George Bush log, als er sagte, es werde keinen neuen Steuern geben; George W. Bush log, als es um den Irakkrieg und um dessen Kosten ging.

Diese Männer waren Präsidenten und bewunderte Staatsführer. Einige neuere Untersuchungen zeigen, dass das Auswirkungen »nach unten« hatte. So gaben drei Viertel der befragten Studenten zu, bei ihren Prüfungen zu schummeln; 43 % der Bevölkerung sagen, es sei in Ordnung zu lügen oder zu betrügen, um voranzukommen. Unsere Bereitschaft, Unwahrheiten einfach hinzunehmen, hat uns den Titel »Pinocchio-Gesellschaft« eingebracht.

Haben sie von der »Rotznasen-Wut« gehört? Es ist wie eine Epidemie bei Kindern jeden Alters. Sie scheinen sich an jedem um sie herum rächen zu wollen. Fernseh-Shows, Videospiele und Rap-Musik nutzen das. Spiele wie *Grand Theft Auto* gehen weit über Gewalt hinaus. Darin werden Kinder und Teenager dafür belohnt, dass sie an organisierten Verbrechen, an Mord und anderen Arten perversen Verhaltens teilnehmen. In einigen Ländern verprügeln sich Kinder und fotografieren sich dabei gegenseitig. Dieses Spiel wird *happy slapping* (fröhliches Verprügeln) genannt; es kommt dabei häufig zu ernsthaften Verletzungen. Unglaublich ist auch, in wie vielen Aufsichtsräten der Leitsatz herrscht: »Wen interessiert, was das Produkt vermittelt? Wichtig ist, das es richtig Geld einbringt!« Und ein mexikanischer Polizist soll gesagt haben: »Öffentliche Moral – was ist das?«

Natürlich gibt es noch viele weitere Ursachen. Der Psychologe Ron Taffel, Autor von *Parenting by Heart,* drückt es folgendermaßen aus:

> »Die Kinder von heute sind wütend, weil sie sich von ihren Eltern weder erkannt noch gehört fühlen. Sie sehnen sich verzweifelt danach, gesehen zu werden und nicht verplant und psychologisiert. Jeder Einzelne von ihnen trägt dieses Verlangen in sich.«

Er macht darauf aufmerksam, dass Kinder eine Leere in sich fühlen, weil ihre Eltern nie Zeit für sie haben. Das ist der Grund dafür, dass sie sich der Junk-Kultur wie einer Ersatzfamilie zuwenden. Damit hat Taffel unbestreitbar recht. Sicher jedoch liegen dieser speziellen Wut noch ganz andere Ursachen zugrunde als jene, die die Psychologie erklären kann: 1.) die natürlichen Tendenzen zum Beispiel, die beim Voranschreiten der fünften Wurzelrasse einfach auftauchen; 2.) die gleichzeitig auftretende Schubkraft von Evolution *und* Devolution und 3.) revolutionäre Schübe, die durch die Zunahme der Anzahl junger Menschen entstehen.

Nach der chinesischen Prophezeiungstradition gehen wir jetzt in die fünfte Drehung des großen Rades ein – eine Zeit, in der die »Gewalt der Rage« alle Menschen herausfordert und in der Kinder bereits mit Wut geboren werden. Alles, was jetzt geschieht, ist intensiv und wird auch so gefühlt. Ich konnte bei allen Kindern mit dieser Wut feststellen, dass sie seltsam ungeduldig sind und das auch für berechtigt halten. Andere sprechen vom »Wohlstandssyndrom«. Es stimmt, dass viele Eltern heute glauben, sie wären gute Eltern, wenn sie ihren Kindern viele Dinge kaufen. Es gibt viele verzogene Kinder in unserer genusssüchtigen Gesellschaft, in der alle zunehmend voneinander abhängen.

Das Ergebnis sind Kinder voller Potenzial, denen es an Leitung mangelt, dazu kommen Konsumgier als Ersatzhandlung und der Wunsch nach Mitgefühl und Zuwendung. Diese Kinder werden zugestopft mit dem, was sie am wenigsten brauchen. Stimmungsausbrüche, Frustration und eine nüchterne Gleichgültigkeit sind natürliche Reaktionen auf diese auf die Spitze getriebene Energie. Sie nimmt schneller zu, als es die meisten bewältigen können. Veränderungen geschehen so rasch, dass man – egal wie alt man ist – Schwierigkeiten hat, mitzuhalten. Ohne Geduld und Toleranz ist es sehr schwer, Vorstellungen und Meinungen, die sich von den eigenen unterscheiden, zu schätzen oder Menschen zu respektieren, die einem fremd sind. Die umjubelten »Kinder des Lichts« stehen genau wie andere Kinder unter dem Druck, lernen zu müssen, wie man mit dieser Wut umgeht, sie müssen zudem mit einem Übermaß an Privilegien oder Armut zurechtkommen.

DIE SCHUBKRAFT VON EVOLUTION UND DEVOLUTION

Wenn die Farben der Aura eines Menschen kräftiger werden, wird auch die Energie extremer. Sie äußert sich zunehmend stärker, ebenso wie der Aufwand, sie zu kontrollieren. Kräftigere Farben bedeuten Intensität und die Möglichkeit von Verhaltensanomalien. Die höheren Farbschwingungen wie Blau, Indigo, Lila und Violett tragen, wenn sie kräftiger werden, mehr als andere Farben die Schubkräfte von Evolution und Devolution in sich. Einfach gesagt: Je intensiver die Energie wird, desto machtvoller wird man, und desto mehr kann man bewirken – zum Guten oder zum Schlechten.

Bei positiver Ausrichtung sind höher schwingende und kräftigere Aurafarben ein Zeichen dafür, dass der- oder diejenige sehr liebevoll und ruhig ist, ungewöhnlich mitfühlend und verständnisvoll, ja sogar empathisch, was das Wohlbefinden anderer angeht.

Mit negativer Ausrichtung steht dieselbe Konstellation für jemanden, der das Gegenteil ist: kalt, grausam, unsensibel, distanziert, aggressiv und gefährlich. Eine positive Ausrichtung erhebt die Seele und unterstützt die Evolution der Menschheit, während sie in höhere Bewusstseinsstufen aufsteigt; eine negative Ausrichtung negiert die Seele und sorgt für eine Rückentwicklung von Potenzial bis hin zu solch niedrigen Bewusstseinszuständen, dass jeder Aufstieg der Menschheit behindert wird.

Aber welcher Faktor bestimmt, wohin die Energie sich richtet? Bei Kindern sind es eine Familie, die sie unterstützt, und Menschen, die sich kümmern. Bei Erwachsenen ist es die Absicht, sich selbst und den Zustand anderer zu verbessern. Die Generation der Millenials, die 1982 begann, ist die erste wirklich globale Generation in der Geschichte der Vereinigten Staaten und eigentlich der ganzen Welt. Aufgrund unserer Technologie, der Medien, des Internets, der Handys und dergleichen können sie praktisch mit jedem, überall und völlig draht- und kabellos, Kontakt aufnehmen – persönlich und ohne Zeitverzögerung. Sie sind einer Vielfalt von Anforderungen und Möglichkeiten ausgesetzt – mehr als jedes Kind zuvor je bewältigen musste. Während wir immer weiter aufsteigen, wird die Energie immer intensiver, und die Schubkraft von Evolution und Devolution wird noch extremer in zwei Richtungen drängen.

In ganz Afrika und im mittleren Osten (hauptsächlich in den muslimischen Ländern der Erde) gibt es immer mehr junge Menschen. Mehr als die Hälfte der Bevölkerung ist dort jünger als 25 Jahre. Historisch betrachtet steht Ländern, in denen es in der Vergangenheit zu diesem Phänomen kam, eine große Revolution bevor. So hatte z. B. in Frankreich die Zahl junger Menschen kurz vor der Revolution stark zugenommen. Die Jugendschwemme im Iran stand im Zusammenhang mit dem Sturz des Schahs während der Revolution 1979. Das Comeback des mittelalterlichen Fundamentalismus, das wir jetzt in den islamischen Ländern beobachten, ähnelt dem Aufstieg der Nazis vor dem zweiten Weltkrieg. Dieser Fundamentalismus schafft eine gefährliche Situation.

Mehr als die Hälfte der Bevölkerung dieser Länder ist unter 25. Das bedeutet, dass dieser Jugendzuwachs ganz und gar aus Millenials und der Generation des 11. September besteht – Kindern der fünften Wurzelrasse, die bereits mit einer schwelenden Wut geboren wurden. Bei ihren jüngsten Mitgliedern ist es Angst. Diese Kinder sind wahrlich ungeduldig, ruhelos, frustriert und verwirrt. Sie wachsen in zerrissenen Kulturen auf, in denen es missbilligt wird oder verboten ist, Dinge zu hinterfragen oder kritisch zu denken. Ständig sind sie Situationen und Erfahrungen von Wut und Gewalt ausgesetzt, und ihre Intelligenz leidet darunter. Dieser Umstand gilt sowohl für das Chaos in Palästina als auch für die Ghettos von Chicago. Da man Kinder, die frustriert oder voller Wut sind, leicht manipulieren kann, kommt es weltweit zu dem Phänomen, dass Kinder als Soldaten, als Drogenkuriere oder Diebe eingesetzt werden. Wir reden hier von einer großen Anzahl Kinder und von einer Situation, die drastische Ausmaße angenommen hat. Der eigentliche Kern dieser Wut ist jedoch eine Rebellion gegen alles, was nicht echt, ehrlich oder real ist. Überall spüren Kinder diese Wut oder waren mit ihr schon mal auf gravierende Weise konfrontiert.

Was also können wir tun? Lassen Sie uns so beginnen, wie es auch die Kinder tun – mit kleinen Schritten:

- Schon von der Grundschule an sollte der Umgang mit Wut und Meditationsfähigkeiten Teil des Lehrplans sein. Ab der vierten oder fünften Klasse sollte man Ehrlichkeitscodes und ein Klassengericht einführen, in dem die Kinder selbst lernen, wie man allen Seiten zuhört, Motivationen abwägt, wählt und Entscheidungen auf faire und gerechte Weise trifft.
- Spezielle Sitzungen sollten sich mit dem Problem der Klassenschläger auseinandersetzen und damit, wie man sich am besten verteidigen kann. Folgesitzungen wären wahrscheinlich angebracht.
- Es sollten Auszeiten oder Gesprächsrunden eingeführt werden, wenn es zu brenzligen Situationen kommt.
- Um das Verhalten zu schulen, sollte auf eine anständige Ausdrucksweise geachtet werden – gerade, wenn es zum Streit kommt.
- Außerdem sollte großer Wert auf richtige Ernährung, Übungen und kreatives Spielen gelegt werden.
- Sport, Musik, Wandern und Tanzen sollten unterstützt werden.
- Die Kinder sollten ermutigt werden, sich freiwillig bei Tierschutzorganisationen oder in Seniorenheimen zu engagieren.
- Man sollte ihnen Selbstkontrolle durch Massage, Yoga, Meditation, Gebet und Kreativität beibringen.
- Kinder sollten zudem eine verantwortungsvolle Aufgabe haben und dafür Geld bekommen (bringen Sie ihnen bei, die Hälfte davon zu sparen).

An dieser Stelle ist es hilfreich, mehr darüber zu erfahren, wie betroffene Eltern ihre wütenden Rotznasen aufziehen. (Die Namen wurden geändert; die Mutter erzählt.)

»Traurigerweise ist die beste Beschreibung von Joanne: jemand, der sich in der eigenen Haut sehr unwohl fühlt. Sie wird von einer Wut dominiert, die wie Lava direkt unter der Oberfläche vor sich hinbrodelt. Bereits als sie zwei Jahre alt war, schenkte man ihr Bücher und Kassetten mit Titeln wie ›Ich bin so wütend‹. Sie war Spezialistin in ›schlagenden Umarmungen‹ – wie wir es nannten. Sie aufzuziehen bedeutete, sich nach ihren emotionalen Beschränkungen zu richten. Wir als Eltern mussten jedes erdenkliche Maß an Geduld, Beharrlichkeit und noch mehr Geduld aufbringen.

Mit der Disziplin war es zunächst einfach. Die meiste Zeit über tat ich ganz normale Dinge. Ich brachte Joanne die goldene Regel bei: Der Fernseher blieb während 99 % ihrer Zeit ausgeschaltet. Ich passte mich ihrem Tagesrhythmus an und versuchte zu vermeiden, dass sie sich meinem anpassen musste. Außerdem ermöglichte ich ihr, Ereignisse zu kontrollieren, indem ich ihr Schritt für Schritt erklärte, was wir außerhalb unseres Zuhauses machen würden. Ich sagte z. B.: ›Wir werden jetzt unsere Mäntel anziehen, die Tür unserer Wohnung öffnen, die Treppen hinuntergehen, die Autotür öffnen, uns ins Auto setzen‹ usw. Als Joanne älter war, arbeitete ich ein-, zweimal die Woche halbtags. Auch dabei erklärte ich ihr ganz genau, was ich tat und was sie erwarten würde. Außerdem spielten wir ›bis bald und auf Wiedersehen‹ bei Orten, von denen sie nie weg wollte, z. B. dem Spielplatz. Längere Erledigungen wie Einkaufen hielt ich so kurz wie möglich, stattdessen ging ich öfter. Wenn Joanne frustriert war oder sich danebenbenahm, tat ich, was ich ›das Schiff verlassen‹ nannte. Das bedeutete, sofort und ohne Theater den Einkaufswagen, das Schwimmbad, die Bibliothek, das Restaurant oder den Park zu verlassen. Selten versuchte sie am gleichen Ort, dasselbe noch einmal zu tun.

Auch erlaubte ich ihr Dinge, die andere Eltern für verrückt hielten. Joanne machte Fingermalerei und Glitzerbilder, grub im Matsch, spielte in den unteren Küchenschränken, kleidete sich in den abenteuerlichsten Farbkombinationen, benutzte stumpfe

Scheren und Filzer, kochte mit mir, spielte endlos Verkleiden und planschte oft in Badewasser, dass ich zugegebenermaßen mit Eierfarbe gefärbt hatte. Ich wusste ja, hinterher konnte ich sie abduschen oder wieder umziehen.

Mit der Zeit jedoch überlagerte Joannes Wut ihre bemerkenswerten intellektuellen und körperlichen Fähigkeiten. Zu unserem großen Bedauern hinderte ihre Wut sie daran, sich auf Dinge einzulassen, die ihr ein Glücksgefühl, Zufriedenheit oder Erfolgserlebnisse eingebracht hätten. Joannes Lektionen waren hart und rasant, und sie wiederholten sich, bis sie begriffen hatte.

Ich weiß, dass sich Joanne oft ausgestoßen, nicht unterstützt, ungeliebt und missverstanden fühlte. Dabei wurde uns sehr früh schon klar, dass kein Maß an Liebe und Verständnis von unserer Seite ihre Einstellung ändern konnte. Egal, was wir taten, wir konnten unser Kind nicht dazu bewegen, zu kooperieren, sich anzupassen, sich verstanden und geliebt zu fühlen. Sie war allein, und niemand schien so zu sein wie sie.

Sie war ein Kind, das unter meiner Obhut und im Alter von zehn Jahren Bücher wie *Reise durch das Dunkel*, *In achtzig Tagen um die Welt*, *Ich, Prinzessin Sultana und meine Töchter* und Lincolns *Proklamation zur Sklavenemanzipation* las. Ich hatte ihr religiöse Toleranz beigebracht, indem ich sie die Grundpfeiler der großen Weltreligionen lehrte. Sie ist ein Kind, das blind ist für verschiedene Farben und Rassen.

Joanne war stets innerlich zerrissen. Es gab keine gesunde Mitte. Sie war emotional sehr stark oder zerbrechlich, unentschlossen oder sehr selbstbestimmt, gänzlich unbewusst oder voller Einsicht, träge oder voller Energie. Innerhalb kürzester Zeit hüpfte sie von einem Extrem ins andere. Manchmal fiel sie in die Verhaltensweisen eines Kleinkindes zurück, andererseits konnte man sich mit ihr intellektuell über die neusten Ereignisse unterhalten.

Schon in ihrer frühen Kindheit führte ich Auszeiten ein, um nicht durchzudrehen. In dieser Zeit tat ich, was ich wollte. Länge und Zeitpunkt veränderten sich im Lauf der Jahre. Joanne konnte währenddessen in ihrem Zimmer tun, was immer sicher und leise war. Jahrelang hatten wir eine Kindersicherung zu unserem Schlafzimmer und zur Bürotür – ein kleines Gatter, das sowohl ein Kind als auch einen aufbrausenden Teenager davon abhielt, in mein Königreich der unversehrten Ruhe einzudringen. Eine andere Regel, die uns half, während sie älter wurde, nannten wir: ›Stehst du in Flammen?‹ Während dieser Zeit durfte sie keinen von uns unterbrechen, es sei denn, sie hatte tatsächlich Feuer gefangen (später erweiterten wir das um starke, blutende Wunden). Diese Regel funktioniert bis heute.«

Außerdem war Joanne unglaublich übersinnlich begabt. Für sie und ihre Eltern hätte das ein Alptraum werden können, aber sie machten daraus nie eine große Sache (besonders Joanne nicht). Allerdings wurde von Anfang an großer Wert auf ethisches Verhalten gelegt und darauf, dass man die Privatsphäre anderer respektieren muss. Man dringt z. B. nicht einfach ohne dessen Erlaubnis in den Geist eines anderen ein.

Wut ist sowohl die Achillesferse dieser neuen Kinder (das schwächste Merkmal) als auch eine Gabe Gottes (der stärkste Charakterzug). Echte Wut verstärkt unsere Energie und motiviert uns, Dinge ins Reine zu bringen und zu erledigen. Raserei ist nicht dasselbe wie Wut. Raserei ist unterdrückter oder verdrängter emotionaler Ballast (unerledigte Dinge), der auftaucht, wenn die Wut zu sehr aufflammt. Die schlimmste Gewalt entsteht durch Raserei. Die Besonderheiten der Wut und die verschiedenen Arten, sie auszudrücken, sind den Mitgliedern der fünften Wurzelrasse von großem Nutzen. Da die Energieströmung, die sie antreibt, heiß und feurig ist, tendieren diese Menschen dazu, bei allem, was sie tun, außergewöhnlich motiviert und stark zu sein. Sie sind von Natur aus Anführer, Motivatoren und Erschütterer. Wenn ihr Feuer entfacht ist, können sie die Welt verändern.

Nicht alle Kinder drücken Wut tatsächlich als Wut aus. Viele haben Angst davor oder wissen nicht, wie man sie in konstruktive Bahnen lenkt. Dazu gehört alles, was körperlich ist bzw. körperliche Anforderungen stellt, z. B. das Haus zu putzen, Unkraut zu jäten, bei gemeinschaftlichen Projekten oder Müllpatrouillen mitzumachen oder zu töpfern. Wenn die Wut kein Ventil findet, kann es zu Depressionen kommen. Aus einem medizinischen Bericht vom April 2004 geht hervor, dass mehr als 10 Millionen Kinder in den Vereinigten Staaten Medikamente gegen Depressionen nehmen. Die Dunkelziffer ist viel höher, da die meisten Fälle gar nicht erkannt werden. Zudem stehen die meisten Antidepressiva, die Kindern eigentlich aus ihrer emotionalen Notlage helfen sollen, im Verdacht, ihre Lage bis hin zur Selbstmordgefährdung zu verschlimmern. Wir alle, Kinder wie Eltern, müssen lernen, auf eine gesunde Weise mit Wut umzugehen. So schlägt es auch Neil C. Warren in seinem wichtigen Buch *Make Anger your Alley: Harnessing Our Most Baffling Emotion* vor. Die wundervollen Eigenschaften Mut, Bestimmtheit und Willensstärke sind alle Auswirkungen von Wut … selbst die Fähigkeit zu heilen.

Kurioserweise gibt es zwischen Wut und Heilen eine Verbindung. Wenn Sie so richtig wütend sind, wirklich motiviert und an dem Punkt angekommen, an dem Sie zum Kämpfer werden, können Sie die meisten Krankheiten oder durch Verletzung verursachte Schäden in den Griff bekommen. Wenn Sie diese Energie umsichtig einsetzen, können Sie die Grundlage für Wunder schaffen. Wut ist Macht, und diese Macht drängt oder inspiriert, etwas zu unternehmen. Dinge werden schnell und gewöhnlich mit wenig Mühe erledigt. Wenn Sie diese Energie dem Guten widmen, um sich gegenseitig zu helfen, wird sie sich ganz schnell in Heilenergie verwandeln, die wärmt, erhebt und ganz macht.

Das Merkmal der neuen Kinder ist Wut, und diese Kinder sind Heiler von Natur aus. Verstehen Sie jetzt? Es gibt keinen Zufall. Von Anfang an scheinen diese Kinder zu wissen, wofür diese Macht in ihnen gut ist. Nennen Sie es Instinkt. Es gibt faszinierende Geschichten von Kindern, die auf Menschen zugehen und aus dem Nichts heraus ihnen die Hand reichen, ein Lächeln schenken oder die Wange streicheln, und plötzlich fühlt sich dieser Jemand besser. Selten ist ihnen ihr Handeln voll bewusst. Sie tun es einfach, weil es sich richtig anfühlt. Viele sehen oder spüren die Energie, die aus ihnen fließt – manchmal in leuchtenden Farben, manchmal golden oder glänzend weiß und manchmal auch begleitet von besonderen Bildern, Klängen oder Engeln.

Die Schlagzeilen schmettern: *Mädchen macht aus Krankheit Inspiration*; *Student mit Down-Syndrom sprengt alle Erwartungen* oder *Fünfjähriger rettet Mann vor Herzinfarkt.* Frank DeMarco von der Hampton Roads Publishing Company hatte ganz persönlich mit diesem Thema zu tun. Zwei Kinder im Alter von sieben und fünf hatten ihn von einer ernsten Erkrankung geheilt, nachdem sie ihm »auf geistige Weise farbige (Energie-)Bänder« auf die betreffenden Hautstellen gelegt hatten. Danach begann DeMarco ähnliche Fälle zu untersuchen. Sein Buch *Dream Healer: His Name is Adam* handelt von einem sechzehnjährigen Jungen, der nachweislich Hunderte von Leuten oft sogar über große Entfernungen hinweg geheilt hat. Auf der Liste von Adams Wunderheilungen steht auch die des kanadischen Rockstars Ronnie Hawkins, bei dem unheilbarer Bauchspeicheldrüsenkrebs festgestellt wurde. Es hieß, er habe nur noch drei Monate zu leben. Über seine Heilung erschien sogar ein Artikel im *Rolling Stone* vom 27. November 2003. Dank Adam arbeitet Hawkins wieder,

Geschichten über solche Wunder gibt es immer mehr. Die Kinder wissen, wie man die energetische Intensität von Farben und Klängen benutzt, um genetische Codes zu verändern. Viele von ihnen heilen auf diese Weise. Eines dieser besonderen energetischen Heilsysteme nennt sich Reiki und kann Kindern und Erwachsenen beigebracht werden, um sich und anderen zu helfen. Ein Kind, das die Reiki-Techniken beherrscht und weiß, wie man sie richtig anwendet, ist viel eher in der Lage, stressreiche und fordernde Situationen zu meistern. Das ist stärkend für das Kind und ein Segen für alle anderen.

Wut als Urenergie ist für jede zivilisierte Gesellschaft eine Herausforderung. Man kann sie nicht wegdenken, ihre verschiedenen Facetten intellektualisieren oder mit ihr gewalttätiges oder ungesundes Verhalten entschuldigen. Mit Wut muss man sich direkt auseinandersetzen und dabei Techniken und Trainingsmethoden benutzen, die ihre Macht auflockern, umleiten oder beruhigen können. Vergebung und Versöhnung sind der Gegenpol von Wut … und wieder sind wir bei den Themen des fünften Chakras: »Macht haben und einsetzen«.

Die neuen Kinder verfügen aufgrund dieses Merkmals über genau die Energie und den Drang, die nötig sind, um alles erreichen zu können. Ein Zufall ist das nicht – es ist ein verborgener Segen.

XI

EIGENSINNIGE KINDER UND SPRINGENDE GENE

Ich liebe Dich, Du bist perfekt – und jetzt ändere Dich.

Titel eines modernen Musicals
von Joe DiPietro und Jimmy Roberts

Wussten Sie, dass in Sportverträgen zwischen Universitäten und Mediensponsoren ein beachtlicher Bonus für den Fall vorgesehen ist, dass sich die Spieler ordentlich benehmen und nicht ins Gefängnis kommen?

So unglaublich das klingt – die Tatsache, dass Hochschulen zu solchen Tricks greifen, um ihre Sportler im Zaun zu halten, verdeutlicht einen weiteren Aspekt der neuen Kinder. Er sollte zusammen mit anderen verblüffenden gesellschaftlichen Situationen untersucht werden. Beginnen wir mit einer kurzen Wiederholung der Generationsmerkmale, die ich ausführlich in Kapitel V beschrieben habe. Sie erinnern sich, dass jede Generation mit einer bestimmten Prägung, einem Merkmal (Energiemuster), geboren wird, das typisch für den jeweiligen Kreislauf ist. Man könnte sagen, dass dieses Merkmal unsere Gesellschaft auf ihre nächste Generation vorbereitet. Die für das Energiemuster typischen Merkmale treten deutlich hervor – wie ein Hauptmotiv oder ein dominanter Drang, der zu Taten oder Reaktionen antreibt. Bisher haben wir uns nur mit einem dieser Merkmale beschäftigt – der seltsamen Wut, die man in den Millenials findet. Obwohl diese Generation sehr tolerant ist, kann ihre typische Ungeduld selbst ihre besten Absichten überlagern. Lassen Sie mich noch einmal betonen, dass unsere Gegenwart von Wut dominiert wird, während sich das große Rad Richtung fünfte Welt und deren Aufstieg dreht. Es ist weniger das Merkmal der Generation als vielmehr ein Klima, das alles einfärbt, was unseren verschiedenen Gesellschaftsstrukturen begegnet. Da die Millenials einen Großteil der Muskelmasse aufbringen, die uns in und durch die Pforte der Maya führt, ist es von entscheidender Bedeutung, dass wir dieses Merkmal verstehen: Eine positive Ausrichtung steht für Toleranz, eine negative für Ungeduld und Frustration.

Was jedoch genau bestimmt, ob die Ausrichtung positiv oder negativ ist? Die zunächst kontraproduktiv erscheinende Wut kann auch ein Segen sein. Durch sie ist diese Generation mit viel Energie ausgestattet. Die dazu gehören besitzen davon mehr als genug, um genau die Agenten oder Aktivisten des Wandels zu werden, die es sie zu sein drängt. Aber was ist mit Toleranz? Nun, die Bereitschaft, andere oder fremde Ansichten in Betracht zu ziehen oder zumindest nicht auszuschließen, ist wünschenswert. Andererseits kann diese wundervolle Eigenschaft ebenso gut eine untätige und gleichgültige Einstellung fördern, die das, was eigentlich erheben soll, unterwandert.

Wie sollen wir also diese Wut einschätzen – positiv oder negativ? Behalten Sie die Frage während des ganzen Kapitels im Hinterkopf. Wir werden einige kontroverse Themen in Angriff nehmen, etwa Lernstörungen, hüpfende Gene oder durchgedrehtes Fernsehen.

Heute sagen wir selten, dass Kinder süß oder aktiv oder Tagträumer oder erfinderisch sind, sondern klassifizieren sie vielmehr nach ihren Beeinträchtigungen. Wir sagen, sie hätten ADS (Aufmerksamkeits-Defizit-Syndrom), ADHS (Aufmerksamkeits-Defizit-Hyperaktivitäts-Syndrom), sie seien chronisch-aufsässig, wiesen autismusähnliche Entwicklungsstörungen auf, hätten Aspergersyndrom, sensorische Integrationsstörungen oder Autismus.

Aus neueren Statistiken geht hervor, dass in den USA zwei von fünf Kindern eine Lernstörung aufweisen, dass eins von zehn Kindern mental gestört ist und dass mehr als sieben Millionen unter ADS leiden. Die Fälle von ADHS haben seit 1990 um 600 Prozent zugenommen, und Autismus ist inzwischen so weit verbreitet, dass von einer Epidemie die Rede ist. Sollten wir die Beschwerden von überarbeiteten Lehrern einzig und allein auf elterliches Versagen und zu geringe oder keine Disziplin zurückführen? Vielleicht, aber nach den letzten Ergebnissen stellt sich die Frage, ob nicht vielleicht noch andere Faktoren eine Rolle spielen. So lassen sich z. B. ADS und ADHS bei betroffenen Kindern auch als Hirnanomalien nachweisen. Ich will hier niemandes Traum zerstören, aber die Störungen sind tatsächlich real.

Es werden ständig neue Bezeichnungen dafür gefunden, und einige Fachleute beginnen sich zu fragen, welche Auswirkungen diese vielen Bezeichnungen auf die Kinder haben, wenn sie älter werden. Dr. Mel Levine, ein Kinderarzt, der sich gegen die vielen Bezeichnungen ausspricht, sagt: »Man sollte lieber herausfinden, was diesen Kindern fehlt, und ihnen helfen, statt ihnen einen Stempel aufzudrücken.« Experten haben sich auf ein Wort geeinigt, das alle Bezeichnungen unter einem Begriff vereint: »eigen«. Diese Kinder sind weder exzentrisch noch merkwürdig und auch nicht gestört oder disfunktionell, sie sind einfach eigen. Dieser Begriff ist inzwischen so gebräuchlich, dass er sich durchgesetzt hat.

Aber wie werden diese Eigensinnigen in ihrer Eigensinnigkeit behandelt? Mit Medikamenten – sehr starken Medikamenten. Beim Bedarf an verschreibungspflichtigen Medikamenten haben Kinder inzwischen alle anderen Altersgruppen, inklusive Senioren, überholt. Ritalin, Prozac und Risperdal werden am häufigsten verschrieben. Die einzige Alternative ist Concerta. Es gibt keine Langzeitstudien darüber, wie sich diese Medikamente auf Kinder auswirken.

Man weiß inzwischen jedoch, dass Ritalin die Körpergröße und das Gewicht mindern und vielleicht auch dauerhafte Veränderungen des Gehirns verursachen kann. Prozac kann gewalttätiges und unberechenbares Verhalten hervorrufen. Bei Kindern, die auf ADHS behandelt wurden, traten unabhängig vom verabreichten Medikament vielfach Depressionen und Selbstmorde auf. Das wirksamste Medikament mit den geringsten Nebenwirkungen ist jedoch illegal – Marihuana. Es bleibt umstritten, ob man bei der Medikation von Kindern selbst entscheiden darf. Keiner weiß wirklich, welches Medikament das beste ist, welche Langzeitauswirkungen auftreten können oder ob es noch eine bessere Lösung als Medikamente gibt.

Auf die Ähnlichkeit von Menschen mit Nahtod-Erfahrungen mit den neuen Kindern habe ich bereits hingewiesen. Eine dieser Beobachtungen war, dass Kinder wie Erwachsene nach einer Nahtod-Erfahrung viel empfindlicher auf Pharmazeutika reagieren als zuvor. Es ist Teil der Nachwirkungen. Typischerweise ist der Betroffene hypersensibel auf Geschmack, Berührung, Beschaffenheit, Geruch, Klang, Druck, Puls, Rhythmus und Empfindungen. Es ist schon so viel darüber geschrieben worden, wie extrem diese Menschen auf elektrische Felder und Hightech-Ausstattungen reagieren, dass es fast schon zur Legende geworden ist. (Ich zum Beispiel kann immer noch keine Armbanduhr tragen, und ich bin sehr vorsichtig mit Geräten, an die meine Schwingung nicht gewöhnt ist.) Auch die Verträglichkeit von Chemikalien wie Schadstoffen, Zusätzen oder Pharmazeutika nimmt ab oder verschwindet gänzlich. Allergien werden die Regel.

Mir geht es dabei ganz besonders um betroffene Kinder, denn sie können nicht wirklich ausdrücken, wie sie sich fühlen. Nur wenige stellen eine Verbindung zwischen ihren »Absonderlichkeiten« und ihrer Nahtod-Erfahrung her. Die psychologischen und körperlichen Auswirkungen sind bei Kindern ausgeprägter als bei Erwachsenen, und es sind genau diese Kinder, die den Angehörigen der fünften Wurzelrasse am meisten ähneln. Das folgende Zitat stammt aus meinem Buch *The New Children and Near Death Experiences* und warnt vor der erhöhten Sensibilität gegenüber Medikamenten:

> »Wenn ein Kind krank ist, bringt man es schnell zum nächsten Arzt oder zur Notaufnahme des nächsten Krankenhauses, wo ihm eine Spritze verabreicht oder Pillen verschrieben werden. Das ist Standardprozedur. Falls dieses Kind eine Nahtod-Erfahrung hatte, reagiert es sensibler und vielleicht sogar allergisch auf die auf Alter und Gewicht abgestimmte Medikation. Unter Umständen kann die Behandlung also gefährlicher sein als die Krankheit bzw. die Verletzung selbst. Informieren Sie ihren Arzt darüber.«

Kinder mit einer Nahtod-Erfahrung sind ungewöhnlich sensibel, als wären sie neu verkabelt, neu geordnet oder neu konfiguriert. Der Mehrzahl der Kinder, die seit 1982 geboren werden, weist genau dieselbe Sensibilität auf und dieselben Veränderungen des Gehirns, des Nerven- und Verdauungssystems sowie der Haut. (Der Hauptnenner scheint dabei die Energiebeschleunigung zu sein. Das, was schon vorher da war, ist danach stärker – auch Potenzial. Ich glaube, dass genau das global geschieht, während die Energie aufsteigt und unsere Lebensprozesse verändert.)

Stellen Sie sich mal vor – die Kinder, die Medikamente am wenigsten vertragen, erhalten die stärksten, und zwar so hoch dosiert, als wären sie für Erwachsene. Die Krankenkassen kommen für diese Medikamente auf, die Kösten für Therapien jedoch und natürliche Substanzen wie Kräuter und homöopathische Mittel übernehmen sie nicht.

Bedenken Sie außerdem, wie empfindlich die Kinder auf Softdrinks, Junk Food, Alkohol, Tabak, Schwermetalle, Luftverschmutzung, chemisch behandelte Kleidung und Bettwäsche sowie Nahrungszusätze reagieren. Außerdem muss man darauf achten, dass sie nicht zu lange den elektrischen Feldern von Fernsehern, Computern und Starkstromkabeln ausgesetzt sind. Es kann etwas getan werden, und man kann sich umstellen. Diese Kinder könnten in der heutigen Welt nicht nur besser zurechtkommen, sondern auch besser funktionieren. Dafür jedoch müssen Erwachsene die Situation erst einmal erkennen.

Raten Sie, was Wissenschaftler, Ärzte und entschlossene Eltern jetzt entdeckt haben bei denen, die von Geburt an anders sind. Man weiß nun, dass rund 80 Prozent der Störungen direkt oder indirekt mit Lebensmittelallergien, falscher Ernährung oder Verdauungsstörungen zusammenhängen. Weitere Ursachen sind Schilddrüsenerkrankungen, Aminosäurenmangel, Mangel an essentiellen Fettsäuren, Darmentzündungen, Pestizide in der Nahrung, Wachstumshormone, verstrahltes Essen, Störungen des Immunsystems, Schwermetallbelastungen, die Nähe zu Starkstromleitungen oder zu vielen Hightech-Geräten. Es besteht der Verdacht, dass Quecksilber, das in der Luft vorkommt, ein Hauptverursacher ist. Quecksilber wird auch durch Schutzimpfungen verbreitet, wo es als Konservierungsmittel dient und in Impfstoffkombinationen enthalten ist. MMR ist z. B. ein Drei-in-eins-Impfstoff gegen Masern, Mumps und Röteln.

(Im Frühling 2004 widerlegten Mediziner den Zusammenhang zwischen MMR und der sprunghaft ansteigenden Anzahl von Autismus in den USA, Kanada und Großbritannien. Zwischen den einzelnen Seren und Autismus konnte keine Verbindung nachgewiesen werden. Auch wenn es offiziell als sicher gilt – das Drei-in-eins-Präparat bleibt heftig umstritten, denn das Zusammenwirken der drei Komponenten wurde nicht untersucht.)

Viele der Führungskräfte der größten Fast- und Junk-Food-Unternehmen der USA sitzen auch in den Leitungsgremien der

Medienunternehmen und der Pharmaindustrie. Wahrscheinlich ist das auch der Grund, warum viel über lukrative Medikamente berichtet wird, jedoch sehr wenig über gesunde Ernährung und wichtige Vitamine.

Mich verblüfft eine Studie, die klären sollte, welcher Faktor den Pharmakonzernen das meiste Geld einbringt. Das Ergebnis passt genau zu dem, was mir besorgte Eltern immer wieder gesagt haben: Die profitabelste Industrie in den Vereinigten Staaten sind Medikamente für Kinder. Das erklärt zumindest mir, warum alternative Maßnahmen wie gesunde Ernährung, ein gesunder Lebenswandel mit einem Fokus auf Spiritualität und die Reduzierung des Einflusses elektromagnetischer Felder so selten zur Sprache kommen bzw. von Medizinern überhaupt nicht erwähnt werden, wenn es um die Behandlung von Störungen bei Kindern geht.

Was ich bei den Nahtod-Kindern bemerkte, spiegelt das, was ich und andere bei den neuen Kindern entdeckt haben. Diese sensiblen Kleinen haben es wirklich schwer, mit den Extremen unserer Gesellschaft umzugehen. Die Herausforderung beginnt bereits im Mutterleib mit den Exzessen der Mutter. Wie bei den Kanarienvögeln im Kohlenbergwerk, die durch ihren Tod einen Gasausbruch im Stollen anzeigten, sollten uns ihre Reaktionen eine Warnung sein – denn ihre Probleme werden die Menschheit als Ganzes betreffen.

Die wachsende Bewegung für alternative Heilmethoden will diese Fehler beseitigen. Wenn betroffene Kinder alternativ behandelt werden, geht es ihnen bald besser, einige Störungen verschwinden sogar vollständig. Es gibt Fachleute, die die Chelat-Therapie bei autistischen Kindern anwenden, um Schwermetalle zu entfernen. Die craniosakrale Therapie (eine Technik, die die Craniol-Membranen im Kopf in Balance bringt) hat sich bei Fällen von ADS und ADHS als hilfreich erwiesen. Ernährungsumstellungen haben zu deutlichen Abnahmen von Störungen bei Kindern geführt, besonders bei Autismus. (Es ist erstaunlich, wie viele Kinder allergisch gegen Weizen, Hafer, Gerste, Roggen und Eier sind.)

Werden kleine Kinder nur begrenzt dem Computer und dem Fernsehen aussetzt (wenn sie größer werden, kann man das ändern), sind sie später deutlich besser in der Lage, sich zu konzentrieren, kreativ und fantasievoll zu sein, und sie verhalten sich wesentlich ruhiger und respektvoller.

Und noch eine Kleinigkeit: Nach einem im April 2004 veröffentlichten Bericht des *American Journal of Clinical Nutrition* steht die heute grassierende Fettleibigkeit in engem Zusammenhang mit dem Gebrauch von hochfruktuösem Maissüßungsmittel in der Nahrung und in Softdrinks. Muss ich es noch sagen? Softdrinks sind Zuckerwasser. Es ist nichts Falsches an Zucker oder Mais, aber die Menge ist problematisch. Der übermäßige Verzehr macht aus Dingen, die eigentlich gut für uns sind, etwas Schädliches.

Je mehr wir jedoch zur natürlichen Ordnung zurückkehren, desto gesünder und glücklicher werden wir sein. Das ist wohl wahr, aber ist es auch realistisch? Nehmen Sie z. B. das Fernsehen. Können wir noch ohne »Glotze« leben? Sie hat unser Leben enorm bereichert – sie setzt uns in die erste Reihe bei den aktuellsten Nachrichten, wir begegnen Kulturen, die wir nie zu sehen geglaubt hätten, sie liefert bedeutende Möglichkeiten zur Weiterbildung, und wir können uns die Unterhaltung unserer Wahl aussuchen.

Aber das, was uns bereichert, hat auch eine Schattenseite. Und dafür gibt es bereits die ersten Zahlen: Wenn Kinder, die jünger als vier Jahre sind, bereits fernsehen, entwickeln sie im Alter von sieben um 20 % häufiger ADS als andere Kinder. Kinder jeden Alters, die am Tag drei und mehr Stunden fernsehen, sind doppelt so häufig gewalttätig wie andere Kinder. Der anhaltende Konsum von Gewalt in den Medien kann zur emotionalen Abstumpfung bei Gewalt im wirklichen Leben führen. Eine Langzeitstudie in Chicago untersuchte, wie sich Fernsehgewohnheiten in der Jugend 20 Jahren später auswirken – und wies eine direkte Verbindung zwischen übermäßigem Gewaltkonsum im Fernsehen und eigener Gewalttätigkeit nach.

Viele Menschen aus anderen Ländern haben Einwände gegen amerikanische Kinofilme, Musik und Fernsehshows – zu viel Gewalt, zu viele Drogen. Unsere Medienmoguln verbreiten eine falsche Botschaft und lassen unser Land fragwürdig erscheinen – ganz zu schweigen von den Auswirkungen auf Herz und Geist Heranwachsender. Fernsehmacher geben zu, dass ihr eigentliches Ziel bei einer halbstündigen Show fünfzehn Minuten Werbung und fünfzehn Minuten Programm ist. Diese Glanzleistung versuchen sie dadurch zu erreichen, dass sie den Schauspielern und Schauspielerinnen beibringen, schneller zu sprechen (oft ist das bereits der Fall). Ob ältere Zuschauer dann noch alles verstehen, interessiert nicht – sie haben es auf die Jungen abgesehen mit ihrer kurzen Aufmerksamkeitsspanne und ihrem schnellen Verstand, denn diese können leicht mithalten. Das alles hat jedoch einen Einfluss auf die Entwicklung des Gehirns und erhöht das Risiko von ADS.

Bei Reality Shows wie *Fear Factor* geht es inzwischen um ganze Familien: Vater, Mutter und die Kinder. Die Kinder sind dabei unglaublichem Stress ausgesetzt. »Ich liebe es«, sagt ein kleiner Junge, der nach riesigen Insekten schlägt. Bedenken Sie, was dieses Kind mitmacht und wie viel Stress das verursacht, und dann bedenken Sie, wie es die Kinder beeinflusst, die sich die Show im Fernsehen ansehen. Das Problem sind dabei nicht die Insekten, sondern der Stress. Er verursacht so genannte Schreckmomente. (Das sind z. B. plötzliche, unerwartete Töne oder Ereignisse, die dazu gedacht sind, das Hirn wach zu halten und die Aufmerksamkeit zu sichern.) Der heimtückischste und schädlichste Aspekt des Fernsehens auf die Entwicklung des kindlichen Gehirns sind diese Schreckmomente. Sie werden im Fernsehen exzessiv eingesetzt und beeinflussen unsere Kinder. Das wiederum beeinflusst unsere Zukunft und die Entwicklung der Menschheit.

Schon viele haben davor gewarnt, ganz besonders Marie Winn, die Autorin von *Die Droge im Wohnzimmer. Für die kindliche Psyche ist Fernsehen Gift* und Keith Buzzell, Autor von *The Children of Cy-*

clops: The Influence of Television Viewing on the Developing Human Brain. Ein ständiger Ablauf von Schreckmomenten gehört zu einer Fernsehshow, wenn die Aufmerksamkeit des Zuschauers gesichert sein soll. Schnelle Änderungen des Kamerablickwinkels, unerwartete oder überraschende Töne, plötzliche Ereignisse und schnell aufeinander folgende Szenen sichern die Aufmerksamkeit des Gehirns und sorgen für so viel Stress, dass sich der Körper quasi ständig verteidigt. Das liegt am niedrigen, aber kontinuierlichen Einschuss von Cortisol in den Blutkreislauf des Zuschauers.

Cortisol kommt ins Spiel, wenn der Körper kämpfen oder flüchten will. Es wird von der Hirnanhangdrüse freigesetzt, wenn die Adrenalinproduktion nicht mehr ausreicht, um mit anhaltendem Stress umzugehen. Es dauert acht bis vierundzwanzig Stunden, bis sich Cortisol in der Blutbahn wieder abbaut. Werbeleute bestehen darauf, dass in jedem Showsegment Schreckmomente eingebaut werden. Es ist Teil ihres Vertrages mit den Fernsehproduzenten. Diese Momente sorgen dafür, dass sich der Zuschauer die Werbung tatsächlich ansieht (also wird nicht mit ihnen gegeizt). Der neurologische Einfluss auf Kinder kann mit Missbrauchsfolgen verglichen werden. Die normale Hirnentwicklung wird behindert, die Intelligenz vermindert, das Nervensystem und die emotionalen Reaktionen beeinflusst. Die Auswirkung auf Babys im Mutterleib ist wegen des gemeinsamen Blutkreislaufs von Mutter und Fötus noch stärker. Immer und immer wieder kann Cortisol in der Mutter ansteigen und das Ungeborene geradezu fluten. Deshalb ist es für Mütter wichtig, in einer möglichst stressfreien Umgebung zu leben. (Von einem Fall, in dem ein Ungeborenes durch zu viel Cortisol geschädigt wurde, berichte ich in meinem Buch *The New Children and Near Death Experiences.*)

So problematisch die Auswirkungen des Fernsehers auch sein können, er ist nicht das einzige Problem. In den USA kann man unter 400 Kanälen wählen, und aufgrund der ausgeprägten Rivalität zwischen den Sendern gibt es wundervolle und sichere Programme für Vorschüler, darunter ganz ausgezeichnete Angebote mit nur geringen Schreckmomenten.

Wir Menschen lernen wir am meisten durch persönliche Beziehungen und direktes Handeln – nicht durch Fernsehen. Wir haben anpassungsfähige Körper, denn unsere Gene können springen. Wir sind auf das genetische Muster, mit dem wir geboren werden, nicht angewiesen und unsere Kinder nicht auf das, das sie von uns geerbt haben. Gene verändern sich – besonders als Reaktion auf Druck und Stress. Barbara McClintock, Nobelpreisträgerin für Genetik, hat das bewiesen. Unsere Chromosomen verfügen über wandelbare Elemente. Das bedeutet, dass unsere Gene in ihrer grundlegenden Zusammensetzung die Fähigkeit besitzen, sich zu verändern – sogar ziemlich schnell.

Vielleicht ahnen Sie schon, worauf ich hinauswill, und Sie haben recht. Einige der Störungen, die unsere Kinder aufweisen – besonders ADHS –, sind auf extremen Stress, Anspannung und den Druck zurückzuführen, der entsteht, wenn die Gesellschaft so tut, als sehe sie nicht, wie weit sie von der natürlichen Ordnung abgewichen ist. Bestenfalls verweist das auf die Evolution. Was vor 40 000 Jahren geschehen ist und die Menschheit gerettet hat, geschieht wieder, und zwar genau jetzt: Das Gen des »Jägers« kehrt zurück.

Wissenschaftler sagen, dass es in jener Zeit in mindestens drei Kontinenten zu starken Vulkanausbrüchen und Massensterben gekommen ist – ganz zu schweigen von der Verdunklung der Sonne durch Asche in der Atmosphäre und der Freisetzung toxischer Gase. Schätzungen gehen davon aus, dass weltweit nur 15–40 000 Menschen überlebten. Der Populationseinbruch verursachte einen Engpass, diese ernste und gravierende Situation führte zu rapiden genetischen Mutationen – dem Urbeginn der Kultur. ADHS lässt sich auf eine Kombination mehrerer Gene zurückführen oder ganz spezifisch auf die DRD4-7R-Allele. (Sie spielen bei ADHS-Fällen die größte Rolle.) Lesen Sie hierzu das Buch *The Edison Gene: ADHS and the Gift of the Hunter Child* von Thom Hatmann.

Er ist eine Autorität bei Störungen bei Kindern und erklärt (auf geniale Weise), wie der Aufstieg dessen, was wir heute ADHS nennen, einst die Menschheit gerettet hat. Die Suche nach Neuem, Aufmerksamkeit haschendes Abgelenktsein, ständiges Spähen, Neugier, Schläue, Ungeduld, Wechselhaftigkeit – genau das sind die Merkmale, die in der Vergangenheit unser Überleben garantierten. Heute ermöglicht der Instinkt des Jägers (oder des Erfinders oder Initiators) dem Einzelnen, trotz Risiko und Herausforderung ganz vorn zu sein und kreativ, intuitiv und über den Tellerrand hinaus zu denken. Obwohl das Jäger-Gen seit seinem Auftauchen vor Äonen zum menschlichen Genpool gehört, richtete sich sein Aufstieg und Fall nach den jeweiligen Bedürfnissen der Gesellschaft. Dass es global seit Mitte der Achtziger, besonders in den letzten fünf Jahren, auf ungewöhnliche und spektakuläre Weise wieder auftaucht, könnte in der Tat ein Zeichen sein. Stehen wir am Rand einer großen evolutionären Umwälzung der Bevölkerung … oder vielleicht sogar vor einem neuen Zusammenbruch?

(Viele dieser Merkmale lassen sich auch bei Nahtod-Kindern finden. Das ist ein weiterer Beweis für die wandelbaren Elemente in unseren Genen.)

Störungen bei Kindern, Medien-Strategien, Exzesse der Gegenwart, springende Gene … wer kann sagen, was positiv und was negativ ist? Was glauben Sie?

XII

STEIGENDE INTELLIGENZ, VERLORENES POTENZIAL

Der Verstand spiegelt das Universum und das Universum den menschlichen Verstand. Schöpfer und Schöpfung bedingen sich gegenseitig.

Joseph Chilton Pearce

Viele Lehrer, die kurz vor ihrer Pensionierung stehen, klagen, dass die meisten der neuen Kinder die dümmsten, faulsten, unhöflichsten und uninteressiertesten Kinder seien, die ihnen je begegnet seien. Wie bitte? William Strauss und Neil Howe kommen in ihrer neuesten Studie, *Millenials Rising: The Next Generation*, zu einem ganz anderen Ergebnis, sie beurteilen die heutigen Teenager optimistisch und zuversichtlich. Allerdings haben sie ihre Untersuchungen bisher nur an zwei durchschnittlichen Gymnasien durchgeführt. Das ist meiner Meinung nach nicht ausreichend, um einen umfassenden Einblick in den Status der Millenials zu gewinnen. Dennoch wird eine meiner Annahmen bestätigt – nämlich, dass diese Generation den Schwung, die Energie und das Know-how besitzt, um die G. I. Joes zu überholen. Diese Kinder könnten tatsächlich die Welt retten. Weshalb also das Kopfschütteln und Zähneknirschen der Lehrer?

Vielleicht findet man die Antwort in den Studien über ein anderes Phänomen: den Anstieg von Legastheniefällen bei heutigen Kindern. Christine Gorman liefert dazu einen einsichtigen Kommentar in ihrem Artikel *The New Science of Dyslexia* für das *Time Magazine:*

> »Oft sind Legastheniker äußerst fähige Problemlöser und entdecken Lösungen durch neue oder überraschende Herangehensweisen. Sie wagen konzeptuelle Sprünge, auf diese Weise lassen sie Menschen mit Tunnelblick und langsame, schrittweise Denker weit hinter sich. Sie sagen, sie seien in der Lage, Dinge in 3D-Technicolor oder wie überdimensionale Schachspiele wahrzunehmen. Vielleicht aber hat sie auch ihr früher Kampf mit dem Lesen besser darauf vorbereitet, mit den Missgeschicken unserer sich ständig verändernden Welt umzugehen.«

Man trifft viele Legastheniker in den obersten Schichten der gesellschaftlichen Elite und in den untersten Schichten der Gefängnisse an. Was aber bestimmt, wer ganz oben oder ganz unten landet? Bereits in sehr jungen Jahren zeigt sich, ob die einzigartige Fähigkeit, die Froschperspektive zu verlassen und zu abstrahieren, unterstützt und ermutigt wird.

Klingelt es da bei Ihnen? Die Mehrheit der neuen Kinder, ob legasthenisch oder nicht, fängt bereits sehr früh an zu abstrahieren. Sie beginnen früh zu reden, zu laufen, sie lernen schnell, sind sehr intuitiv, hochintelligent und natürliche Heiler und Instandsetzer; aber – sie denken nicht sequentiell und sind auch nicht daran interessiert, es zu lernen. Sie kämpfen gegen unser gegenwärtiges Schulsystem an, ignorieren es, meiden es oder rümpfen darüber die Nase. Ein Viertel von ihnen beendet die Schule nicht.

Die neuen Kinder sind weniger gestört als vielmehr anders organisiert. Ihre Gehirne strukturieren und verarbeiten Informationen auf ungewöhnliche Weise. Weder die Eltern noch unsere Erziehungssysteme sind auf diese Anforderungen vorbereitet. Das gilt besonders auch für Ärzte, Therapeuten und Gesetzgeber – von den angehenden Arbeitgebern ganz zu schweigen.

Bei Kindern mit Nahtod-Erfahrungen konnte ich entdecken, dass 48 % der von mir untersuchten nach ihrem Nahtod-Erlebnis, sofern es zwischen ihrer Geburt und ihrem 15. Lebensjahr lag, nach Testergebnissen einen IQ von 150 bis 160 hatten (normalerweise ist ein IQ zwischen 132 und 140 schon ein herausragendes Ergebnis). Waren die betroffenen Kinder bei dem Ereignis jünger als sechs Jahre, hatten bis zu 81 % einen erhöhten IQ. Wenn ich Neugeborene und Säuglinge nicht mit berücksichtige (insbesondere jene nicht, die während ihrer Nahtod-Erfahrung ein dunkles statt ein helles Licht gesehen hatten), waren es sogar um die 95 %, die einen IQ von 182 und mehr aufwiesen.*

Wie hängt das zusammen?, werden Sie fragen, aber warten Sie ab. Ich habe bei Nahtod-Kindern zudem feststellen können, dass sich die Hälfte von ihnen an ihre Geburt erinnert (die meisten ganz exakt) und dass ein Drittel von ihnen pränatale Erinnerungen ab dem siebten Monat hat (ab diesem Zeitpunkt reagiert der Fötus auf Schmerz). Die meisten dieser Erinnerungen drehen sich um emotionale Gedanken oder um das, was die Eltern sagten; einige konnten aus dem Mutterleibs »hinaussehen« (und das erstaunlich präzise). 93 % wiesen erhöhte mathematische Fähigkeiten auf und die meisten von ihnen auch musikalische. Die Regionen für Mathematik und Musik liegen im Gehirn eng beieinander. Durch eine Nahtod-Erfahrung im Kindesalter scheinen beide zu wachsen, so als gehörten sie zusammen. (Das sagt einiges über Schulsysteme aus, die

* Die Lichter, die bei einer Nahtod-Erfahrungen auftauchen, werden als reine, durchdringende Strahlen oder als Primärlicht beschrieben, als warmes, beschützendes oder dunkles Licht mit einem Hauch von Lila oder als leuchtend weiß oder golden und voll bedingungsloser Liebe. Das Primärlicht wird von diesen Kindern »Gotteslicht« genannt, das dunkle »Mutterlicht« und das strahlende »Vaterlicht«. Sie beharren darauf, dass sowohl das Mutter- als auch das Vaterlicht aus dem Gotteslicht stammen.

die Mathematik über die Musik stellen.) Sowohl die Jungen als auch die Mädchen zeigten großes Talent für räumliches Denken und Sehen.

Wie hängt das mit der Intelligenz der neuen Kinder zusammen? Diese Lichterlebnisse und die Auswirkungen auf den Körper verdeutlichen, dass Nahtod-Zustände im Kern machtvoll und intensiv sind. Sie sind ein »Power-Schub«, und dieser Schub wirkt sich auf das Gehirn, das Nerven- und Verdauungssystem und auf die Haut aus. Was ich bei Kindern mit diesem Erlebnis immer wieder beobachtet habe, ist genau das, was global über die neuen Kinder berichtet wird – das eine steht für das andere. Die genetischen Veränderungen sind meiner Meinung nach offensichtlich, und wir reden hier von Abermillionen von Kindern.

Hier ist noch ein anderer Vergleich. Die meisten dieser Kinder scheinen, wenn sie sich von ihrer Nahtod-Erfahrung erholt haben, wie neu verkabelt, neu geordnet und neu konfiguriert zu sein. Dadurch kommen sie in unserer Welt der Technologie und Optik besser zurecht. Dennoch zieht nur ein Drittel von ihnen Nutzen aus diesen Fähigkeiten. Dieser Verlust an Potenzial ist auch bei den Millenials zu beobachten.

Übrigens berichtet jedes Land, das standardisierte IQ-Tests durchführt, von einem IQ-Anstieg, der mit dem in den USA oder bei meinen Nahtod-Untersuchungen vergleichbar ist. Es handelt sich offensichtlich um ein globales Phänomen. Sharon Begley, Autorin des Artikels *The IQ Puzzle* im Magazin *Newsweek,* schreibt: »Der Anstieg ist so steil, dass das durchschnittliche Schulkind heutzutage ebenso intelligent ist wie die Genies der Vergangenheit.« Der Flynn-Effekt (Intelligenz wird positiv beeinflusst, wenn sich Gruppen von Kindern in einer stimulierenden Umgebung befinden) hilft uns, dieses Phänomen besser zu verstehen. Er hat gezeigt, dass, wenn die Umgebung und die Interaktion zwischen den Kindern verbessert wird, sich auch der IQ verbessert. Ein höherer IQ und ein besseres Umfeld führt zu anregenderen Interaktionen, die den Intellekt erneut ansteigen lassen, was zu weiteren, noch stärkeren Anregungen führt usw. Doch selbst der Flynn-Effekt kann nicht erklären, was genau mit unserer neuesten Generation los ist. Die meisten dieser Kinder werden so geboren – egal, welches Erbgut sie aufweisen. Viele von ihnen sind einem Umfeld ausgeliefert, das kaum Chancen auf Veränderungen bietet – ganz besonders in Ländern mit schwacher Industrie und großen ökonomischen Schwierigkeiten.

Um den Ansatz zu finden, der dieses Phänomen erklärt, müssen wir unseren Blick auf die Evolution richten. Die Menschheit verfügt über einen Geniuscode, der gerade aktiviert wird. In uns erwacht etwas, das die ganze Zeit geruht hat.

Was also hat es mit dieser in die Höhe schießenden Intelligenz auf sich, die Lehrer in den Wahnsinn treibt? Soleila Green, eine globale Visionärin, Beraterin, Autorin und Ausbilderin, unterscheidet in ihrem Artikel *Quantum Intelligence, Beyond IQ, EQ and SQ … The Evolution of Intelligence* fünf Formen der Intelligenz (schon wieder die Fünf!). Nach ihrer Erklärung ist der IQ nur der Anfang.

> »Sobald Sie Ihr Herz öffnen, erhalten Sie Zugang zur Intuition und zu einer ausgeglicheneren Annäherung an Emotionen … Emotionale Intelligenz (EQ). Wenn Sie Ihren Geist integrieren (das größere, äußere Ich), haben Sie Zugang zur Weisheit, zu Ihrer Spiritualität (der Suche nach tieferem Sinn und größerem Verständnis) und zu allem, was Ihnen auf Ihrer Reise begegnet … Spirituelle Intelligenz (SQ). Wenn Sie Ihre Seele (Ihr inneres, essentielles Ich) dem Leben öffnen, werden Sie Ihren Zugang zum innewohnenden Fühlen, zum Wissen und zur Telepathie entdecken … Ganzheitliche Intelligenz (GQ). Wenn Sie sich über sich selbst ausdehnen, hin zu Bewusstsein und Schöpfung (Ganzheit), entdecken Sie das Hypergeschwindigkeitsdenken ebenso wie die Superkreativität und die lebendige Mannigfaltigkeit … Quanten-Intelligenz (QQ).«

Die folgende Tabelle, die mir Soleira Green zur Verfügung stellte, zeigt das Gesagte deutlich.

INTELLIGENZ = STÄRKERE UND BEWUSSTERE WAHRNEHMUNG			
ORT	VERBINDUNG	INTELLIGENZ	OUTPUT
Verstand	Individuell	Intelligenz (IQ)	Gedanke
Herz-Verstehen	Beginn, sich anderen gegenüber zu öffnen	Emotionale Intelligenz (EQ)	Emotionale Intuition
Geist	Verbindung mit dem höheren Selbst und höheren Absichten	Spirituelle Intelligenz (SQ)	Weisheit
Seele / Ganzheitliches Fühlen	Die grundlegende Verbindung mit anderen und mit Potenzial	Ganzheitliche Intelligenz (GQ)	Wissen, innewohnende Telepathie
Schöpfung (Entwicklung und Öffnung des Bewusstseins)	Verbindung mit der Ganzheit	Quanten-Intelligenz (QQ)	Hyper-geschwindigkeit, große Bandbreite, Superkreativität

Eine bedeutende Anzahl der neuen Kinder trägt die Merkmale SQ bis QQ, und das lässt Eltern und Lehrer so verzweifeln. Eine Intelligenz, die mit dem Standard-IQ nicht mehr gemessen werden kann, wird für reine Fiktion gehalten.

Niemand versteht diese Situation besser als Joseph Chilton Pearce. Für ihn sind die Präfrontallappen des Gehirns (die sich nach der Geburt ausbilden) der Sitz von Urteil, Moral, Empathie, Mitleid und des Wohlgefühls. Sie ermöglichen das Beste und Höchste, was die Menschheit erreichen kann. Er glaubt, dass eine Transzendierung des Egos zu einem mit Geist erfüllten Leben voller Frieden, Toleranz und Denkvermögen führt und dass gut entwickelte Präfrontallappen für diese Errungenschaft essenziell sind.

Der Zustand einer schwangeren Frau hat großen Einfluss auf die

Hirnentwicklung ihres Kindes. So bedingt eine behütete Schwangerschaft mit einem Minimum an Stress und Ärger eine geringere Entwicklung des hinteren Gehirns (der Teil, der auf Instinkte und Überleben ausgerichtet ist), während das Anwachsen der Präfrontallappen begünstigt wird. Ist die Schwangerschaft jedoch von Schwierigkeiten und Sorgen dominiert, werden sich die Präfrontallappen nicht zu ihrem vollen Potenzial ausbilden, und das hintere Gehirn vergrößert sich. Auf zellularer Ebene kommunizieren Kind, Mutter und Umgebung kontinuierlich. Alles hängt davon ab, wie groß das Gefühl der Sicherheit ist. Die Entwicklung des fötalen Gehirns beim Fötus richtet sich nach dieser Wahrnehmung. Eine sichere Umgebung lässt das Gehirn höhere Funktionsmodi entwickeln, ist sie jedoch von Wut und Angst bestimmt, tendiert das Gehirn dazu, die Modi auszubilden, die das Überleben sichern. Was der Mutter während der Schwangerschaft widerfährt, prägt das Kind, und die Prägung des Kindergehirns prägt später die Welt.

Was ist los mit diesen schlauen Kindern? Sie sind von frühester Kindheit an voll bewusst und sorgen sich um Gerechtigkeit, Menschenrechte, Bürgerrechte und den Frieden. Sie ahnen es bereits – der »Präfrontalkram« löst unseren latenten Geniuscode aus. Aber vergessen Sie nicht das innewohnende Wut-Merkmal. Diese Kinder, die soviel Potenzial besitzen, können leicht fehlgeleitet oder manipuliert werden ... und so kann das wertvolle Potenzial an die Ungeduld und Frustration verloren werden.

Bei der Bildung der Präfrontallappen sind die ersten drei Jahre die wichtigsten. Die nächste entscheidende Phase ist die Pubertät. Die Gehirne von Kindern entwickeln sich bis zum 25. Lebensjahr, auch wenn sie schon früher für volljährig erklärt werden. Das erklärt, warum die Werbung auf ein immer jüngeres Publikum abzielt und warum Feudalgesellschaften noch immer gedeihen (bevor das Urteilsvermögen voll entwickelt ist, findet bereits eine starke Programmierung statt). Was posttraumatischen Stress angeht, sind

Kinder besonders verletzlich, denn Gewalt schädigt die Präfrontallappen.

Um den Intelligenzfaktor zu verstehen, müssen wir uns klar machen, dass das Herz die Hauptquelle des Körpers für Intelligenz ist – es ist unser fünftes Gehirn. Durch das gesamte Spektrum sendet das Herz, verbindet sich und interagiert mit anderen Herzen. Innerhalb eines Meters kuppeln sich Herzen ein und erschaffen ein »Herzfeld« oder eine Welle. Deshalb sind Umarmungen so wichtig.

Der Herzschlag besteht aus drei Phasen. Die erste sorgt für den Mut, zu leben (Glauben), die zweite dafür, dass wir mit anderen zu tun haben wollen (Hoffnung und Liebe), und die dritte dafür, dass wir mit dem Geist verbunden bleiben (der Quelle). Kein Wunder, dass die neuen Kinder so viel von Liebe und Mitgefühl reden und dass man sich umeinander kümmern sollte. Ihr Bewusstsein bleibt länger im Herzen zentriert als bei anderen. Ihre weitere Entwicklung geht in Richtung höherer Arten der Intelligenz und des Wissens – normalerweise wird das Bewusstsein erst einmal im Gehirn stabilisiert. Deshalb spiegelt ihr Intelligenzquotient auch nicht das Intelligenzpotenzial, das sie besitzen oder die Art, wie ihr Verstand arbeitet.

Da ihre Art, die Realität wahrzunehmen, anders ist als bei anderen, können sie oder andere verwirrt sein. Es wäre klug, ihnen im Alltag zusätzliche Möglichkeiten einzuräumen, die ihnen dabei helfen, ihre Angelegenheiten besser zu regeln. Die nun folgenden Techniken und Instruktionsquellen können hilfreich sein:

Bei der so genannten *Gedankengymnastik* handelt es sich um Berührungen und Übungen, die auf Muskeltests beruhen und darauf, wie das Gehirn mit dem Nervensystem zusammenarbeitet. Im Internet finden Sie sicher einen Kinesiologen in Ihrer Nähe.

Die *Pegasus-Gruppe* ist eine Einrichtung, die sich auf kindliche Lernprozesse spezialisiert hat. Sie bietet bis zu 17 verschiedene Lehrmethoden, zwischen denen man wählen kann und, falls nötig, nicht-pharmazeutische »Schwingungsmedikamente«. Die Gruppe sitzt in Winnipeg, Kanada.

Die *Collot-Malkunst-Therapie* ist eine Weiterentwicklung der Lehren Rudolf Steiners, des Begründers der Waldorf-Schule, durch Liane Collot d'Herbois. Licht, Farbe und Dunkelheit werden miteinander verglichen, um Körper-Geist-Prozesse interpretieren zu können. Wenden Sie sich an Martha Loving, die sich als Erste darauf spezialisiert hat, die Collot-Methode bei Kindern anzuwenden.

Vom *Itsy Bitsy Yoga* profitieren besonders Kleinkinder bei der Koordinierung von Körper-Geist-Prozessen. Schauen Sie sich die Webseite oder das gleichnamige Buch an.

Weitere Methoden zur exzellenten Unterstützung der Körper-Geist-Prozesse sind Tanzen, das Spielen eines Instruments, Schwimmen, Gymnastik und Töpfern.

Meditation fördert und vergrößert die Präfrontallappen in jedem Alter. Bei Kindern sind schon ein oder zwei Minuten sehr effektiv. Durch Meditation gelangt mehr Sauerstoff in das Gehirn, der Körper wird entschlackt und entspannt, man kann sich besser konzentrieren. Es gibt zahlreiche Bücher und Lehrer.

Das *Gebet* erfüllt mit der Wichtigkeit des Glaubens, der Dankbarkeit und der Disziplin der täglichen Andacht. Es beeinflusst die Hirnstruktur und sorgt für kohärente Wellen, die sich körperlich auswirken. Benutzt man die Macht des Gebets, werden Stimmung und Haltung verbessert. Es gibt viele Lehrer und Methoden, das affirmative Gebet hat die größte Wirkung.

Viele Kinder sehen Gebete wie eine Substanz in der Luft, die sich schnell bewegt. Einige von Nahtod-Erfahrungen betroffene Kinder beschreiben es wie einen Lichtstrahl, der von der Person, die das

Gebet spricht, bis zu der Person reicht, an die es adressiert ist. Sie nennen das »Gebetsstrahlen«. Einige sagen, sie seien leuchtend weiß oder golden, andere sagen, sie hätten Regenbogenfarben – nicht übereinander, sondern in Senkrechtsegmenten angeordnet. Ich habe einen kleinen Jungen gefragt, wie es sich anfühlt, der Empfänger eines Gebets zu sein. »Oh«, kicherte er, »wenn es mich erreicht, ist es überall ganz warm und prickelt auf mir.« Diese Art Antwort ist typisch.

Für die neuen Kinder ist das Paranormale normal: Lebhafte Träume, Projektionen des Geistes ins reale Leben, kreatives Vorstellungsvermögen, telepathische Kommunikation, klares Sinnesvermögen, Hellfühlen und -sehen, -hören, -wissen und -riechen sind die Regel. Bei höheren Zuständen intuitiven Wissens sind die Präfrontallappen aktiv. Sie funktionieren wie die Flügel des Gehirns – sie öffnen unseren Geist für eine reichere Erfahrung unseres Selbst, unserer Beziehung zu anderen und zu unserer Welt.

Wahrscheinlich wissen Ihre Kinder längst von diesem größeren Intelligenzaspekt und identifizieren sich damit. Ich werde Ihnen ein bisschen mehr darüber sagen, damit Sie ahnen, worüber sie reden. Alle lebenden Organismen, selbst Bakterien, zeigen Echtzeitreaktionen auf ihre Umwelt, also eine grundlegende Intelligenz, Gedächtnis, Intuition und Gefühle. Kinder wissen das genau, aber erst im letzten Jahrzehnt wurde die Arbeit von Cleve Backster, einem führenden Forscher auf diesem Gebiet, durch Studien bestätigt, die von anderen Forschern weltweit durchgeführt wurden. Sein letztes Buch, *Primary Perception*, lässt über das Bewusstsein der Nahrung, die man zu sich nimmt, oder der Pflanzen im Hause nachdenken.

Der Biologe Marc Bekoff, ein herausragender Forscher auf dem Gebiet der Tier-Emotionen, erklärt: »Vor fünf Jahren noch dachten meine Kollegen, ich hätte nicht alle Tassen im Schrank. Doch jetzt endlich fangen auch Wissenschaftler an, öffentlich über Tier-Emotionen zu diskutieren. Es ist, als erwachten sie endlich.« Wissenschaftler haben herausgefunden, dass auch Tiere starke Angst, Eifersucht, Trauer und Liebe empfinden und dass einige sogar verstehen, was man sagt. Sie können sogar die Bedeutung eines Wortes herleiten, das sie nie zuvor gehört haben. Sofern es ihnen beigebracht wurde, können bestimmte Tiere die Taubstummensprache verstehen und in verständlichen Sätzen antworten. Viele wissenschaftliche Versuche zeigen, dass Intelligenz und Emotionalität bei vielen Tieren und Pflanzen zu finden sind und dass es ein Feld aus bewusster Wahrnehmung gibt, das all diese Aspekte miteinander verbindet.

Zelluläre Rezeptoren in unserem Körper können überall Erinnerungen speichern, selbst an so ungewöhnlichen Orten wie unserer Wirbelsäule und unserer Haut. Dieses Gedächtnis-Netzwerk, die körperliche Verbindung zwischen Geist, Materie und unserem Gesundheitszustand, basiert auf Emotionsmolekülen. Der Neurowissenschaftler Dr. phil. Candace B. Pert konnte beweisen, dass unsere innere Chemie, die Neuropeptide und ihre Rezeptoren, der biologische Unterbau unseres Bewusstseins sind. »Es gibt eine höhere Intelligenz, die tatsächlich durch unsere Moleküle zu uns durchdringt – denn wir sind Teil eines Systems, das viel größer ist als das kleine, uns bekannte, das wir mit unseren fünf Sinnen wahrnehmen können.«

Viele unserer Kleinen sind aus einem einfachen Grund natürliche Heiler: Ihre Sensitivität befähigt sie, unser Zellgedächtnis wahrzunehmen, und sie erlaubt dieser Intelligenz, die Heilung zu leiten.

Aus der Wissenschaft wissen wir, dass alle Lebewesen in der Lage sind, spontan Photonen auszustoßen. Dabei handelt es sich um Licht, und dieses Licht speichert, trägt und übermittelt Informationen. Dank unserer jahrtausendealten mystischen Tradition wissen wir zudem, dass man diese Lichter im entspannten, meditativen Zustand sehen kann. Sie sehen wie blasige Fasern in einem von Licht erfüllten Netz oder Gewebe aus, wobei einzelne Lichter mit jeder Geburt aufblitzen und im Tode wieder verlöschen. Dieses Lichtnetz oder -feld reflektiert die Intelligenz aller, die dazugehören, und es reagiert auf eine noch größere Intelligenz, die ebenfalls zum Feld gehört, aber weit darüber hinausreicht. Das Feld selbst ist bewusst. Ich habe es gesehen und erfahren, und ich kann es bezeugen.

Selbst Wissenschaftler werden sich langsam darüber klar, dass das, was Sie und ich und auch die Weisen vergangener Tage schon länger berichten, stimmt – dass es eine vereinigende Energiestruktur in unserem Universum gibt, ein alles durchdringendes Intelligenzfeld. Lynne McTaggart dokumentiert die zunehmenden Beweise dafür in ihrem Buch *Das Nullpunkt-Feld. Auf der Suche nach der kosmischen Ur-Energie.* Auf den Punkt gebracht: Die Wissenschaft behauptet, dass alles, was schwingt, Intelligenz aufweist, dass alles schwingt und dass es eine zentrale Intelligenz gibt, auf die alles hinschwingt.

Das kann man allerdings noch einfacher ausdrücken:

Das *globale Bewusstsein* ist das große Wissen. Es existiert und steht zur Verfügung.

Der *globale Verstand* beschreibt Individuen, die sich diesem Wissen öffnen und darauf reagieren.

Das *globale Herz* ist – auf molekularer Ebene – die emotionale Empfänglichkeit für dieses Wissen und richtet die Herzfunktion des Einzelnen auf die gesamte Schöpfung aus.

Die menschliche DNA ist ein biologisches Internet, das unserem künstlichen weit überlegen ist. 90 % unserer DNA gelten nach dem derzeitigen Wissensstand als »Abfall«. Russische Wissenschaftler, die bei der Erforschung dieser so genannten nutzlosen DNA führend sind, haben herausgefunden, dass die nutzlose DNA bei psychischen Vorgängen und bei der Intuition eine Rolle spielt. Sie vertreten die Theorie, dass diese 90 % eine direkte oder indirekte Erklärung liefern können für Phänomene wie paranormale Fähigkeiten, Spontan-, Fern- und Selbstheilung, für ungewöhnliches

Licht oder Auren um Menschen herum, die Fähigkeit, das Wetter zu beeinflussen, und die Macht des gesprochenen Wortes auf den Zustand des Körpers. Durch eine neuartige Medikation kann die DNA mit Worten und Energiefrequenzen beeinflusst und neu programmiert werden, chirurgische Eingriffe könnten entfallen. Die nutzlose DNA scheint mit Gruppenbewusstsein, Gruppenzusammenhalt und Gruppengedächtnis zusammenzuhängen.

Diese Entdeckungen legen nahe, dass die 90 % unserer DNA, die bisher als nutzlos galten, genau das sind, was unsere neuen Kinder aktivieren – wahrscheinlich mit neuen DNA-Strängen. Vielleicht wird jetzt etwas aktiv, weil es endlich genügend Menschen gibt, die willens sind, ihr Licht auf alles strahlen zu lassen. Vielleicht ist es gar keine neue DNA, sondern die nutzlose DNA, die endlich als das erkannt wird, was sie tatsächlich ist, und dementsprechend eingesetzt wird. Der folgende Bericht von Sara Lyara Estes definiert Intelligenz ganz neu:

»Ich war im Herbst 1993 auf einer Geschäftsreise von Santa Fe, New Mexico, nach San Francisco. Als das Flugzeug über die Rockies flog, gerieten wir in einige Turbulenzen, das Flugzeug begann heftig zu schaukeln. Ich hatte keine Angst, aber vielen anderen Passagieren war weniger ruhig zumute. Der Angstpegel stieg deutlich. Plötzlich stellte sich ein achtzehn Monate alter Junge auf seinen Sitz im vorderen Teil des Flugzeugs und begann, mit jedem einzelnen Passagier Augenkontakt aufzunehmen. Er sah ihnen kontinuierlich in die Augen, und man konnte spüren, wie sich die Spannung legte. Als er seine Aufgabe erledigt hatte und sich alle im Flugzeug beruhigt hatten, drehte er sich um und setzte sich wieder. Er hatte nichts anderes getan, als jedem in die Augen zu sehen. Er hatte weder gelächelt noch irgendein Geräusch gemacht, und seine Eltern versuchten nicht, ihn vom Stehen auf seinem Sitz abzuhalten. Das Einzige, was sich bewegte, war das Flugzeug. Ich wusste gleich, dass er ein ›kleiner Meister‹ war. Da er kaum Haare auf dem Kopf hatte, dachte ich an Buddha.«

XIII

NEUE WEGE DES LEHRENS

Der ganze Sinn der Erziehung liegt darin,
aus Spiegeln Fenster zu machen.

Sidney J. Harris

Zunächst die schlechten Nachrichten.

Vor zehn Jahren noch benutzte ein durchschnittlicher amerikanischer Vierzehnjähriger ein Vokabular von 40 000 Wörtern, heute sind es nur noch 10 000 – Tendenz fallend. 29 % aller Studenten brauchen auf dem College Nachhilfe in Allgemeinwissen. Die Universitäten müssen den Gymnasialstoff nachholen und können erst dann zum fortgeschrittenen Lehrplan übergehen. Eltern klagen, dass sie ihre Kinder medikamentös behandeln und tagein, tagaus darauf achten müssen, dass Aufgaben wenigstens mal durchgelesen werden. 53 % dieser Eltern lesen allerdings auch nicht viel mehr als ihre Büronotizen oder ein Kochbuch.

Was ist aus der Liebe zur Literatur geworden, an Entdeckungen und zum Lernen? Diane Ravitch versucht in ihrem Buch *The Language Police: How Pressure Groups Restrict What Children Learn* eine Antwort darauf zu finden. Sie betont, dass die jahrelangen, gut gemeinten Bemühungen, offensichtliche oder indirekte Vorurteile aus Schulbüchern zu entfernen, unbeabsichtigt dazu geführt haben, dass in Texten für Kinder nichts Anregendes oder Farbenfrohes mehr zu finden ist ... die historische Genauigkeit wurde verändert und redigiert.

Vielleicht wirkt der folgende, erschreckende Vergleich etwas »verrückt«:

Aus einem Bericht über *Medressen* (islamische Schulen) in Pakistan geht hervor, dass bereits fünfjährige Jungen in diesen Schulen leben, den Koran und die Lehren Mohammeds studieren und darauf hoffen, dass sie irgendwann Mullahs oder spirituelle Führer werden. Die meisten dieser Schüler geraten niemals in Kontakt mit kritischem Denken. Ihr Lehrplan basiert auf dem Entwurf eines Mogulherrschers, der bereits 1707 gestorben ist. Die wenigen zur Verfügung stehenden wissenschaftlichen Bücher stammen aus den 20er Jahren. Laut Thomas L. Friedman von der *New York Times* gab es 1978 an die 3000 *Medressen* in Pakistan, heute sind es rund 39 000. Der wahre Kampf um den Frieden in dieser Region findet in diesen Schulen statt.

Joan Brannigan, Gymnasiallehrerein: »Unter meinen heutigen Schülern gibt es viele, die während des Unterrichts auf ihren Tischen rumliegen. Es kommt ihnen nicht in den Sinn, dass das hier ihre Aufgabe ist, ihre Verantwortlichkeit und ihre Möglichkeit, eine Ausbildung zu erhalten. Anders als noch vor 25–30 Jahren ist das nicht mehr auf soziale, wirtschaftliche, rassische oder kulturelle Hintergründe zurückzuführen. Wenn ich sie frage, wer ihre Helden sind, nennen sie fast ausschließlich berühmte Sportler, Rapper oder andere Prominente aus der Unterhaltungsbranche. Erwachsene wären entsetzt, wenn sie hörten, dass sie beinahe keinen historischen Name mehr kennen. Sie sind Kinder der Medien und haben daher alle Berühmtheiten dieser Branche absorbiert. Menschen, die auf anderen Gebieten Großes geleistet oder erreicht haben, z. B. der Menschlichkeit, sind ihnen kaum bekannt. Wenn ich Michelangelo oder Donatello sage, denken sie an die Ninja Turtles. Sie sind Kinder des Augenblicks – sie wissen, was innerhalb ihrer Lebensspanne stattgefunden hat, aber nicht viel mehr.«

Halten Sie mich nicht für verrückt, wenn ich ein Schulsystem der Dritten Welt mit dem der Vereinigten Staaten vergleiche, doch es gibt eine erschreckende Gemeinsamkeit: Beide haben komplett dabei versagt, sich den veränderten Bedürfnissen ihrer Bevölkerung anzupassen. Sicher haben die Lehrer die besten Absichten und sind auch engagiert (was löblich ist), doch die Leitung dieser Schulsysteme scheint ignoriert oder falsch eingeschätzt zu haben, dass das menschliche Wissen zugenommen hat, ebenso der Drang zu wissen und der Wunsch nach Interaktion. Man hält an überholten Traditionen fest, die die Schulsysteme einst begründet haben. Für die ersten Generationen mag das auch richtig gewesen sein, aber die Bedingungen haben sich geändert, und das so schnell, dass selbst die besten Schulen schwer mit diesem Tempo mithalten können.

Sie glauben, ich gehe zu weit oder sei unfair? Sehr wenige freiheitsliebende Amerikaner wissen, dass die Grundlage unseres modernen Schulsystems der Fünf-Punkte-Lehrplan ist, der aus Gemeinschaftskunde, Englisch, Mathematik, Naturwissenschaft und Fremdsprachen besteht. Er wurde 1899 von einer Struktur übernommen, die Katharina die Große von Russland eingeführt hat, um zuverlässige Soldaten hervorzubringen, die Befehlen gehorchen, fleißige Fabrikarbeiter, die am Fließband stehen, und brave, steuerzahlende Bürger, die Autorität nicht in Frage stellen. Das Festhalten an diesem Lehrplan und seinen Modifikationen hat uns langsam in die Gleichmacherei rutschen lassen, die nach wie vor in den *Medressen* und vielen anderen Schulen der Welt praktiziert wird. Standardregeln sind zwar essenziell, sie müssen jedoch auch für kreative Innovationen offen sein. Falls nicht, dreht sich das System ausschließlich ums Auswendiglernen und das Bestehen von

Tests, statt die Schüler zu ermutigen, ihre innewohnende Intelligenz und ihr kritisches Denken zu entwickeln.

Aber jetzt die guten Nachrichten.

Die neuen Kinder machen da nicht mit. Entweder die Erziehungssysteme werden sich weltweit ändern, oder unsere Kleinen steigen einfach aus. Die Klügsten von ihnen haben es bereits getan.

So überraschend das für einige sein mag: Es gibt sieben Arten von Intelligenz und Lernstile, die Lehrer bei ihren Stundenplänen berücksichtigen müssen. Sie lauten:

1. linguistische Intelligenz; hoch entwickelte, akustische Fähigkeiten,
2. logisch-mathematische Intelligenz; konzeptuelles Denkvermögen,
3. räumliche Intelligenz; denkt in Abbildungen und Bildern,
4. musikalische Intelligenz; ist sehr sensibel für und reagiert auf Töne,
5. körperlich-kinästhetische Intelligenz; feinmotorische Fähigkeiten, körperorientiert,
6. zwischenmenschliche Intelligenz; versteht und genießt Menschen, ist intuitiv,
7. intrapersonelle Intelligenz; tiefe Wahrnehmung der inneren Welt, reflektiv.

Meinungsforscher haben Folgendes zu sagen:

40 % der Schüler an amerikanischen Schulen sind in erster Linie visuell, weitere 40 % kinästhetisch (Fühler) und 20 % akustisch veranlagt. Das reguläre Bildungssystem basiert ausschließlich auf dem akustischen Lernen. Das bedeutet, dass 80 % der Schüler außer Acht gelassen werden. Es ist uns über Generationen gelungen, mit dieser einseitigen Formel durchzukommen – jetzt allerdings nicht mehr. Der Aufstieg der fünften Wurzelrasse geht mit einer mutierenden DNA einher, die das Gehirn, die Körperchemie und

-funktionen ebenso wie das Nerven- und Verdauungssystem und die Haut verändert (bei Nahtod-Kindern werden diese Veränderungen deutlich). Dr. phil. Jane Healy erklärt in ihrem wichtigen Buch *Endangered Minds*, warum selbst einige der neusten Bildungsideen nicht funktionieren: weil die Gehirne der neuen Kinder buchstäblich anders geformt sind. Von veränderten Kopfformen wurde bereits berichtet, von veränderten Hirnstrukturen und neuen Arten der Verarbeitung ebenso.

Eine neue Art von Intelligenz taucht auf. Lesen Sie das Buch *Upside-Down Brilliance: The Visual-Spatial Learner* von Dr. phil. Linda Kreger Silvermann, und bestehen Sie darauf, dass alle Lehrer und Erziehungsexperten es lesen, die Sie kennen – ganz zu schweigen von den Eltern. Das Material in diesem Buch eignet sich dafür, die notwendigen Veränderungen einzuleiten.

Dr. Silverman prägte 1981 den Begriff »visuell-räumlicher Lerner«, um die einzigartige Fähigkeit der Menschen zu beschreiben, die in Bildern denken (1981 ist genau das Jahr, in dem die fünfte Wurzelrasse beschleunigte). Sie erklärt:

»Sie können das große Bild sehen, da sie die Welt durch das Auge des Künstlers betrachten. Sie erinnern sich an alles, was sie gesehen, aber vergessen, was sie gehört haben. Sie sind unorganisiert, können nicht buchstabieren und haben kein Zeitgefühl; aber sie haben einen ansteckenden Sinn für Humor, ungezähmte Vorstellungskraft und können sich in der Freude des Augenblicks vollständig vergessen. Die visuell-räumliche Brillanz hat den Computer und das Internet geschaffen, die Schautafeln bei den olympischen Spielen und die internationale Raumstation.«

Zu viele Kinder aus der anfänglichen Welle sind entweder von der Schule geflogen oder waren so gelangweilt, dass sie ihre Bildung abbrachen, sobald sie das Gymnasium hinter sich hatten. Heute haben Kinder mehr Glück – viele Eltern unterrichten zu Hause oder lassen ihre Kinder an Online-Schulen und Online-Lernen über das Internet teilnehmen. Vergleichen Sie die heutigen Online-

Schulen auf keinen Fall mit den TV-Lernprogrammen der Vergangenheit. Online-Schulen sind dabei, allumfassende Möglichkeiten zu schaffen, die jeder Art von Intelligenz gerecht werden und es ermöglichen, in jeder Geschwindigkeit, zu jeder Zeit und an jedem Ort zu arbeiten. Dazu gehört die Anleitung durch Lehrer, die soziale Interaktion, 3-D-Effekte und eine globale Teilnahme – vieles davon sogar live.

Eine führende Persönlichkeit auf diesem Gebiet ist Dr. phil. Dara-Abrahams, Generaldirektorin und Lehrstuhlinhaberin bei BrainJolt, die in der ganzen Welt Konferenzen über »Die Zukunft des Lernens« abhält. Ich war überrascht, als sie mir sagte, dass sciencefictionähnliche Bildungsprogramme bereits in Planung sind. Sie sucht leidenschaftlich nach Wegen aus dem Statusstress, den Kinder normalerweise an Schulen durchmachen, um angesagt und beliebt zu sein und gut auszusehen. Bei vielen führt dieser Stress zu Depressionen und Selbstmord. Sie ist überzeugt, dass Online-Schulen dem ein Ende machen könnten.

Jay Munro, führender Projektleiter des Testlabors des *PC Magazine*, wurde in einer Ausgabe des Magazins *News Week* zitiert. Er machte die Öffentlichkeit darauf aufmerksam, dass das technologische Sachverständnis der heutigen Jugend das ihrer Lehrer bei weitem übertrifft. In derselben Ausgabe betonte Bronwyn Fryer, dass Kinder alles Gedruckte für wahr halten: »Man muss Kindern beibringen, die Spreu vom Weizen zu trennen und Tatsachen von Meinungen.« Außerdem wies er darauf hin, dass unerwartete Probleme auftauchen können, wenn Kinder zu lange oder isoliert am Computer sitzen.

Bevor wir fortfahren, möchte sicher gehen, dass Sie die Bedeutung dessen verstehen, was gerade kulturübergreifend mit der Menschheit geschieht. Dr. Silvermann ist nicht nur Autorin und klinische Forscherin, sondern auch eine anerkannte Autorität in der Begabtenforschung. Sie sagt: »Ich studiere seit 1958 begabte Kinder. Man könnte meinen, ich hätte schon alles gesehen, aber die

Kinder, die mir in den letzten Jahren begegnet sind, haben mich verblüfft. Es ist, als seien sie eine neue Art.« Sie fährt fort:

> »Dutzende von Reportern haben mich gefragt, ob die bemerkenswerten Fähigkeiten einiger Kinder, mit denen ich arbeite, auf ihr Erbgut oder ihr Umfeld zurückzuführen sind. Seit neuestem erwidere ich: ›weder noch‹. Weder Erbgut noch Umfeld können die Wahrnehmung und das Bewusstsein dieser neuen Kinder erklären. Ihr Erbgut und ihr Umfeld unterscheiden sich kaum von dem der Kinder, die es vorher gab. Die einzige Erklärung, die ich liefern kann ist – Evolution. Ich glaube wir sind gerade Zeugen der Evolution der menschlichen Spezies, und zuerst lässt sie sich bei den Begabten erkennen.«

Was sagt uns das? Wir sollten Hochschulen verwerfen. Ja, Sie haben richtig gehört. Ein Großteil der Jugend kann bereits im Alter von 14 Jahren Computer wie ein Fachmann bedienen und, wenn nötig, auch bauen. Sie sollten sich, bevor sie nach der zehnten Klasse voll arbeiten gehen, entscheiden können, ob sie zwei Jahre lang ein Gemeinschaftskolleg besuchen, ein Studium beginnen, zum Militär oder auf eine Berufsschule gehen oder an einem Hilfsprogramm teilnehmen wollen, wie z. B. Head Start, Ärzte ohne Grenzen, Habitat for Humanity oder dem Friedenskorps. Auf diese Weise sind sie sozialen Interaktionen ausgesetzt, die ohne extremen Statusstress auskommen, aber aus echten Beziehungen bestehen, die positiv oder zumindest von Wert sind.

So voller Ressourcen und schlau unsere heutige Jugend auch ist, das soziale Miteinander in der Oberstufe ist immer noch unbeholfen, die Emotionen unreif. Die Generationen nach den Millenials werden viel höhere Körper-Geist-Entwicklungszustände aufweisen und in immer jüngeren Jahren absolut reife Entscheidungen fällen können. Aber an diesem Punkt sind wir noch nicht. In der Zwischenzeit müssen und werden wir den Bildungsprozess selbst transformieren.

Erlauben Sie mir, meine Vorstellungen und Ideen zum Besten zu geben. Beginnen wir beim Fötus.

Schwangere Frauen brauchen eine sichere Umgebung. Ende des dritten Monats beginnt das sich entwickelnde Gehirn des Fötus bis zum Ende der Schwangerschaft, sich auf ein Gefühl der Sicherheit auszurichten. Das Wahrgenommene entscheidet, ob sich das hintere Gehirn oder die Präfrontallappen stärker ausbilden. Man könnte sagen, dass die Schwangerschaft der Mutter die erste Schule des Kindes ist.

Mit dem Neugeborenen reden. Wenn das Kind da ist, können Babysprache und Gekritzel ihm ermöglichen, Töne mit Worten in Verbindung zu setzen. Man sollte dem Kind oft etwas vorlesen und dabei alle fünf Sinne berücksichtigen.

Turnübungen einführen. Sie sind von oberster Wichtigkeit, selbst für Babys. Ein wundervoller Ratgeber ist *Smart Moves: Why Learning is Not All in Your Head* von Carla Hannaford.

Leerräume schaffen. Wir sind für Beziehungen geschaffen. Deshalb ist es so wichtig zu spielen, mit anderen zu tun zu haben, zu geben und zu nehmen. Aber Langeweile ist genauso wichtig – einfach mal nichts tun und die Vorstellungskraft umhertreiben lassen. Junge Menschen brauchen diese Leerräume, um sich hin und wieder auszuklinken, damit sich die Gehirnwellenschwingungen verändern können.

Kinder brauchen genügend Schlaf. Die Kinder von heute schlafen oft zu wenig. Oft ist die Ursache dafür Angst und Stress.

Es gibt viele Möglichkeiten, damit umzugehen. Eine meiner liebsten ist das »Schlaf-Set«, das von der intuitiven Medizinerin Caroline Sutherland zusammengestellt wurde. Es besteht aus einem gefüllten Engel-Kissen, einer Hörkassette und einem kleinen Büchlein mit dem Titel *My Little Angel Helps Me Go To Sleep*. Funktioniert ganz erstaunlich.

Traditionelle Schulsituationen müssen neu durchdacht werden. Gebe es kleinere Schulen, die, um Kosten zu sparen, ihre Räume mit anderen Gruppen oder Organisationen teilten, wäre das besser, als das, was wir jetzt haben. Ein bestehendes Gebäude könnte in mehrere Sektionen unterteilt werden, um den Bedürfnissen aller Parteien gerecht zu werden. Man könnte auch bestimmte Zeiten vereinbaren oder die 24-Stunden Nutzung. Arrangiert man die Klassenzimmer nach der traditionellen Feng-Shui-Methode, profitieren davon Schüler und Lehrer. In Süd-Dakota sind alle öffentlichen, privaten und ethnischen Schulen mit dem digitalen Dakota-Netzwerk verbunden. So können Menschen, selbst wenn sie Hunderte von Kilometern voneinander entfernt sind, zu jeder Zeit und von Angesicht zu Angesicht miteinander reden. Es besteht somit kaum noch die Notwendigkeit, Mauern zwischen den Klassenräumen zu haben.

Die Lehrpläne mit wichtigen »Extras« bereichern. In East Hampton, New York, beginnen Fünft- bis Zwölfklässler ihren Tag damit, ins »Zentrum für Wohlbefinden« zu gehen. Dort essen sie gemeinsam ein Frühstück aus Produkten aus biologischem Anbau der Region. Danach nehmen sie an einer Meditationssitzung oder einem Yogakurs teil, lernen Tai Chi oder Lieder und Tänze der amerikanischen Ureinwohner. Davon kann ein effektiver und erfolgreicher Lehrplan nur profitieren. Eine der besten Bereicherungen für die unteren

Klassen sind die Adawee-Lehren (Adawee ist Cherokee und bedeutet »Wächter der Weisheit«). Zu dem Kurs, der von Linda Redford und ihrer Tochter Anne Vorburger entwickelt wurde, gehört ein Text, ein Selbstentdeckungsbuch und ein T-Shirt, auf dem »Ich bin wichtig für die Welt, und die Welt ist wichtig für mich« steht. Jeder Schüler erhält eins. Die Adawee-Lehren haben sich im Unterricht bewährt. Sie sollen das Betragen verbessern. Hier sind noch weitere Ideen, die die Schulerfahrung bereichern könnten.

- Laden Sie interessierte Erwachsene in die Klassen ein, die freiwillig Lehrerfunktionen ausführen.
- Benutzen sie Konzentrations- und Entspannungstechniken, um die Leistung zu verbessern.
- Besuchen Sie hin und wieder Edutopia (die Bildungswebseite von George Lucas). Dort gibt es kreative Aufgaben für Schüler und Lehrer.

Philosophieunterricht ab der dritten Klasse. Dadurch erhalten Kinder ein Forum, in dem sie tiefere Aspekte des Lebens entdecken können und dabei Frage-Antwort-Techniken lernen. Es ist unrealistisch zu glauben, man könne Kinder von Gewalt, Verlust, Verwirrung und Trauer abschirmen. Stattdessen sollte man ihnen Möglichkeiten anbieten, damit zurechtzukommen.

Inzwischen gibt es bereits Schulen, die so angelegt sind, dass sie der fünften Wurzelrasse entsprechen und dem Auftauchen neuer Kulturen der aufgestiegenen fünften Welt förderlich sind. Einige Beispiele:

Waldorf-Schulen: Sie wurden von Rudolf Steiner begründet, einem der größten Denker des 20. Jahrhunderts. Er war ein Hellseher und Mystiker, der auf ungewöhnliche Weise verstanden hat, wie sich das Bewusstsein des Individuums während der wundersamen Kindheitsjahre entfaltet. Es gibt weltweit Schulen und Zentren.

Montessori-Schulen: Sie wurden von Dr. med. Maria Montessori begründet, der ersten Frau, die an der Universität Rom ihren Abschluss als Ärztin machte. Ihr Schulkonzept basiert auf wissenschaftlichen Beobachtungen des kindlichen Verhaltens. Die Methoden drehen sich um einen »ganzheitliche Ansatz« an das Kind und selbstbestimmtes Lernen. Schulen gibt es weltweit.

Die Mead-Schule wurde von Dr. Elaine de Beauport begründet und ist Beispiel für ein lokales Bildungssystem in einer größeren Region, das sich auf seine Schüler konzentriert. Zwei Lehrer unterrichten sämtliche Klassen; die Eltern sind aktiv beteiligt. Auf kreative und verschiedene Arten wird hier gelehrt, die »Froschperspektive« zu überwinden.

Greensboro-Wunder- und Weisheitsschule: Sie wurde als generationsübergreifende, gemeinschaftliche Organisation von Trish Alley begründet und hat das lebenslange Lernen zum Ziel. Sie ist mit Erweiterungsprogrammen versehen, die über das normale Schulwesen hinausgehen. Die Schule ist ein gutes Beispiel dafür, was engagierte Menschen in einem kleinen Gebiet leisten können, um zu innovativem und ganzheitlichem Lernen beizutragen.

iEARN: Wurde von Peter Copen als internationales Bildungs- und Ressourcennetzwerk gegründet, das mit Tausenden von Schulen in mehr als 51 Ländern in Verbindung steht. iEARN bestärkt Lehrer und Schüler darin zusammenzuarbeiten. Dadurch soll ein bedeutender Beitrag für die Gesundheit und das Wohlergehen aller Menschen auf diesem Planeten geleistet werden.

Schumacher Kolleg: Ein in England angesiedeltes, internationales Zentrum für ökologische Studien mit besonderer

Betonung auf Erhaltungsmöglichkeiten und holistischer Wissenschaft. Dazu gehören auch die St. James-Schulen für Kinder, Junioren und Senioren. Lernzentren haben sich inzwischen in vielen Städten der USA und andernorts gebildet.

Union-Institut und -Universität: Diese Schulen interdisziplinärer Kunst & Wissenschaft bzw. professioneller Psychologie bieten außerhalb von Klassenräumen angelegte Programme, mit denen man seinen eigenen Doktor der Philosophie entwerfen kann. Sie bieten voll anerkannte, innovative Lernmöglichkeiten und Programme, in denen Schüler ermutigt werden, Spiritualität mit Wissenschaft zu verbinden und speziell transformatives Lernen zu vertreten.

Normalerweise kündigt die Hälfte aller Lehrer in den USA ihre Stelle innerhalb von fünf Jahren. Teil des Problems sind zu geringe Gehälter. Doch der Hauptgrund ist das Fehlen einer Bildungskultur, die in erster Linie hervorragende Lernmethoden und uneingeschränkte Professionalität zum Ziel hat. Es wird nicht reichen, den Lehrern etwas beizubringen, es sei denn, das System, in dem sie ihren Beruf ausüben, wird ebenfalls transformiert. Laura L. Sawyer, Absolventin der Union-Institut und -Universität, bringt es auf den Punkt: »Ich glaube, dass es in der heutigen Welt besonders wichtig ist, ein Modell zu entwickeln, das eine größere Betonung auf Dinge wie Mitleid, Empathie, Spontaneität und inneres Geerdet-Sein legt, um die momentane Überbetonung der zunehmenden Komplexität auszugleichen.«

Bobbie Sandoz, Autorin von *Parachutes for Parents*, geht noch einen Schritt weiter:

»Vor dreißig Jahren war ich einer der Mitbegründerinnen einer Grundschule. Wir entschieden uns, den Kindern mehr direkte Erfahrungen zu ermöglichen, sie liebten den morgendlichen Heilkreis. Dabei ging es nicht nur um Wunderheilungen, sondern auch um Freunde, die von uns gegangen waren. Wir setzten uns mit diesen Dingen auseinander, stellten uns der Frage nach dem Warum, was Tod eigentlich bedeutet, und lernten, wie wir weiterhin die Essenz und Energie unserer Freunde auf der anderen Seite des Vorhangs spüren und mit ihnen kommunizieren können. Zunächst war man uns gegenüber sehr argwöhnisch. Als jedoch 100 % unserer Absolventen ungewöhnlich hohe IQs aufwiesen und bei Privatschulen zugelassen wurden, in die man sonst kaum hineingelangt, standen plötzlich Hunderte von Menschen auf unserer Warteliste. Lehrer und Leiter von öffentlichen, privaten und Eliteschulen kamen zu uns, um zu lernen und besser zu verstehen, auf welche Weise wir den Kindern unter unserer Obhut diese Eigenschaften und Fähigkeiten ermöglichten.« (Sandoz lebte zu dieser Zeit auf Hawaii.)

Was Bobbie Sandoz und ihre Mitbestreiter/-innen getan haben und Laura Sawyer vorausgesehen hatte, ist für unsere gegenwärtigen Kinder und für die Millionen, die noch kommen werden, von entscheidender Bedeutung. Gegenwärtige und zukünftige Bildungssysteme müssen vom Kindergarten an Folgendes in den Grundlehrplan integrieren:

- intuitive und hellseherische Wahrnehmung;
- die Körper-Geist-Verbindung (auf welche Weise Überzeugungen und Entscheidungen im Leben die Gesundheit und das Heilvermögen beeinflussen);
- Möglichkeiten zur Erhaltung von Ökonomie und Umwelt;
- die Schlüssel zum wirklichen Erfolg: Kreativität, Spiritualität, Meditation und Yoga.

Das, was die Kultur der aufgestiegenen fünften Welt ausmacht und uns als Menschen herausfordert, wird anhand der acht Intuitions-

Prinzipien deutlich, die von Dr. phil. Jeffrey Mishlove entwickelt wurden. Diese Prinzipien sollten das eigentliche Bildungskonzept ausmachen.

DIE ACHT INTUITIONS-PRINZIPIEN

Entwickelt von Jeffrey Mishlove

Innere Essenz. Die Quelle des Seins in jedem von uns und im Universum selbst ist ebenfalls der Ursprung der intuitiven Führung und der Selbstachtung.

Komplexe Ganzheitlichkeit. Wenn wir die Fülle unseres Seins akzeptieren, erreichen wir höhere Ebenen der inneren Verfeinerung und Integration.

Einmalige Integrität. Da alle Wesen auf der Ebene von Essenz und Ganzheit eins sind, repräsentiert jeder Mensch eine einzigartige Integration menschlicher Möglichkeiten.

Autonome Entschlossenheit. Wir sind dankbar dafür, unsere eigene Autonomie entdecken zu können und uns von unserem intuitiven Gespür führen zu lassen. Wenn wir dieses Recht wahrnehmen, helfen wir anderen.

Das Authentizitäts-Paradoxon. Während wir danach trachten, inneren Frieden und Gelassenheit zu erlangen, trachten wir gleichzeitig danach, die Mauern der Taubheit einzureißen, die uns vom Schmerz der anderen trennen.

Bewusste Evolution. Wenn wir unser inneres Wesen bewusst verfeinern und heilen, dann verfeinern und heilen wir die Welt.

Gemeinschaft leben. Wir unterstützen und nähren intuitives Verbundensein mit allen Wesen.

Bewusster Wert. Alles, was das Bewusstsein erweitert und verfeinert, ist an sich von größerem Wert.

Während wir auf eine renaissanceähnliche Riesenauswahl an Bildungsmöglichkeiten zusteuern, werden unsere Rechenschieber, unsere mechanischen Konzepte, Quadratwurzeln und Gleichungen in Frage gestellt. Was werden wir mit ihnen anstellen?

Wer wird die altmodische Schritt-für-Schritt-Herangehensweise, die Kalkulation und Dokumentation vom Aufbau bis hin zur Schlussfolgerung noch anwenden? Was wird aus mathematischer und wissenschaftlicher Beweisführung, aus Tests, Nachprüfungen und Laborarbeit?

Was ist mit den Feinheiten der Kommunikation und Entdeckung? Wir stehen vor der Notwendigkeit, unser konzeptuelles Verstehen und Lernen neu auszurichten und umzuformen. Für die alten Griechen bedeutete lernen, sich zu erinnern. Das Leben war für sie nichts anderes als das Wiedereinsammeln von Wissen, das die Seele jedes Mal vergaß, wenn sie starb. Die Vorstellung von vergangenen Leben und Reinkarnation war Teil ihrer Weltanschauung. Vielleicht erklärt das, warum der Begriff Edukation ursprünglich »aus dem herleiten, was einst bekannt war« bedeutet.

Bei meiner Forschungsarbeit über Nahtod-Kinder habe ich bemerkt, dass sie nach dem Geschehnis plötzlich Dinge wussten, die ihnen vorher nicht bekannt waren – selbst komplexe wissenschaftliche und mathematische Theorien. Sie können technische Probleme lösen, ohne die geringste Ahnung, wie sie das bewerkstelligt haben. Deshalb versagen sie auch beim Mathematik-, Physik- und Technikunterricht – sie können zwar die richtige Antwort liefern, aber sie können nicht beschreiben, wie sie dorthin gelangt sind.

In diesen Kindern scheint ein innewohnendes Wissen aus einem tiefen Erinnern aufzutauchen. Prozesse werden verworfen, um Platz zu machen für kreative Innovationen und intuitive Wahrnehmung. Und diese Kinder haben Recht. Informationsquellen sind ihnen so leicht zugänglich, dass sie gar keinen Sinn für den Ablauf entwickeln. Daher empfinden sie ihre Fähigkeiten und das, was sie entdecken, auch nicht als etwas Besonderes. Sie halten nichts von detaillierter Kleinarbeit, weil sie zu zäh und zu langweilig ist. Sie haben kein Interesse an irgendeinem Durchbruch, weil es mehr Spaß macht, vor dem Computer rumzuhängen. Sie ziehen es vor, Auseinandersetzungen und Stress zu vermeiden, weil sie nicht daran interessiert sind, wie ihre Eltern zu enden.

Sie präsentieren uns ein wirklich merkwürdiges Rätsel.

Diese Intelligenz sprengt alle Grenzen, Beschränkungen und Überzeugungen. Aber ohne einen Sinn für gewisse Grenzen, also gemeinsame Übereinkünfte, die ein Zusammenleben und Gedeihen von Kulturen überhaupt erst möglich machen, stürzt alles ins Chaos.

Das ist beängstigend, aber nur bis einem klar wird, dass Chaos immer zu einem neuen Anfang und einer besseren Umwelt führt.

Vielleicht werden Schulen, so wie wir sie heute kennen, bald eine Sache der Vergangenheit sein. Menschen werden inspiriert sein, einzigartige und verschiedenste Lern-, Lebens- und Arbeitsmethoden zu erschaffen. Die Erinnerungen, die aus der Tiefe unserer Seele an die Oberfläche steigen, werden die Angst ersetzen, die unser momentanes Verhalten bestimmt. Bis es so weit ist, lassen Sie uns die Stückchen von dem einsammeln, was wir wissen, lassen Sie uns die Ärmel hochkrempeln und loslegen. Wir müssen einige Veränderungen einleiten – sei es, dass wir uns an Schulbehörden wenden, das Parlament oder den Kongress konsultieren oder uns auf die Wunderkraft der Imagination und des »süßen Kapitals« verlassen.

XIV

TECHNOLOGIE-FREAKS, TWEENS UND KLEINE-ICHS

> *»Wir haben und wir sind ein Puzzle aus Begabungen. Wir können nähren, geben und akzeptieren, und genau das müssen wir auch.«*
>
> Mattie J. T. Stepanek

Warum wollen die neuen Kinder nicht wie ihre Eltern sein? Nicht dass Sie mich falsch verstehen – diese Kleinen sind geborene Unternehmer. Sie lieben Geld, sie geben es begeistert aus, und sie schrecken nicht davor zurück, hart und lang zu arbeiten. Heikel wird es dann, wenn ihnen klar wird, dass ihre Eltern Sklaven ihrer Arbeit sind und keine Zeit mehr für Familie, Freunde oder Spaß haben. Sie sehen diese Art von Erfolg als Zumutung, an der sie nicht interessiert sind. Achtung, Ihr Arbeitgeber: Unsere neuen Mitbürger sind gruppenorientiert und denken und bewegen sich wie ein Kollektiv – selbst wenn sie allein sind und sogar nachts, wenn sie sich wie so oft im ätherischen Netzwerk treffen. Willkommen in der Welt der Streber, Außenseiter, Grufties, Verrückten, Punks, Schicki-Mickies, der Freigeborenen, der Technik-Freaks, Tweens und Kleinen-Ichs. Sie alle haben ihr eigenes Stammesbewusstsein, das sich kulturell manifestiert. Um diesen Standpunkt besser zu verstehen, schauen Sie sich das Video *The Core, Der Innere Kern* von Jon Amiel an. Achten Sie darauf, wie Rat, der Computer-Freak, zusammen mit den anderen kleinen Wissenschaftlern die Besserwisser im Film überlistet und ausmanövriert, um die Welt zu retten. Oder lesen Sie *Non Sequitur,* einen Comic von Wiley, in dem Danae mit ihrer großen Klappe versucht, in einem Gefecht über Werte und Angemessenheiten ihren Vater, den Rundfunksprecher, zu besiegen.

Kinder schaffen sich heute eine Stammeszugehörigkeit, um ihr wahres Selbst zu entdecken. Sie umgehen kulturelle Tabus, indem sie neue erschaffen. Ein Beispiel: Falls Sie es noch nicht mitbekommen haben – »Tweens« ist der neue Ausdruck für Pubertierende. Meist sind damit Zehn- bis Zwölfjährige gemeint, wobei oft auch schon Neunjährige beanspruchen, Tweens zu sein. Sie sind weder Kinder noch Teenager. Diese zarthäutigen Heranwachsenden kann man nicht mehr »eigen« nennen. Sie sind älter geworden, sie sind Tweens. Der Selbstausdruck durch eine Stammeszugehörigkeit ist zu einem globalen Phänomen geworden. Nehmen Sie die »Freigeborenen« in Südafrika. Diese Fünfzehn- bis Fünfundzwanzigjährigen sind davon überzeugt, alles erreichen zu können. Sie sind blind für Rassenunterschiede, voller Selbstvertrauen, eigennützig, apolitisch und ganz verrückt nach Markenartikeln und Technik. Sie pfeifen auf die Vergangenheit und die so genannte Weisheit der Älteren. Sie kämpfen für Authentizität und Wahrhaftigkeit: Ihr Credo lautet: »Sei du selbst und bleib dir treu.«

Dann gibt es da noch die Technik-Freaks in Indien mit den leuchtenden Augen, die so einen gewissen Schwung beim Laufen haben und über einen unermüdlichen Strom aus Meinungen, Ambitionen, Bestrebungen und Selbstvertrauen verfügen. Sie machen etwa drei Viertel der jüngeren Bevölkerung Indiens aus und folgen eher ihrer inneren Bestimmung als der, die ihnen diktiert wird. Sie schauen über den Tellerrand hinaus, streben aufwärts und lassen sich weder von Traditionen noch von Religion oder Familie zurückhalten. Sie sind Kinder der Befreiung und in Indien die Ersten, die sich vom Sozialismus ab- und dem globalen Handel zuwenden, hin zu Unternehmertum und Technologie.

In den Vereinigten Staaten entdeckte der Soziologe Murray Milner, Autor von *Freaks, Geeks and School Kids – American Teenagers, Schools and the Culture of Consumption,* eine direkte Verbindung zwischen Markenkleidung, Statusstreben und der Entstehung eines Kastensystems in unseren Schulen, das mit einer Hackordnung einhergeht. Die Hierarchie beschreibt er folgendermaßen: Streber sind diejenigen, die sich nur für Bildung interessieren. Sie befinden sich auf der untersten Sprosse der Hierarchieleiter. Dann kommen die Außenseiter, die einfach nicht ins soziale Gefüge hineinpassen. Nach ihnen kommen die Grufties, Freaks oder Punks (je nachdem, welchem Stamm sie angehören), dann die Schicki-Mickies. Das sind die, die immer gut gekleidet sind und sich reif verhalten und damit abwegiges Verhalten kaschieren. Milner fand heraus, dass die »neuen Kinder« von dieser Oberliga wenig beeindruckt sind. Sie lehnen sie eher ab und sind stärker auf Gruppenloyalität ausgerichtet. Über die Oberstufe sagt Milner: »Die Statussysteme der Gymnasien waren und sind ein wichtiger Faktor für die Entstehung und Aufrechterhaltung des Konsumterrors.« Ein weiterer Grund, diese Systeme zu verwerfen.

In Amerika gibt es die »Gamma-Girls«. Das sind Mädchen mit viel Selbstdisziplin, die mehr an Sport interessiert sind als daran, Cheerleader zu sein, und die, statt sich mit Jungs zu treffen, lieber ihre Meinung in einer Kolumne der Schülerzeitung kundtun. Diese Mädchen sind recht untypisch, aggressiv, haben strenge Wertvorstellungen und legen ein sehr direktes Verhalten an den Tag. Sie haben eine Schwäche für Jugendzeitschriften, mögen provokante Kleidung, denn sie riskieren gern was und haben großen Spaß daran, mit der eigenen Identität zu experimentieren.

Lassen Sie uns die Kleinen-Ichs und Adultoleszenten nicht vergessen. Diese jungen Menschen haben es nicht gerade eilig mit normalen Erwachsenenprivilegien wie Heiraten, Kinderkriegen, dem Hausbau und finanzieller Unabhängigkeit. Viele von ihnen leben noch zu Hause bei ihren Eltern. Sie halten all das für zu stressig und angsteinflößend. Sie sind keine Drückeberger, sie haben es nur nicht eilig, sich bis über beide Ohren zu verschulden.

Haben die neuen Kinder zu viel Macht und zu viel Freiheit? Sind sie verzogen? Vielleicht.

Aber behalten Sie im Kopf, dass ihre Welt mit Cyberspielzeug vollgestopft ist, das das Leben und seinen Inhalt ganz neu definiert. Alles um sie herum ist mit einem einzigen Knopfdruck zu bedienen – Schnellkochtöpfe, Fernseher, Mikrowellengeräte, Bildnachrichten, iPods und natürlich kabelloses Internet. Letzteres verbindet ganze Kulturen miteinander, und es ist egal, ob man sich dabei im Bus, im Auto oder sonstwo befindet. Das Unvorstellbare verbindet sich mit dem Unergründlichen. Das kabellose Internet verändert alles. Zusammen mit digitaler Geographie ist dies der erste Schritt in eine Zukunft, in der sich niemand mehr verstecken kann und Privatsphäre zu einem Privileg der Vergangenheit wird. Wenn erst einmal alle Bücher der Welt in Datenbanken gescannt sind, wird auch Geheimwissen zugänglich werden. (Amazon.com hat bereits sämtliche Inhaltsangaben und einige Seiten von mehr als 120 000 Büchern gescannt. Über den Service *Search Inside the Book* kann man diese Seiten aufrufen.) Zitate, unbekannte Fakten, Querverweise … alles, was an Gedankengut jemals aufgezeichnet wurde, wird dann unmittelbar zugänglich sein, und das schon bald. Es gibt keinen Platz mehr, um sich zu verstecken, und auch keine Privatsphäre – Wissen ohne Geheimnisse. Können wir damit überhaupt klarkommen? Nein, das können nicht einmal die neuen Kinder. Bevor dieser Sprung erfolgt ist, werden noch ganze Generationen kommen und gehen. Dinge, die so großen Einfluss und eine solche Komplexität aufweisen, sind der sechsten und siebten Wurzelrasse vorbehalten – nicht der aufgestiegenen fünften. Wir als Menschen müssen den Unterschied zwischen »Macht über etwas« und »der

Macht, etwas zu tun« begreifen. Und bevor wir so ein erhabenes Bewusstsein entwickeln können, muss das Gelernte erst mal angewendet werden.

All die schnelllebigen Dinge und die Spielzeuge, die unsere neuen Kinder umgeben, sind das Allerbeste und gleichzeitig das Allerschlimmste. All die Wunder, die durch einen Mausklick im World Wide Web zugänglich sind, gehen mit massiven Verbrechensraten einher. Im Internet kommt es zu Delikten wie Identitätsraub, Angriffe durch Hacker, Betrug und Online-Belästigung von Kindern und Erwachsenen. Smart-Mobs sind Aktionen, bei denen ganze Wirtschaftszweige oder Regierungen geschädigt oder zu Fall gebracht werden können (was schon passiert ist). Dabei stehen Leute per E-Mail in Kontakt und erscheinen zu bestimmten Zeiten an bestimmten Orten, um irgendein Ziel zu verfolgen. Bei diesen Aktionen machen oft Hunderte oder Tausende von Menschen mit. Flash-Mobs sind die harmlosere Variante: Leute verabreden sich durch Textnachrichten und rufen zu kleinen Streichen oder Gemeinschaftsaktionen auf. Aber ganz gleich, ob Smart-Mobs oder Flash-Mobs, die Macht, die uns durch diese Verbindungsmöglichkeiten zur Verfügung steht, bringt eine große Verantwortung mit sich und verlangt nach ethischem Verhalten – für die fünfte Wurzelrasse eine große Herausforderung.

Um zu verstehen, wie groß diese Herausforderung ist, bedenken Sie, dass die Kinder heute körperlich früher reif werden als ihre Eltern und Großeltern. Die Präfrontallappen jedoch entwickeln sich viel länger. Daher halten sich Kinder oft für schlauer oder kontrollierter, als sie es wirklich sind, ganz besonders zwischen dreizehn und Anfang zwanzig, wenn sie beinahe denselben Einfluss haben wie Erwachsene, aber noch nicht richtig urteilen können. Während der Pubertät formen sich die Systeme im Gehirn aus. Was nicht benutzt wird, bildet sich zurück. Die Entscheidungen, die junge Menschen in dieser Zeit treffen, bestimmen die weitere Entwicklung des Gehirns. Je nach Laune und Talent können sie sich für

Musik, Kunst, Sport, Videospiele, ehrenamtliche Aufgaben, Outdoor-Aktivitäten, Literatur oder kriminelles Verhalten entscheiden. Die getroffene Entscheidung beeinflusst die Struktur des Gehirns, seine Chemie und Funktionen (d.h. die Präfrontallappen werden entweder größer oder bilden sich zurück).

Es scheint einen Zusammenhang zu geben zwischen dem Gefühl der Sicherheit, das der Fötus während der Schwangerschaft hat, und der Tatsache, dass immer mehr Kinder geboren werden, die der aufgestiegenen fünften Wurzelrasse angehören. Eine sichere und unterstützende Umgebung ist heute öfter die Regel. Die Demokratie breitet sich aus, junge Menschen haben mehr Möglichkeiten, das Bewusstsein wächst überall. Nehmen Sie z. B. die Freigeborenen und die Technik-Freaks. Sie sind der Beweis, dass eine freiere Gesellschaft bessere Menschen hervorbringt, die wiederum die Gesellschaft noch besser machen. Es ist ein Domino-Effekt.

Aber der funktioniert auch andersherum. Wussten Sie, dass Lügen Veränderungen im Gehirn hervorrufen, die sich anhäufen, sichtbar sind und aufgezeichnet werden können? Computertomographien des Gehirns sind genauer als Lügendetektoren. Sie zeigen deutlich, auf welche Weise Lügen die Fähigkeit des Menschen, höhere Kreativitäts- und Bewusstseinszustände zu erreichen, einschränken. Da ca. 90 % unserer Bevölkerung eine sehr tolerante Einstellung zum Lügen haben und unsere Regierungen kontinuierlich lügen, erschaffen wir eine Kultur des Betrugs, die die Spätfolgen ignoriert. Im Bereich des Marketing und der Werbung lässt sich das am deutlichsten erkennen.

Marketing-Spezialisten wissen über die neuesten Ergebnisse der Hirnforschung ganz genau Bescheid und haben es auf eine immer jüngere Zielgruppe abgesehen. Markennamen und Slogans sollen sich ins Gehirn einprägen, bevor die Präfrontallappen ausgebildet sind. Ihr Ziel ist, dass Menschen einer bestimmten Marke ein Leben lang treu bleiben und stets das Neuste davon haben wollen. Schulen, die dringend finanzielle Mittel brauchen, sind allzu gerne bereit mitzumachen und beziehen Schulmobiliar, das mit Firmenlogos und Websiteadressen übersäht ist; oder es werden Räumlichkeiten vermietet, die bestimmte Produkte wie Soft-Drinks verkaufen. Läden wie K-Mart vertreiben seit neustem Artikel mit Routen-Kontrollchips, so dass noch lange nach dem Erwerb Informationen über den Verbleib des Produkts beim Hersteller eingehen. Viele Apotheken und Lebensmittelläden schließen sich dem an und gestatten, dass Strichcodes durch Mini-Sender ersetzt werden. Dabei hat man es besonders auf Minderheiten mit niedrigem Einkommen abgesehen, da sie schwerer zu erfassen sind. Die Öffentlichkeit wird mit Chips ausspioniert, die kleiner sind als eine Ameise. Komisch ist das nicht, und die Manipulierung der Gehirne unserer Jugend ist es auch nicht, genauso wenig wie der Mummenschanz, den uns die Werbung als Wahrheit verkauft.

Eine der Folgen des Konsumterrors und der Technik ohne Ethik ist, dass Kinder um die Befriedigung gebracht werden, die sich einstellt, wenn man sich etwas verdient, z. B. Geld oder Respekt. Stattdessen wird in Gewaltfilmen, Videospielen oder in Jugendgangs nach Ersatzbefriedigungen gesucht. Die Kehrseite der aufgestiegenen fünften Wurzelrasse zeigt sich ganz krass in ihrer Tendenz zur Selbstsüchtigkeit, zu antisozialem Verhalten oder sogar Mord an Unschuldigen. Aufgrund der größeren Intelligenz dieser Kinder haben sich Jugendgangs so »weit« entwickelt, dass Schutzgelder erpresst werden, Leitsprüche und Hackordnungen werden durch Einschüchterung festgelegt. Diese Kinder können sich besser organisieren und durchsetzen als ihre Eltern, und ihr Umgang mit Sex, Drogen, Macht und Geld ist viel leichtsinniger.

Eine weitere große Gefahr sind Depressionen. Seit dem frühen 20. Jahrhundert hat sich die Anfälligkeit für diesen Gesundheits- und Glücksverschwender in jeder Generation verdoppelt. Aufgrund ihrer Hirnentwicklung sind Kinder besonders verletzlich bei stressigen, emotionalen Erfahrungen, und das kann wiederum zu Selbstmordgefährdung führen. Sozialer Schmerz – die Macht, mit

Worten zu verletzen – kann das Hirn beinahe so schädigen wie körperliche Verletzungen. Niemand möchte gerne zugeben, dass die positiven, tatkräftigen, kooperativen und großzügigen Millenials sehr häufig Selbstverletzer sind. Wenn Emotionen nicht ausgedrückt werden können, wird als Ersatzhandlung darauf zurückgegriffen, sich selbst Schmerzen zuzufügen. Einige von ihnen habe ich nach dem Grund gefragt, und ich habe immer dieselbe Antwort bekommen: »Ich wollte einfach mal etwas Echtes spüren.«

Was können wir mit der Kehrseite unserer feurigen Kinder anfangen? Denn irgendwie müssen sie in dieser Schnellkochtopfwelt zurechtkommen. Wir müssen bei der Erziehung beginnen. Hugh und Gayle Prather sagen: »Was uns als Eltern am meisten anspricht, ist nicht immer das Beste für unsere Kinder«. Ihr Buch *Spiritual Parenting* ist sehr zu empfehlen, genauso wie *A Parent's Toolbox for Spiritual Growth* von Johanna van Zwet. Auch Joan Branch, Begründerin der Web-Seite www.EmpoweredParent.com, liefert eine Menge Ideen und gute Vorschläge. Der Schlüssel ist eine spirituelle Annäherung, die sowohl die kreative Intuition fördert als auch Selbstdisziplin und Verantwortlichkeit lehrt. Man sollte den neuen Kindern keine Vorträge halten, sondern ihnen Dinge zeigen, indem man sie schrittweise, liebend und kontinuierlich involviert.

Lassen Sie ein Horoskop erstellen, wenn das Kind noch ein Baby ist – ein psychologisches, kein vorhersehendes. Welche grundlegenden Tendenzen, Schwächen und Stärken in der Persönlichkeit verankert sind und wie Disziplin idealerweise erworben wird, kann ein kompetenter Astrologe schon früh feststellen. Diese Information ist für Eltern unbezahlbar. Von Vorhersagen lassen Sie besser die Finger, denn diese Interpretation programmiert Menschen und verleugnet den freien Willen. Suchen Sie eventuell mehrere Astrologen auf, um deren Techniken miteinander zu vergleichen.

Die Zeit am Computer sollte durch Aktivitäten in der freien Natur oder mit einem Haustier ausgeglichen werden. Stretchübungen sind wichtig, auch Gartenarbeit, Modellieren (z. B. Töpfern), Plätzchenbacken, aus Gemüse Figuren formen, Tanzen, Klettern, Springen, Familienausflüge, im Chor singen oder ein Musikinstrument lernen.

Wenn das Kind im Schulalter ist, hilft eine Scheibe Zitrone oder Limone (oder ein Schuss von beidem als Konzentrat) ins tägliche Glas Wasser, um die meisten Stimmungsschwankungen in den Griff zu bekommen und die Hirntätigkeit anzukurbeln. Bitte in einem Zug austrinken, da Vitamin C schnell verfliegt.

Bringen Sie Ihren Kindern bei, mit Geld umzugehen – wie man es verdient, spart und ausgibt. Die Hälfte des Geldes, das sie erhalten oder verdienen, sollte auf einem Sparkonto angelegt werden. Wenn die Kinder so weit sind, sollte man ihnen erklären, was Bonitätseinschätzung ist und warum sie so wichtig ist, ebenso wie Kredite, Dispos und Bankwesen. Es ist überaus wichtig, dass die neuen Kinder das Konzept des Geldes verstehen, weil es eine zunehmend digitale Angelegenheit ist – immer seltener hat man es tatsächlich bar in der Hand. Wenn das Konzept hinter dem Geld nicht verstanden wird, kann der Umgang mit dieser abstrakten Größe schnell zur Katastrophe werden.

Und bitte, liebe Eltern, achten Sie auf die richtige Ernährung. Fett und Zucker machen süchtig und führen nicht selten zu Fettleibigkeit und chronischen Krankheiten. Softdrinks sind Zuckerwasser, und Junk Food ist Müll. Von den neuesten Erkenntnissen über Autismus und eine ganze Bandbreite von Lernstörungen habe ich bereits berichtet. Sie zeigen, dass Ernährung und Lebensmittelallergien – genauso wie wachstumsfördernde chemische Zusätze im Essen – schlimme Folgen haben können. Aber auch Kunststoffe und Mikrowellen können ein Problem sein. Deshalb: Hände weg von eingeschweißten Fertiggerichten. Je natürlicher die Ernährung ist, desto besser. Wenn man sich darauf besinnt, muss man auch über Medikamente nachdenken. Alternative Medikamente oder Nahrungsergänzungsmittel sind oft effektiver als konventionelle Mittel, außerdem günstiger und haben weniger Nebenwirkungen. Vergessen sie nicht Wasser, Licht, Gebete, Schwingungs- und Affirmationstherapien, denn sie sind die Medizin der Zukunft.

Bald wird es wieder nötig sein, generationsübergreifend zusammenzuleben, um sich gegenseitig zu unterstützen. Die finanziellen und emotionalen Vorteile jeder Altersklasse (nicht nur der Kleinen-Ichs) wiegen weitaus schwerer als die Nachteile. Eine ausgeklügelte Raumaufteilung sorgt für die nötige Privatsphäre, so dass sich alle wohlfühlen können. Eine Vermischung der Generationen (nicht nur Familienangehörige) behindert keinesfalls die Entwicklung höherer Bewusstseinszustände, sondern unterstützt sie eher, solange die Grundregeln von Geduld, Respekt und Vergebung beherzigt werden und Wohlwollen und Dankbarkeit den Ton angeben. Selbst für Wut muss hin und wieder Platz sein. Sie ist ganz normal und vollkommen in Ordnung. Eine schnelle Woge heißer, feuriger Energie dient der Reinigung (Ehrlichkeit) und motiviert (Ansporn). Zorn hingegen ist zerstörerisch, denn dabei handelt es sich um verdrängte Emotionen. Um die Energie der Wut ausdrücken und auflösen zu können, sollte man eine sichere Art und Weise wählen – das Haus zu putzen oder Sport zu treiben sind z. B. zwei gesunde Möglichkeiten.

Die Geschichten der amerikanischen Ureinwohner (und die anderer Völker) eignen sich ganz wunderbar, um auf simple, aber effektive Weise Kindern und ihren Familien Richtlinien für ethisches Verhalten vorzugeben. Paula Underwood, eine Geschichtenerzählerin der *Walking People,* hat diesbezüglich ganz wundervolles Material zusammengetragen. Ihr Video *Learning your Way Through Chaos* und ihr Buch *The Great Hoop of Life* erklären, wie Entscheidungen getroffen werden und wie man sich Ziele und Werte setzen sollte.

Für diejenigen, die das in ihren frühen Jahren nicht gelernt haben und im Gefängnis festsitzen, kann die Moral Reconation Therapy (MRT) hilfreich sein. Dieses Programm wird in Gruppen gelehrt und war in jedem Gefängnis, in dem es durchgeführt wurde, ein Riesenerfolg. Den Häftlingen wird beigebracht, dass in ihnen ein moralisches Gesetz existiert, auf das sie sich lediglich einstellen müssen. Es hält sie davon ab, negative Gedanken, Träume und Fantasien auszuleben. Die Zehn Gebote des Christentums sind z. B. ein altehrwürdiges moralisches Gesetz, ebenso die Vier Vereinbarungen der mexikanischen Tolteken. Jede uns bekannte Kultur kennt die goldene Regel: Was du nicht willst, dass man dir tu', das füg auch keinem anderen zu. Ein Kind, das noch vor dem siebten Lebensjahr Liebe auf eine Weise erfährt, die es verstehen und erwidern kann, wird später den Herausforderungen des Lebens mit Fairness und Aufrichtigkeit begegnen.

Eine starke Betonung von ethischem und moralischem Verhalten, die Schulung der Entscheidungsfähigkeit und ein gesundes Gespür für das eigene Selbst ist deshalb so wichtig, weil die neuen Kinder während ihrer Lebensspanne unsere sozialen Tabus auf den Kopf stellen werden. Wenn man ihnen jedoch die Grundpfeiler beigebracht hat, sind sie in der Lage, die soziale Lage zu diskutieren und Lösungen zu finden.

Der erste »Test« wird der gesellschaftliche Umgang mit Sexualität sein. Es ist das sensibelste, explosivste und unmittelbarste Thema aller sozialen Tabus.

Ich habe bereits erwähnt, dass die Fusion der Polaritäten während des Aufstiegs der fünften Welt zunehmen wird. Für den Durchschnittsmenschen bedeutet das, dass sich die geschlechtlichen Unterschiede verändern und ausgleichen. Kommt es Ihnen nicht seltsam vor, dass soviel Aufhebens um schwule und lesbische Paare gemacht wird, während der Vatikan zunehmend anprangert, dass die Gesellschaft geschlechtliche Ambiguität toleriert? Das Thema an sich existiert bereits seit 1000 Jahren, doch plötzlich ist es eine große Sache, und es wird noch größer werden. Geben Sie nicht allein den Medien und dem Fernsehen die Schuld für das, was passiert. Wir befinden uns zurzeit in einem Vorbereitungsstadium, das wir durchlaufen müssen, bevor wir die Pforte der Maya und den Beginn einer ganz und gar neuen und anderen Energie-Matrix erreichen – die aufgestiegene fünfte Welt. Mit anderen Worten – es wird langsam Zeit. In den Vereinigten Staaten erfahren wir bereits Rollenveränderung jeglicher Schattierung. Es gibt Hausmänner, weibliche Minister, männliche Tagesmütter, Mammi-Manager, Frauen, die zusammen mit Männern in den Krieg ziehen oder beim Sicherheitsdienst tätig sind. Männliche und weibliche Rollen sind immer weniger klar voneinander abgegrenzt.

Das ist offensichtlich, aber es geschieht noch mehr. Da die Schubkraft von Evolution und Devolution gleichzeitig stattfindet, sind wir bereits Zeugen der Fusion der Polaritäten. Das ist beispielsweise daran zu erkennen, dass die Gesellschaft gleichzeitig zu anständigem *und* unschicklichem Verhalten tendiert.

Außerdem werden immer mehr Hermaphroditen geboren. Das sind Kinder, die von Geburt an Merkmale beider Geschlechter aufweisen. (Die Eltern stehen vor der schweren Aufgabe, entscheiden zu müssen, welche der Geschlechtsmerkmale operativ entfernt werden.) Auch sind heute viele Kinder, die ganz normal erscheinen, bereits in sehr jungem Alter davon überzeugt, sie seien mit dem falschen Geschlecht geboren worden; Prostituierte werden immer jünger; der durchschnittliche Schüler ist bisexuell. Eine Statistik aus dem Jahr 2004 hat gezeigt, dass 47 % unserer Oberschüler bereits vier oder mehr Sexualpartner hatten, manchmal sogar gleichzeitig. Für viele ist Oralsex so normal wie Händeschütteln. Einige junge Menschen gehen in Sexclubs oder zu Sex-Zirkeln und finden nichts dabei, nackt zu sein. Inzwischen stellt sich weniger die Frage, wo das Kind ist, als mit wem es heute Nacht schläft.

Wenn ich sage, dass viele der heutigen Kinder verrückt nach Sex sind, nach sexy Klamotten, nach Nacktheit, übertreibe ich nicht. Außerdem genießen sie es, tätowiert zu sein, Piercings zu tragen oder auf andere Art den Körper zu gestalten (sich die Zunge spalten lassen, z. B., oder sich Teflon-Implantate zur Ornamentierung unter die Haut setzen zu lassen). Haben Sie schon einige dieser Kinder gesehen? Ich schon. Die ersten Male war ich schockiert. Inzwischen habe ich gelernt, toleranter zu sein. Es sind gute Kinder, ein bisschen verrückt, aber schließlich entstamme ich einer anderen Generation. Sie haben es mit der Stammeszugehörigkeit, nicht ich.

NetGen: Diese Software ist eine Art Online-Pyjama-Party. Die Spieler erschaffen verschiedene Umgebungen und Situationen, mit denen sie spielen und experimentieren, wobei verschiedene Arten der Beziehung begünstigt werden. Das System verbindet die Spieler direkt miteinander, damit andere Server keinen Zugang haben. Es ist das ultimative Portal für soziale Zusammenkünfte über den Computer. Jede Gruppe besteht aus bis zu zehn Leuten, die sich auch real treffen und gemeinsam Musik hören.

Skateboard fahren: Die permanente Bewegung, das ständige Risiko beim Fliegen durch die Luft und Musik mit fetten Beats ist genau das, was diesen schlanken Kindern mit ihren hohen IQs gefällt. Sie können Profis werden und Millionen machen. Dieser Sport hat denselben schnellen Ablauf wie ein Videospiel und passt genau zu der Schnelligkeit, mit der ihre Gehirne arbeiten.

Raves: Sie funktionieren wie ein Gottesdienst und vereinen die verschiedenen »Stämme« zu einer philosophischen Einheit. Dazu gehören kontinuierliche Bewegungen, Stroboskope, so wenig Kleidung wie möglich, riskante Tanzschritte, laute Musik und viele Drogen, ganz besonders Ecstasy (Ecstasy führt zu kognitiven und psychischen Problemen – nach dem Abklingen der Wirkung fühlt man sich depressiv und träge).

New Age Raves: Es handelt sich um eine Untergrundbewegung, die elektronische Musik und Tanzmarathons mit spirituellen und religiösen Ritualen verbindet. Weder Alkohol noch Drogen sind erlaubt. Man beginnt mit Chanten oder

> Yoga, man reibt den Körper, um die Muskeln zu lockern, es finden Trancetänze statt, man bildet tantrische Zirkel (sexuelle Energie soll zu höheren Bewusstseinszuständen führen). Dazu gibt es eine Auswahl an Rohkost und Kräutertees.

NetGen, Skateboardfahren und beide Arten von Raves sind im Grunde genommen Gelegenheiten, bei denen junge Menschen auf temperamentvolle Weise zusammenkommen und intime Empfindungen feiern – sie fühlen, wie ihre Körper aufeinander einwirken, sie erfahren die Freiheit verstärkter Gefühle, lassen sie anschwellen und sinnlicher werden (selbst NetGen kann anzüglich und riskant sein). Es drängt sie, herauszufinden, wie weit sie gehen können und was man dabei alles fühlen kann.

Der ritualisierte Aspekt dieser Events spiegelt die Hirnwellenaktivität der neuen Kinder, die wiederum die neuen Technologien spiegelt. Diese entsprechen den Überstimulierungen, die die Schreckmomente im Fernsehen verursachen. All das verlangt natürlich nach immer stärkerer Stimulierung, selbst wenn Schmerz oder Gewalt nötig ist, um einen weiteren Anstieg spüren zu können.

Die Veränderungen geschehen schneller, als die Menschheit sie verarbeiten kann. Es verwundert nicht, dass sich unsere Jugendlichen selbst verletzen. Doch sie sind schlau und können die Dinge auch abwehren. Es ist beispielsweise eine Tatsache, dass drei Viertel der amerikanischen Jugendlichen während der Oberstufe illegale Drogen konsumiert haben und sich hinterher vollkommen davon abwenden; und den Jüngeren wird bewusst, dass ungezügelte Sex-Orgien zu vorzeitigem Altern und Geschlechtskrankheiten führen, und immer mehr entscheiden sich für die Jungfräulichkeit. Die Verbindung zwischen Gymnasien, Konsumterror und Porno-Mode löst sich auf. Viele besinnen sich inzwischen auf das Gegenteil – Sittsamkeit ist wieder in.

Doch die Kinder der Zukunft werden weiterhin die Tabus zu brechen, die einst das Kitt der Gesellschaft waren. Mit dem Seufzer der Erleichterung darüber, dass Jungfräulichkeit und sittsame Kleidung wieder »in« sind, sollten Sie sich zurückhalten. Das Verlangen, sich von begrenzten Geschlechtsidentifikationen und Rollen zu befreien, beginnt gerade erst. Es wird der Tag kommen, an dem die Geschlechter stärker ineinander verflochten sind und Kinder mit Selbsterkenntnis geboren werden. Bis dieser Tag jedoch da ist (und das wird noch eine ganze Weile dauern), empfehle ich wärmstens, dass wir alle – auch die Kinder – die ganze Bandbreite der Sinnlichkeit wiederentdecken.

Wir sind soziale, sexuelle Wesen, die Berührungen brauchen und auch fühlen wollen. Sinnlichkeit bedeutet nicht nur schwingende Hüften, gesenkte Augenlider und eine Zunge, die an jemandem herumleckt. Es ist vielmehr das riesige Reich der Empfindungen, das aus unserer Taubheit herausbrechen will. Welche Sinne mögen Sie am meisten? Was weckt Sie auf? Was bereitet Ihnen Vergnügen? Der Gefühlssinn erweckt die Welt zum Leben und verleiht ihr Farbe.

Sinnlichkeit ist, wenn wir unseren Sinnen erlauben, sich für die Empfindungen um uns herum zu öffnen. Sinnlichkeit erhöht unsere Fähigkeiten so sehr, dass wir den Wind schmecken und das Wasser hören, den Duft von Glück wahrnehmen und die innere Stimme sehen, wenn sie spricht, wir können sogar Licht fühlen. Wir können es, wenn wir uns dafür entscheiden und die Absicht haben, uns langsam und leicht mit Körper und Geist nach allem, was da ist, auszustrecken, um ganz neu zu spüren und jede Sinneswahrnehmung zu empfinden. Die weichen Bewegungen eines nach innen bewussten Gewahrseins lassen uns die Bewegungen unserer eigenen Organe und Genitalien besser spüren, auch den Atem, wie er ein- und ausfließt, den Herzschlag, wie wir auf andere reagieren, auf unser Leben und unsere Welt.

Hier ist eine Übung für Sie. Lesen Sie die folgende Geschichte ganz allmählich und langsam.

Die achtjährige Amanda sitzt beim Essen und unterhält sich mit ihrer Familie: »Ich habe es satt, dass man mich Wunderkind nennt.« (Fünfzehn Jahre lang hatte ihre Mutter versucht, ein Kind zu bekommen, und zwei Fehlgeburten erlitten.) »Und nebenbei gesagt, habe ich eine Wahl getroffen.«

Als sie gefragt wird, was sie damit meine, erwidert sie: »Nun, ich habe heruntergeschaut und dich und dich ausgewählt.« (Sie zeigt mit dem Finger auf jeden Einzelnen). »Meine Eltern habe ich gewählt, weil sie mich brauchten.«

»Wo warst du?«, fragt ihre Tante Annette.

»Ich war da oben, du weißt schon, da oben.«

»Wie ist es da oben?«, bohrt ihre Tante weiter.

Amanda lächelt. »Es ist sehr, sehr hell und alle Farben leuchten ganz doll, und man kann alles sehen.«

Werden Sie einen Moment zu Amanda. Fühlen Sie, was sie gerade gesagt hat. Lassen Sie sich auf jede einzelne Empfindung ein. Plötzlich bedeutet die Geschichte viel mehr, nicht wahr? Sie nimmt Dimensionen an, weil sie ihr mit ihren Gefühlen Leben einhauchen.

Vertrauen Sie ihrem Körper, vertrauen Sie ihrem Herzen. Ermutigen Sie Ihre Kinder, dasselbe zu tun. Für alle nachfolgenden Generationen wird die Fähigkeit, die Empfindungen des Lebens wahrzunehmen, wertvoller sein als jeder Wohlstand.

XV

AM HEBEL DER VERÄNDERUNG

Stellenangebot: Ab sofort junge Visionäre gesucht – für sämtliche Bereiche und überall; dankbare Aufgabe; flexibles Denken erforderlich; auch für Anfänger. Steigen Sie ein in ein wachsendes Jungunternehmen voller Potenzial. Stellen Sie sich persönlich bei dem nächsten Problem in ihrer Umgebung vor.

William Upski Wimsatt

An unsere neusten Bürger und die, die noch folgen: Schaltet die Fernseher aus. Da draußen ist eine Welt, und ihr habt eine Aufgabe. Es liegt an euch, das Chaos zu beseitigen und die neue Infrastruktur und Politik zu gestalten. Extrem rechte oder linke Positionen schaffen nur eins: rechthaberisches Denken, das Kreativität so sehr blockiert, dass keine fortschrittlichen und positiven Lösungen möglich sind.

Geht wählen! Sowie ihr 18 seid, geht regelmäßig wählen, und zwar zu jeder Wahl; egal ob es um die Stadt, den Landkreis oder das ganze Land geht. Wenn ihr verreist seid oder operiert werden sollt, wählt per Briefwahl. Glaubt den Pessimisten nicht – jede Stimme zählt.

Seid informiert! Wisst über die Kandidaten und ihr Parteiprogramm Bescheid. Wenn euch etwas nicht gefällt, handelt dementsprechend. Werdet Aktivisten oder kandidiert selbst für ein Amt. Früher hat es noch etwas bedeutet, welcher Partei man angehörte, heute nicht mehr. Helft den Parteien bei einer Reform oder gründet eine neue. Ihr seid Teil einer neuen Stimmengruppe, die in neuesten Untersuchungen »kulturell Kreative« genannt wird (Renaissance-Leute), und ihr seid die größte und am schnellsten wachsende politische Einheit in den Vereinigten Staaten. Eure grundlegende Absicht wird am besten in Mark Satins Buch *Radical Middle* ausgedrückt; was es zu tun gilt, ist am besten in dem Buch *The Future 500: Youth Organizing and Activism in the U.S.A.* zu finden. Es wurde von mehreren Autoren verfasst, darunter auch William Upski Wimsatt, der am Anfang dieses Kapitels zitiert wurde.

Bewahrt den Kapitalismus, aber gestaltet ihn mit sozialer Verantwortung, damit er humaner wird. Vereinigungen, die Veränderungen bewirken wollen, sind inzwischen sehr professionell, also tretet einer bei. Plant, eure Arbeit als politisches Vehikel zu benutzen. Die neuesten Veränderungen in den Lehrplänen von Universitäten sind direktes Ergebnis solcher Aktivitäten. Zum Beispiel bieten zahlreiche medizinische Fachbereiche inzwischen Kurse über alternative Heilmethoden an. Die meisten Handelsschulen bieten Bildungsprogramme zu Umweltthemen und Unternehmertum und beinahe jeder Rechtsstudiengang Techniken zur Konfliktlösung (wie Mediation, Schlichtung, heilende Gerechtigkeit und Aussöhnung).

Setzt euch für die wahre Globalisierung ein! Wir können sie ohnehin nicht stoppen, also versucht es erst gar nicht. Das Ideal lautet, einen freien Markt zu erschaffen, Demokratie und progressive soziale und ökonomische Entwicklungen. Problematisch dabei ist zum einen ein Mangel an gemeinschaftlicher Integrität und Staatsbürgerschaft, zum anderen ein Sammelsurium aus verschiedenen ethischen Richtlinien innerhalb der Länder selbst. Beides ist eine Frage der Werte. Die vielen unterschiedlichen Werte werden von Regierungen, Konzernen und Individuen zum eigenen Vorteil benutzt. Dadurch verschlimmern sich genau die Probleme, die durch die Globalisierung eigentlich beseitigt werden sollten. Das Resultat sind enorme Ungleichheiten. Werfen wie einen kurzen Blick darauf, wie sich das momentan in den Vereinigten Staaten darstellt.

Jobs, für die umfangreiches Wissen notwendig ist, etwa Computerprogrammierung oder Kundendienst, werden in englischsprachige Länder wie Indien verlagert. Fließbandarbeit, bei der Sprache keine Rolle spielt, lässt man in China und Malaysia erledigen. Geht es um Chemikalien und Computerchips, die Fachkenntnis verlangen, bleibt man in den USA. Mit einer ausgeglichenen Verteilung an der Arbeitsfront hat das nichts mehr zu tun. Zumindest schafft es jedoch mehr Arbeitsmöglichkeiten als jemals zuvor, was stark verschuldeten Nationen dabei hilft, ihre Schulden zu begleichen (so werden Banken zufrieden gestellt).

Aufgrund der vielen unterschiedlichen ethischen Auffassungen gibt es keine handfeste Regel, die sicherstellt, dass profitierende Nationen gewonnene Vorteile auch an ihre Arbeiter weitergeben. Das bedeutet, dass ein amerikanischer Arbeitnehmer im Konkurrenzverhältnis zu vierzehnjährigen Mädchen in Indonesien steht, zu achtjährigen Jungen in Pakistan und Arbeitern in China, die quasi Sklaven sind. Wenn unsere Mittelklasse dann noch mit zusätzlichen Steuern belastet wird, steht immer weniger Einkommen zur Verfügung. Interessanterweise beziehen Verkaufriesen wie Supermarktketten die meisten Waren aus anderen Ländern. Das ermöglicht so niedrige Preise, dass amerikanische Anbieter nicht mithalten können. Gleichzeitig zahlen sie ihren Arbeitnehmern weniger Geld für mehr Stunden, so dass die sich eben nur die Artikel leisten können, für deren Produktion sie einst gut bezahlt worden sind. Dadurch wiederum fühlen sich örtliche Regierungen dazu ermutigt, Grundbesitzgesetze zu missbrauchen, indem Privatbesitz einfach aufgehoben und an die Verkaufriesen verschachert wird. Auf diese Weise verschwinden der gesunde Wettbewerb und die Vielseitigkeit vom Markt, was die Mittelklasse schwächt. Politiker können sie leicht kontrollieren, weil Angst geschürt wird (so werden Unternehmen zufrieden gestellt).

Und als ob das nicht schon schlimm genug wäre, müssen entlassene Arbeiter damit rechnen, nie wieder eingestellt zu werden, und die meisten Arbeitnehmer über 50 Einschränkungen in Kauf nehmen – weniger Arbeitsstunden, weniger Geld, weniger Möglichkeiten. Die Technik-Freaks aus Indien werden angehalten, »Transformationskurse« zu besuchen, in denen ihnen beigebracht wird, weniger freundlich zu sein und weniger guten Service anzubieten. (Das basiert auf der falschen Prämisse, dass es günstiger ist, alte Kunden loszuwerden als neue zu akquirieren).

Ohne gemeinsame Werte könnte die aufgestiegene fünfte Welt bereits an der Pforte »kippen« und kaum mehr einleiten als eine gemeine und entmenschlichte Mittelmäßigkeit – oder eine »wohlwollende« Diktatur, die zwar für das Lebensnotwendigste sorgt, aber dadurch jede kreative Innovation und unabhängiges Denken unterwandert (Regierungen werden zufrieden gestellt).

Wenn sich nun eure Aufregung über die Ungerechtigkeiten der Globalisierung gelegt hat, möchte ich euch mit Holonen bekannt machen. Seid ihr bereit? Ein Holon ist ein Ganzes, das Teil eines anderen Ganzen ist. Holone bestehen aus gegensätzlichen Kräften, die für den gemeinsamen Vorteil zusammenarbeiten – sie haben den starken Drang, die eigene Identität zu bewahren, und gleichzeitig ein integratives Verlangen, zusammen mit anderen als ein großes Ganzes für das gemeinsame Wohl zu sorgen. Ein Holon ist physikalisch ein Partikel *und* eine Welle – vollkommene Gegensätzlichkeit in vollkommener Einstimmung. Dieses Hin und Her zwischen den ausgeglichenen Polen erzeugt nicht nur Vielfalt und freien Willen, sondern ermöglicht auch eine gemeinschaftliche Beziehung und breit angelegte Planung.

Genau das ist das Energiemuster der aufgestiegenen fünften Welt. Es wird weder durch die rechte noch durch die linke Gehirnhälfte dominiert. Es ist wie die Energie eines Holons – das ganze Gehirn ist involviert.

Die *Syracuse Cultural Workers* aus Syracuse, New York, eine Gruppe junger Aktivisten, haben mir gestattet, an dieser Stelle ein von ihnen entworfenes Plakat vorzustellen. Es basiert auf der Prämisse eines Holons.

WIE MAN EINE GLOBALE GEMEINSCHAFT BILDET

Zusammengestellt von den *Syracuse Cultural Workers*

Niemand sollte als »der andere« gelten.
Verwechseln Sie Bequemlichkeit nicht mit Sicherheit.
Reden Sie mit Fremden.
Nähern Sie sich anderen Kulturen über ihre Gedichte und Romane.
Hören Sie Musik, die für Sie fremd ist.
Tanzen Sie dazu.
Handeln Sie vor Ort.
Achten Sie darauf, wie Macht und Privilegien in ihrer Kultur angewendet werden.
Stellen Sie Ihr Konsumverhalten in Frage.
Informieren Sie sich, woher Ihr Kaffee und Ihr Salat stammen. Verschließen Sie Ihre Augen nicht vor der Ausbeutung.
Achten Sie auf fairen Handel und genossenschaftliche Firmen.
Helfen Sie dabei, Ökonomien von Grund auf zu errichten.
Schaffen Sie nur das Nötigste an.
Lernen Sie eine zweite (oder dritte) Fremdsprache.
Besuchen Sie Menschen, Orte und Kulturen – keine Touristenattraktionen.
Lernen Sie etwas über die Geschichte der Menschen.
Definieren Sie Fortschritt neu.
Sie sollten sich mit territorialer und politischer Geographie auskennen.
Spielen Sie Spiele anderer Kulturen.
Schauen Sie sich Filme mit Untertiteln an.

Seien Sie sich ihres kulturellen Erbes bewusst.
Respektieren Sie die Feiertage anderer Kulturen.
Schauen Sie sich den Mond an, und stellen Sie sich jemanden vor, der genau dasselbe an einem anderen Ort tut.
Lesen Sie der Menschenrechtserklärung der Vereinten Nationen.
Unterrichten Sie sich über die Weltwirtschaft in Bezug auf Menschen, Land und Wasser.
Informieren Sie sich, wo Ihre Bank arbeitet.
Glauben Sie niemals, Sie hätten ein Recht auf die Ressourcen der anderen.
Lehnen Sie es ab, Konzernlogos zu tragen, und widersetzen Sie sich der Herrschaft der Konzerne.
Hinterfragen Sie die Verbindung zwischen Konzernen und dem Militär.
Verwechseln Sie Geld nicht mit Wohlstand oder Zeit mit Geld.
Pflegen Sie Brief- oder E-Mailfreundschaften.
Respektieren Sie einheimische Kulturen.
Beurteilen Sie Regierungen danach, inwieweit sie den Bedürfnissen der Menschen entsprechen.
Bleiben Sie skeptisch bei dem, was Sie lesen.
Probieren Sie beim Essen Exotisches aus.
Gemüse, Bohnen und Getreide sollten Teil Ihrer Ernährung sein.
Entscheiden Sie sich für Neugier statt für Sicherheit.
Informieren Sie sich, woher Ihr Wasser kommt und wo Ihr Müll landet.
Seien Sie der Erde verpflichtet, stellen Sie den Nationalismus in Frage.
Denken Sie in Süd-, Mittel- und Nordrichtung – Amerika ist groß.
Gehen Sie davon aus, dass viele Menschen Ihre Träume teilen.
Seien Sie sich bewusst, dass niemand wirklich schweigt, aber viele nicht gehört werden, und setzen Sie sich dafür ein, das zu verändern.

Die Tage, in denen sich Spiritualität und Religion in Widerspruch befanden, schwinden ebenso wie das Bedürfnis, Dinge entzweien oder besiegen zu wollen, oder die Sucht nach Herrschaft um der Gewinnerzielung willen. Die aufgestiegenen Kinder brauchen neue Vorbilder. Denkt an Benjamin Franklin, einen der wunderbarsten Charaktere, die man sich vorstellen kann. Laut Thom Hartmann war dieser Gründervater von allen bekannten Merkmalen des Jäger-Gens dominiert – die DRD4-Allele, die bereits erwähnte Gen-Mutation, die einst die Menschheit rettete und die immer dann wieder auftaucht, wenn eine Krise bevorsteht. Franklins Platz in der Geschichte bestätigt das, ebenso seine Persönlichkeit und Eigenschaften.

Ihr Instandsetzer, Beweger und Erschütterer, die ihr voll neuer Energie und Visionen seid, Angehörige der fünften Welt jeglicher Überzeugungen – ihr seid nach meiner Meinung wie Benjamin Franklin. Er lebte sein Leben nach sieben großen Tugenden: der Aversion gegenüber Tyrannei, der Vorliebe für eine freie Presse, Humor, Menschlichkeit, Idealismus in der Außenpolitik, Kompromissfähigkeit und Toleranz. Lernt von diesem Vorbild.

Eure Position am Hebel der Veränderung bedeutet auch die Notwendigkeit neuer Mechanismen, neuer Maßstäbe und Verfahren für die, die nach euch kommen werden. Eure Generation, die Millennials, ist der erste massive und weltweite Einzug von aufgestiegenen Blauen in die irdische Ebene. Daher liegt es an euch, die Art und Weise des Wachstums für diese Phase der höheren Bewusstseinsentwicklung zu etablieren, die der Prophezeiung nach ungefähr tausend Jahre andauern wird.

Um euch dabei zu helfen, dieses Ziel zu erreichen, habe ich eine Reihe von Themen zusammengetragen, die euren Geist und eure Muskeln in Schuss halten. Beginnen wir ganz vorne.

- *Rückkehr zu zivilisierter Sprache und Verhalten.* Die so genannte Hass-Sprache und das Niveau, auf dem sie sich befindet, hielt mit dem Auftauchen konservativer Radio-Talk-Shows Einzug und wurde zunehmend toleriert. Dieser tägliche Schwall an Schmähreden und Verteufelungen hat inhaltsvolle Debatten und Meinungsverschiedenheiten verdrängt. Statt langfristiger Lösungen gibt es nur noch Übergangslösungen. Das jahrelange Bombardement hat jeden beeinflusst – die Art, wie wir miteinander reden und umgehen, ist vulgärer geworden. Doch eine zivilisierte Sprache ist nicht nur höflich, sie ist respektvoll. Sie vermeidet Schimpfwörter und sexuelle Anspielungen, man hört einander zu. Präsident Ronald Reagan ist weniger für seine Politik bekannt als für seine Freundlichkeit und sein Bemühen, Menschen auf eine Weise zu berühren, die sagt: »Du bedeutest mir etwas.« Die Globalisierung macht zivilisierte Sprache und Verhalten notwendig. Dort müssen die Veränderungen ansetzen. Es wird die Zeit kommen, da uns alles jenseits davon in eine bodenlose und selbst verschuldete Feindseligkeit stoßen wird.

- *Rückkehr zu einer gemeinsamen Sprache.* Das sich kulturell manifestierende Stammesbewusstsein hat unsere Sprache geteilt und stellt unsere Kommunikation auf eine harte Probe. Es ist normal, dass sich Wörter verändern und den jeweiligen symbolischen Gehalt wiedergeben, der gerade vorherrscht. Schon immer hat sich Sprache auf diese Weise entwickelt. Was aber heute geschieht, geht weit über das Normale hinaus – dank der gravierend unterschiedlichen Symbole, die uns das Fernsehen, das Kino, Videospiele, Musik und die Mode präsentieren. Sowohl Werte als auch Sprache haben sich zersplittert, unterschiedliche Gruppierungen können sich nicht mehr verstehen. Nimmt man noch die Immigrantenbevölkerung hinzu, stehen wir vor der Situation, dass wir uns entweder alle auf eine gemeinsame Sprache einigen müssen oder wir unsere Effektivität als Individuen und als Bevölkerung verlieren. Das Thema hat direkte Auswirkungen auf unsere nationale Souveränität und Sicherheit.

- *Aus der Geschichte lernen.* Harry Truman, der einzige moderne Präsident ohne Universitätsabschluss, war trotzdem Experte für Geschichte und deshalb in der Lage, schwierige Entscheidungen zu fällen. Wenn wir aus der Geschichte nicht lernen, wird sie sich wiederholen. Man sollte sich nie mit der augenscheinlichen Wahrheit zufriedengeben, sondern immer nach dem Verborgenen graben. Die Wahrheit mag schmerzhaft sein, aber man kann mit allem umgehen. Eine Lüge führt immer zu Korruption und Versklavung. Intuition und Wissen können nicht ersetzen, was wir aus der Geschichte lernen. Helft dabei, diese Geschichte zu bewahren. Digitale Daten, Photographien und Aufzeichnungen verschleißen mit der Zeit oder werden von den Chemikalien zerstört, die sie konservieren sollen. Je technologisch fortgeschrittener wir als Gesellschaft sind, desto zerbrechlicher sind die Dinge, die uns ausmachen. Findet Möglichkeiten, dem entgegenzuwirken. Sorgt für Sicherungskopien und verschiedene Arten der Lagerung.
- *Überlasst euer Gehirn nicht den Drogen.* Ihr werdet dieses außergewöhnliche Organ noch brauchen. Kein chemischer Rausch ist es wert, dafür das Risiko einzugehen, die Hirnfunktionen zu ruinieren oder einzuschränken. Man kann durch spirituelle Handlungen oder durch selbstlosen Dienst für Bedürftige einen besseren, längeren, höheren und häufigeren Rausch erfahren. Einigen Menschen nutzt es, wenn sie bestimmte Drogen zu gewissen Zeiten nehmen, aber nicht ohne sich an gewisse Richtlinien zu halten, auf eine gute Qualität zu achten, altehrwürdige Rituale mit hinzuzuziehen und sich von Älteren anweisen und hinterher psychologisch betreuen zu lassen. Drogen zur reinen Unter-

haltung oder aus Übermut führen zu gar nichts. Es lässt sich erst Jahre später feststellen, ob das Gehirn oder Nervensystem geschädigt oder die Zeugungsfähigkeit eingeschränkt wurde. Da die Angehörigen der fünften Welt immer sensibler werden, nimmt die Toleranzschwelle für Suchtsubstanzen ab. Und noch etwas – was ist mit dem Geld, das ihr für die Drogen bezahlt? Wer profitiert davon? Welches Land liefert die Hauptbestandteile? Unterstützt euer Geld das Wohlergehen des jeweiligen Landes oder trägt es zu dessen Verarmung bei? Ihr könnt euch von den Auswirkungen, die eure Entscheidungen bedingen, nicht abwenden.

- *Schützt euch vor der Fernsehindustrie.* Es wird eine ganze Heerschar an jungen Menschen nötig sein, um den gegenwärtigen Kurs des Fernsehprogramms zu stoppen, dessen Absicht es ist, 30 Minuten Sendezeit mit 15 Minuten Programm und 15 Minuten Werbung zu füllen. Um das zu erreichen, wird Schauspielern beigebracht, extrem schnell zu sprechen. So wirkt die Handlung schnell, in Wahrheit ist sie nur gequetscht. Durch die Entdeckungen der Neuro-Ökonomie (wie neuste Hirnforschungsergebnisse eingesetzt werden können, um Geschäftsbilanzen zu beeinflussen) ist die Werbung inzwischen in der Lage, das Gehirn des Zuschauers exakt der Kombination aus Schreckmomenten und symbolischen Bildern auszusetzen, die die Gedankengänge beeinflusst. Diese Vorgehensweise kann die Hirnstruktur zu einem gewissen Grad verändern, das Nervensystem lähmen, die Präfrontallappen beeinflussen und in vielen Fällen Auslöser von ADS sein. Auf Beschwerden von Erwachsenen wird die Fernsehindustrie nicht hören, also liegt es an euch, dafür eine Lösung oder einen Kompromiss zu finden. Ich kann nicht genug betonen, wie wichtig es ist, dass euer Gehirn einwandfrei funktioniert, wenn wir von irdischen zu überirdischen Ebenen wechseln und noch darüber hinausgehen.

- *Lest mehr Bücher.* Das, was ihr im Internet und in den Zeitungen lest, reicht nicht. Nehmt ein Buch in die Hand und lest es. Leser sind klüger und besser in der Lage, Dinge zu visualisieren, zu träumen, freiwillige und wohltätige Arbeit zu verrichten, Museen und kulturelle Veranstaltungen zu besuchen und nicht in die Falle narzisstischen Verhaltens zu tappen. Nicht zu lesen ist ein sicherer Weg, das geistige Niveau der Gesellschaft zu senken. Es reicht, Bücher zu zerstören, um eine Gesellschaft zu versklaven. Vielleicht wird sich die Form dessen, was wir lesen, verändern, da sich das klassische Buch in Form und Gestalt verändern wird.
- *Verbindet euch mit dem Spirituellen.* Beginnt jeden Tag in meditativer Ruhe. Segnet den Tag. Bekräftigt eure eigene Heilung und die der anderen im Einklang mit der göttlichen Ordnung. Bittet darum, einen Sinn zu erfüllen, der größer ist als ihr selbst. Jeder Depression und jeder Gewalt liegt das Gefühl der Isolierung und des Getrennt-Seins von Gott zugrunde. Wenn wir an diese Trennung glauben, zerstören wir unseren eigenen Geist. Es gibt keine Trennung. Wir sind, wir waren und wir werden immer ein Teil der großen Familie erschaffener Seelen sein. Wenn man das weiß und diese Wahrheit jeden Tag empfindet, öffnet sich das Bewusstsein der göttlichen Führung, überirdischen Helfern und dem Trost der heiligen Zusammengehörigkeit. Dank des Aufstiegs des spirituellen Kinofilms entsprechen inzwischen selbst Filme dem Bedürfnis, sich mit der größeren Wahrheit zu verbinden. Spirituell bewusste Menschen sind glücklicher und gesünder, sie leben länger und sind großzügiger als die, die es nicht sind. Jede nachfolgende Generation neuer Kinder wird spiritueller und intuitiver sein als die vorherige; wie spirituell, hängt vom Zustand der Präfrontallappen ab.
- *Verbessert eure Beziehungen.* Keine Beziehung kann alle Bedürfnisse befriedigen, und das sollte sie auch nicht. Seid

euch darüber klar, dass 10 % der Menschen in eurem Leben euch unter allen Umständen lieben werden, weitere 10 % euch nicht ausstehen können und die restlichen 80 % sich so verhalten werden, wie sie sich gerade behandelt fühlen. Deshalb sind Humor, Geduld, Respekt und Vergebung so wichtig. Kommunikation ist der Schlüssel zum Erfolg. Man muss Dinge sagen, aber auch zuhören, geben und nehmen. Riane Eisler, Autorin von *The Power of Partnerships*, führt das Herrschermodel in Beziehungen auf, das sich während des historischen Wechsels von der matriarchalen zur patriarchalen Gesellschaft entwickelt hat, also von weiblicher Führung hin zu männlicher. Wenn die Mächtigen über die Schwächeren dominieren, folgt Angst und Gewalt. In früheren Partnerschaftsmodellen soll es vielmehr um gegenseitiges Vertrauen gegangen sein, und Männer und Frauen wurden als gleichwertig angesehen. Dominanz war damals wie heute nicht normal. Unser Aufstieg wird die innewohnende Spiritualität in uns allen befreien. Die Beziehungen der Zukunft werden größere Bedeutung haben, tieferen Sinn und viel mehr Vergnügen bereiten.

- *Geht ernsthafte Partnerschaften ein.* Ihr werdet euer Leben in mehreren Zeitabschnitten leben, von denen jeder ungefähr zwanzig Jahre dauert. Es wird normal sein, sich während jedes Abschnittes neu zu erschaffen und zu transformieren. Vielleicht entscheiden sich einige von euch auf diesem Weg für verschiedene Partner oder verschiedene Berufe. Medizinische Fortschritte werden es möglich machen, dass wir bis zu 150 Jahre alt werden und noch in hohem Alter Nachwuchs bekommen. Die Gemeinschaften der Zukunft werden Zentren für Kinder errichten, in denen man sich um sie kümmert, sie ausbildet und für Unterhaltung sorgt. Der Kreis der Familien bleibt die zentrale Quelle für liebende Unterstützung und Zusammenhalt. Ernsthafte und loyale

Partnerschaften werden wichtiger werden, und nach wie vor wird es die Ehe geben. Vielleicht werden Hochzeitszeremonien mit Aktivismus zusammenfallen. Ein Vorschlag: Die Gäste machen dem glücklichen Paar die Aufwartung, indem sie auf einer Farm aushelfen, die Bedürftige unterstützt, oder Knochenmark, Blut oder für karitative Einrichtungen spenden, anstatt Geschenke zu kaufen. Das Einfrieren und Adoptieren von Embryonen, der Einsatz von Leihmüttern, Retortenbabys und die genetische Vorauslese wird Elternschaft ganz neu definieren und die Körpertypen der aufgestiegenen Blauen voranbringen. Dem Ungeborenen wird ein ganz neuer Wert und Respekt zuteil werden.

- *Lebe in Harmonie mit der Umgebung.* Stellt euch vor, ihr lebt in einem Erdenschiff, selbst wenn ihr euer eigenes bauen müsstet. Erdenschiffe sind unabhängige Behausungen, die nicht auf das Stromnetz angewiesen sind. Stellt sicher, dass ein Wünschelrutengänger oder Feng-Shui-Praktizierender das Land überprüft, auf dem ihr bauen wollt. Auch nach dem Bau sollte überprüft werden, ob Landschaft und Interieur sich im Einklang mit dem natürlichen Fluss des Chi (Erdenergie oder »Atem«) befinden. Stellt sicher, dass ihr die Bedeutung der natürlichen Ordnung versteht und wie man sich mit ihr in Harmonie befindet. Lernt alles über Permakultur und umweltverträgliche Bauweise. Erforscht ebenso die ökologische Landwirtschaft, bei der Bauern mehrere Getreidesorten vermischt anbauen statt sie zu trennen. Das ahmt die Natur nach, und die Ergebnisse sind erstaunlich – reichere Ernten, bessere Erde, weniger Unkraut und Krankheiten. Wie man denken und handeln muss, um natürliche Ressourcen weise zu nutzen, ist internationalen Erhaltungsbewegungen bekannt. Nebenbei wird neuer Wert auf altmodische Nachbarschaftsverhältnisse, Gemeinschaftsgärten und Märkte gelegt. Man weiß inzwischen, dass selbst Städte eine Seele haben – ein ganz eigenen Charakter und ihr eigenes Erbe. Vom Erfolg dieser Erhaltungsbewegungen hängt ab, wie gut es uns in Zukunft gehen wird. Beweise, dass wir in der Lage sind zu bauen, was wir uns erträumen, kann man in und um die großen Bio-Kuppeln des Eden-Projekts in Cornwall, England, finden. Vielleicht werden wir unsere Behausungen einst aus Pflanzenmembranen bauen, die von Bio-Gestaltern gehegt und geformt werden, und die Gartenarbeit gemeinsam mit Engeln und Elfen verrichten.

- *Lasst euch tiefer auf eure Umwelt ein.* Ihr werdet eine machtvolle, symbiotische Beziehung zwischen Mensch und Natur entdecken. Was man bei der Erforschung der neuen Wissenschaften – der Öko-Psychologie und Tiefenökologie – entdecken kann, ist umwerfend. Die Geowissenschaft hat festgestellt, dass die Erde eine Biosphäre hat (die aus lebenden Organismen und einem globalen Kreislaufsystem besteht), eine Atmosphäre (eine Schicht aus Gasen), ein geologisches System (die Oberfläche und das Innere der Erde), eine Hydrosphäre (zirkulierende Wassersysteme) und ein Energiesystem (eine Energie, die all diese Systeme antreibt – Sonne, Wind, Wasser, Vulkane). Unsere Erde ist ein lebendiges, atmendes Wesen mit einer eigenen Seele. Lernt sie besser kennen. Ob es Lösungen geben wird und ob wir, wenn wir weiter fortschreiten, der Natur helfen, statt ihr zu schaden, hängt davon ab, ob ihr willens seid, euch dem bestehenden System zu widersetzen. Es gibt bereits Organisationen und Einrichtungen, die Lebensenergien und Erdenergien erkunden und darum bemüht sind, Geist über Materie zu stellen. Nehmt an einer von ihnen teil, besucht Kurse.
- *Entdeckt die Kraft des Wassers wieder.* Ihr werdet eine Überraschung erleben. Der Hauptbestandteil des Wassers, Wasser-

stoff, kommt in der gesamten Galaxis vor und findet sich als Eis in den Staubwolken des Alls. Was man damit anstellen kann, wie es rotiert, sich selbst ordnet und auflädt, könnte Modell dafür sein, wie interstellare Raumschiffe reisen werden. 2003 hat die exakte Wissenschaft zu beweisen versucht, dass Wasser die Erinnerung an Substanzen speichert, die sich in ihr aufgelöst haben, auch wenn diese inzwischen so verdünnt sind, dass kein einziges Molekül mehr übrig ist. Das beweist die Wirksamkeit homöophatischer Arzneimittel. Der japanische Wissenschaftler Masaru Emoto hat gezeigt, dass sich Wassermoleküle wie wundervolle Kristalle anordnen, wenn man über oder nahe dem Wasser Liebe oder Dankbarkeit ausdrückt. Etwas Ähnliches geschieht, wenn man Wasser reinigt. Wenn man jedoch flucht oder hasserfüllt spricht, sehen die Wassermoleküle aus wie Krebszellen. Wie die Erde ist auch Wasser lebendig und verfügt über Erinnerungen und Gefühle. Auf Achtsamkeit reagiert es mit Achtsamkeit, und selbst Gedanken können es beeinflussen.

- *Erfindet, erfindet, erfindet.* Wartet nicht, bis ihr erwachsen seid. Fangt jetzt damit an. Ein siebenjähriges Mädchen hat eine Schmucklinie kreiert, die sie vom Computer in ihrem Zimmer aus vertreibt; ein elfjähriger Junge hat ein Patent für eine Karte erhalten, die alle Kreditkarten ersetzen kann, die man sonst mit sich herumträgt; ein anderer erfand ein Fuß-Kontrollgerät, mit dem Füße auf Flughäfen schnell gescannt werden können, um die Sicherheit zu gewährleisten; ein Teenager hat eine politische Web-Seite eingerichtet, die Talk-Show-Moderatoren vor Neid erblassen lässt. Die unbekannten Helden der Wissenschaft haben schon immer im Hinterhof getüftelt und sich getraut, Bestehendes herauszufordern. So sind wir zu Plastiktüten gekommen, die sich in Wasser auflösen, und zu Mykelium-Netzwerken (Pilzsorten aus Wildpilzen), die Erde produzieren und von Gift reinigen können – selbst von Straßenoberflächen. Auf diesem Weg könnten wir die Energiekrise bewältigen. Wir haben den Punkt bereits erreicht, an dem mehr verbraucht wird, als geliefert werden kann, aber es gibt andere Möglichkeiten: Windkraft; Batterien, die nie aufgeladen werden müssen; Wärme aus riesigen Gewächshäusern, die Turbinen für Strom antreiben; eine Vorrichtung, die Energie aus dem Raumvakuum abzapft und sie in Strom für Klimaanlagen umwandelt; Maschinen, die mehr Energie produzieren, als sie verbrauchen; Wasserstoff und kalte Kernfusion. Nicht die Versorgung ist unser größtes Energieproblem, sondern die Mittel, um Neuentwicklungen, Umwandlungen und die Verteilung zu finanzieren. Dieser Engpass wird anhalten, bis eine globale Katastrophe eintritt und wir zum Handeln gezwungen sind.

- *Verbreitet es!* Wenn ihr Mimi Leders Drama *Das Glücksprinzip* aus dem Jahre 2000 gesehen habt, dann versteht ihr, dass die Welt besser wird, wenn man für einen vollkommen Fremden etwas Gutes tut. Aber auch wenn ihr den Film nicht gesehen habt, wisst ihr in euren Herzen, dass sich Freundlichkeit früher oder später auszahlt. Immer mehr der heutigen Kinder nehmen das ernst und sind Teil der Friedensbewegung, engagieren sich über globale Web-Seiten an Projekten, initiieren Wohltätigkeitsveranstaltungen und gründen Kindervereine, um sich gegenseitig zu helfen. Das ist keine Modeerscheinung, sondern ein Charaktermerkmal der aufgestiegenen Blauen. Die meisten von ihnen wissen von Geburt an, was Pastorin Margaret Stortz oft sagt: »Dienen ist Liebe in Arbeitskleidung.«
- *Werdet Bürger des Planeten.* Es ist wahr, dass nur 250 Menschen mehr als 50 % des Reichtums der ganzen Welt kontrollieren. Einige davon sind verantwortungsbewusste Ver-

walter, andere jedoch »kommerzielle Faschisten«, deren Ziel es ist, die Quellen menschlicher Bedürfnisse aufzukaufen, so dass sie jedes Detail des Lebens kontrollieren, etwa Saatgut und sauberes Wasser. Da ein Großteil der Weltbevölkerung Angst vor der Freiheit hat, weil sie zu viel Verantwortung mit sich bringt und zu wenig Schutz bietet, kommen viele dieser Plutokraten und ihre Gesellschaften ungeschoren davon. Aber jetzt nicht mehr. Ihr Neuen seid im Besitz des größten Genius, von dem jemals berichtet wurde, und ihr lasst euch von solchen Riesen nicht einschüchtern. Mit euren Smart Mobs habt ihr bereits bewiesen, was in euch steckt. Jetzt versucht Folgendes: Organisiert euch und gründet eine Flut von kleinen Gemeinschaftsunternehmen, die Arbeitsplätze schaffen und weltweit für bessere Lebensstandards sorgen. Allein das kann den ökonomischen Würgegriff lösen, der zurzeit existiert. Kein Land, kein Erbe, keine Rasse oder Tradition hat einen Anspruch auf euch, also seid das, was ihr seid: Bürger dieses Planeten, die in Dublin oder Sydney, in Seattle, Kalkutta oder Johannisburg zu Hause sind.

- *Hütet euch vor der dunklen Seite.* Der Terrorismus wirft einen dunklen Schatten auf jeden von euch, und er verleitet die, die nicht gelernt haben, dass Gewalt keine Probleme löst und auch kein Dienst an Gott ist. Nichts liegt der Wahrheit ferner. Terrorismus hat viel Gesichter: religiöser Fanatismus, Genozid, Ehrenmord, Identitätsraub, globale Epidemien und Seuchen, Kinderarbeit, jede Form der Sklaverei und selbst als spirituelle Bewegung, die nichts anderes bietet als falsche Unterstützung und närrische Fantasien. Wenn der Aufstieg beginnt und das Licht zunimmt, wächst auch die Dunkelheit. Dennoch können feindselige Menschen und schreckliche Bedingungen unsere besten Lehrmeister sein. Selbst der dunklen Seite gebührt ein Platz im allumfassenden Schema der Dinge.

XVI

DER GROSSE WANDEL

Zeit ist das Maß, mit dem der Abstand zwischen zwei Ereignissen gemessen wird. Die alleinige Macht der Zeit liegt in der Bedeutung, die Menschen ihr zuschreiben.

Charles Fillmore

Nach den mystischen Traditionen sind die neuen Kinder wiedergeborene Lemurer und Atlanter. Sie sind höher entwickelte Wesen einer vergangenen Kultur, an die wir uns aufgrund von Mythen und Träumen erinnern. (Lemuria lag einst im Pazifik und Atlantis im oder nahe dem Atlantik). Einige Hellseher sagen, dass innerhalb des nächsten Jahrzehnts eine noch höher entwickelte Seelengruppe kommen wird, die man »die Namenlosen« nennt. Auf sie sollen Seelen folgen, die noch einzigartiger und ungewöhnlicher sind. Diese ganz besonderen Seelen werden jahrhundertelang kommen und gehen. Es wird ihre Aufgabe sein, die aufgestiegene fünfte Welt auf dem richtigen Kurs zu halten. Sie werden dafür sorgen, dass die richtigen Menschen zur rechten Zeit am rechten Ort sind. Wenige von uns werden ihnen begegnen, denn sie kündigen ihr Kommen weder groß an, noch gehören sie irgendeiner bestimmten Wurzelrasse an. Sie dienen dem großen Plan.

Die aufgestiegenen Blauen aber sind auch ohne fremde Hilfe in der Lage, die Gesellschaft herauszufordern und Bestehendes zu kippen. Unser Planet hat unsere eigene Bestimmung. Die Lebenszyklen der Menschheit und die unseres Planeten kollidieren gerade. Erdveränderungen von biblischer Bedeutung ereignen sich seit den späten Achtzigern, sie nehmen täglich zu. Die Zeit des großen Wandels ist da. Es spielt keine Rolle, wie alt wir sind oder welche Absichten wir verfolgen – wir sitzen alle im selben Boot. Dazu passt die Tatsache, dass ich viele Kinder und Teenager getroffen habe, die überhaupt kein Gespür für eine persönliche Zukunft haben. Viele der jungen Erwachsenen verzichten auf eine Karriere und ziehen es vor, zu reisen, zu jobben oder einfach nur rumzuhängen. Dabei lächeln sie und sind vollkommen zufrieden. Sie wissen im Innern, dass sich alles fügen wird, wenn es an der Zeit ist, einen anderen Ort aufzusuchen und etwas anderes zu tun. Die, mit denen ich sprach, schienen überhaupt keine Ambitionen zu haben oder in Sorge zu sein. Meistens sagten sie: »Ich sehe keine Zukunft für mich, und das ist in Ordnung.« Ich tat, was ich konnte, um sie davon zu überzeugen, dass man sich mit ein bisschen Planung und Mühe ein wundervolles Leben gestalten kann und anderen durch soziale und politische Veränderungen auch helfen könne. Die Reaktionen auf meine Bemühungen waren gerümpfte Nasen, ein breites Grinsen und ein freundliches »Nein, danke«.

Diese Kinder sind einfach froh, hier zu sein, freuen sich über das, was sie sind und wo sie sind, und sie haben kein Interesse an der Zukunft. Das ist sinnlos, solange man den Willen der Seele nicht berücksichtigt. Denn wissen Sie, das ist es, was wir sind – Seelen. Seelen kommen auf die Erde, fahren in Körper, entwickeln Persönlichkeiten und erfahren positive und negative Lern- und Wachstumsmöglichkeiten. Sie erfüllen Missionen oder haben eine Aufgabe zu erledigen und kehren dann durch die Pforte des Todes zur Quelle zurück. Es gibt ganze Seelengruppen, die einen bestimmten Zweck erfüllen. Sie vereinigen ihre Energien, um spezifische Ereignisse, die einer höheren Ordnung dienen, zu erschaffen oder an ihnen teilzunehmen. Ein erstaunliches Beispiel dafür ist der 11. September 2001. Ich habe an diesem Tag und den darauf folgenden im Geiste Ground Zero aufgesucht, um all denen zu helfen, die beim Angriff auf die Zwillingstürme Manhattans getötet oder verletzt worden waren. Was ich dort erlebte, habe ich später in einer Gedenkschrift über die Tragödie niedergeschrieben. Aus dieser Schrift stammt folgender Auszug:

»Jeder Mensch, der an dieser Tragödie beteiligt war, egal ob Opfer oder Täter, hat vor seiner Geburt zugestimmt, daran teilzunehmen. Jeder Einzelne hat die Entscheidung gefällt, als die jeweilige Person zu dieser bestimmten Zeit an diesem bestimmten Ort zu sein. Nicht, dass sie sich speziell dazu verpflichtet hätten zu töten oder getötet zu werden, aber sie wollten sicherstellen, dass die benötigte Energie für diesen Notfall und seine Auswirkungen da ist, und sich persönlich dafür einsetzen. Die Entscheidung, wer letztendlich was tat, um genau dies zu erreichen, wurden erst im letzten Moment gefällt. Es war ihre Absicht als Seelen, diesen Erweckungsschrei auszustoßen. Er sollte schrecklich genug sein, um die ganze Erde zu erschüttern – jede Regierung, jede Religion, jeden Mann, jede Frau, jedes Kind und die gesamte Umwelt.«

Ich teile Ihnen dies aus einem bestimmten Grund mit: Nicht jede Tragödie ist das, was sie zu sein scheint. Ebenso, wie nicht alles Gold ist, was glänzt. Jeder von uns hat individuellen Willen. Dazu kommt noch der Wille der Familie, der Gemeinschaft, der Regierung, der Unternehmen, der Religion und der des Staates. Außerdem gibt es alle möglichen Arten von Absichten – Ebenen, Netzwerke, Verbindungen und Verflechtungen. All diese Dinge beeinflussen uns bei all dem, was wir als Person und als Gemeinschaft in unserer Welt und Geschichte geschehen lassen. Aber es gibt noch einen höheren Willen, der sich durch die gesamte Schöpfung zieht und in allen Geschöpfen vorhanden ist. Er verfolgt andere Absichten, ist nicht offensichtlich und oft unerwartet. Gelegentlich wird er unseren ersetzen. Die Mehrheit der Kinder, die ich interviewt habe und die so wenig Interesse an der Zukunft zeigten, wies ein ähnliches Energiemuster auf, wie jenes, das mir bei Ground Zero begegnet ist. Es ist, als wüssten oder ahnten sie, dass ihre gegenwärtige Lebensspanne nur kurz sein wird und dass sie als Brücken, nicht als Erbauer dienen werden.

Prophezeiungen, dass sich sehr bald katastrophale Erdveränderungen ereignen werden, sind kein Abstraktum mehr – sie treffen bereits ein. Beweise lassen sich in Regierungsberichten finden, die seltsamerweise nicht in den Nachrichten auftauchen. Zu dieser »Katastrophenliste« gehören:

- Neue und gefährliche Viren und Bakterien breiten sich in unseren wärmer werdenden Ozeanen aus. Der Prozentsatz von Menschen, die sich nach Strandaufenthalten Ohrinfektionen, entzündete Kehlen und Augen, Atemwegs- und Magen-Darm-Krankheiten zugezogen haben, ist dramatisch angestiegen. Das betrifft auch die Lebewesen im Ozean.
- Krebse im Golf von Mexiko sterben in Regionen, die so groß sind wie New Jersey – aber nicht nur sie, sondern alles Lebendige. Diese Todeszonen breiten sich rapide aus. Als Ursache gelten Stickstoff-Abwässer und Düngemittel aus der Landwirtschaft im Mississippi-Becken. Es wird wenig getan, um das Problem zu lösen.
- An den Polen verschwindet das Magnetfeld der Erde. Ohne es wird einen magnetischen Polsprung geben. Dies geschieht periodisch – das letzte Mal vor 700 000 Jahren. Ein Polsprung erschafft eine neue Polarität auf der Erde, wodurch unser Planet der Sonnenstrahlung um ein Vielfaches stärker ausgesetzt sein wird. Satelliten können über Südafrika bereits Strahlenschäden feststellen, die ein Resultat des abgeschwächten Magnetfelds der Erde sind.
- Hunderte und Tausende von Vögeln verschwinden plötzlich.

Nordamerikanische Zugvögel kehren nicht zu ihren Brutplätzen zurück und Lachse nicht zu ihren Laichplätzen. Meeressäuger verirren sich oder stranden. Der Grund könnte der bevorstehende Kollaps des Magnetfelds sein.

- Die vulkanische Aktivität der Erde hat seit 1975 um 500 % zugenommen; Naturkatastrophen seit 1963 um 410 %.
- Auf der Sonne kommt es zu Eruptionen und Plasma-Ausbrüchen, die stärker sind als die der letzten tausend Jahre, und sie nehmen weiter zu. Die Temperatur der Erde ist in den letzten dreißig Jahren dramatisch angestiegen, während die Helligkeit der Sonne leicht abnimmt. Eine mit der derzeitigen vergleichbare Wärmeperiode gab es das letzte Mal zur Zeit der Wikinger (im Mittelalter zwischen 1100 und 1250).
- Das Licht der Erde oder der »Erdschein« hat seit 1950 um 10 % abgenommen – am stärksten im Jahre 2000.
- Bis 2006 wurden 30 % des Amazonasgebiets für die landwirtschaftliche Nutzung gerodet. Wird dem nicht Einhalt geboten, kommt es zu dramatischen Veränderungen des Wetters und der Sauerstoffverhältnisse in der Atmosphäre.
- Der Stand des Colorado-Flusses ist jetzt niedriger als während der Dürreperiode von 1930. Die westlichen Staaten der USA erfahren die größte Dürre seit 500 Jahren.
- Im Jahre 2004 wurden das erste Mal Tornados entdeckt, die sich in die falsche Richtung drehen. Es gibt Orte in Mexiko, an der die Bodentemperatur in Extremfällen auf beinahe 100 °C ansteigt. Im Juli wurden während einer siebentägigen Periode 772 Erdbeben nahe der Grenze zwischen Kalifornien und Nevada, beim Mammoth Lake, aufgezeichnet. Am 31. Mai berührte der Jet Stream der oberen Atmosphäre erstmalig den Boden. Niemals zuvor ist so etwas aufgezeichnet worden.
- Die Eisschicht, die Grönland bedeckt, schmilzt. Dasselbe gilt für das Eis der Antarktis. Der Meeresspiegel ist daher drastisch angestiegen. Die Konzentration von Kohlendioxid in den unteren

atmosphärischen Schichten ist auf dem höchsten Stand seit 420 000 Jahren. Auch der Dauerfrost in Skandinavien nimmt ab und setzt Methangase aus Torfmooren frei (ein stärkeres Treibhausgas als Kohlendioxid).

- Unter dem See im Yellowstone-Nationalpark hat sich eine beinahe 800 Meter lange »Beule« gebildet. 2003 mussten Teile des Parks geschlossen werden, da die Bodentemperaturen beinahe 100 °C erreicht hatten. Auch im Jahre 2004 traten diese »Schwierigkeiten« auf.
- Außer dem Sankt-Andreas-Graben (der über 1100 Kilometer entlang der Pazifikküste verläuft) sind inzwischen auch andere große Verwerfungen aktiv geworden. Dazu gehören Cape Ann nahe Boston, New Madrid in Missouri, Meers in Oklahoma und der bei Charleston, Carolina.

Eric Jensen, Doktor der Philosophie, Professor für Biologie und Ökologe: »Es gibt inzwischen ausreichend Beweise, dass es auch in der Vergangenheit rapiden Klimawandel gegeben hat. Aber dieses Mal ist der Treibhauseffekt so stark, dass das Polareis zu schnell schmilzt. Es gelangt zu viel Süßwasser in die Grönlandsee. Da dieses Wasser nicht absinken kann, bringt es ›das große Förderband‹ des Ozeans zum Stillstand (den globalen Thermohalin-Kreislauf). Dieses ›Band‹ verläuft von der Oberfläche bis in die Tiefen des Ozeans. Ein Stillstand würde die Wärmeströmung zu den Polen hin reduzieren, das Potenzial schwerer Stürme verstärken und uns eventuell in die Eiszeit zurückversetzen. Klimatologen sind der Meinung, dass das innerhalb eines Jahrzehnts möglich ist. Ein Klimawandel dieses Ausmaßes würde Wirtschaft und Umwelt ins Chaos stürzen. Der Klimabericht des Pentagons vom Oktober 2003 stellt fest, das die größte Bedrohung für unser Land nicht der Terrorismus, sondern ein globaler Klimawandel ist. Offensichtlich scheint der Regierung dieser Bericht nicht gerade gelegen zu kommen, und ihm wurde nicht viel Aufmerksamkeit gezollt. Allerdings hängt die Zukunft unserer Kultur davon ab, wie wir mit dieser Bedrohung umgehen.«

Das ozeanische Förderband ist wie ein riesiger Fluss innerhalb des Ozeans, der in einer dreidimensionalen Acht verläuft. Er wird durch das Absinken von kaltem, salzigem Wasser aus dem Nordatlantik angetrieben. Dadurch entsteht ein Hohlraum, der das warme, salzige Wasser des Golfstroms nordwärts fließen lässt. Der Golfstrom gibt seine Wärme über dem Atlantik an die Atmosphäre ab, wo vorherrschende Winde sie ostwärts tragen und so Europa aufwärmen. Wenn das ozeanische Förderband seinen Salzgehalt verliert (was in ferner Vergangenheit schon einmal geschehen ist und jetzt, da die Polkappen schmelzen, wieder geschieht), kann es nicht mehr funktionieren. Eine abrupte und dramatische Abkühlung der gesamten nordatlantischen Region wäre die Folge, in der 60 % der Weltwirtschaft angesiedelt sind. Der erste Schlag wäre eine Nahrungsmittelknappheit, die die Vereinigten Staaten, Kanada, Europa und Russland beträfe. Eine Kettenreaktion würde das Wetter auf der ganzen Welt verändern. Roland Emmerichs Film *The Day After Tomorrow* aus dem Jahre 2004 stellt, auch wenn er die Kettenreaktion übertreibt, genau dar, wie sensibel das Wetter unserer Welt ist.

Was können wir dagegen tun? Nun, wir wissen, dass sich die Schichten der Ozeane selbst »reparieren« können. Dank des Kyoto-Protokolls und anderer umweltfreundlicher Richtlinien hat die Reduzierung von Fluorkohlenstoff in der Luft schon zu einer bedeutenden Verbesserung geführt. Vor vierzig Jahren noch hat ein Auto dieselbe Menge an Giftstoffen ausgestoßen wie heute 20 Autos. Die Schwermetallbelastung in der Luft hat seit 1970 um 98 % abgenommen. Wenn sich Unternehmen, das Geschäftswesen und Bauern den Schaden klar machen, der durch ihre Produktionsweise und Landwirtschaft verursacht wird, und Land und Müllbeseitigung intelligent gemanagt werden, könnte vieles wieder in Ordnung gebracht und zukünftiger Schaden eingedämmt werden. Bleibt nur eine große Frage: Können wir das ozeanische Förderband noch rechtzeitig retten? Nun, wir können zwar den Salzgehaltabfall verlangsamen, aber wir können ihn nicht vollkommen verhindern. So etwas ist schon früher geschehen, und es wird auch wieder passieren.

Das bisher Erwähnte ist nur ein Bruchteil dessen, was auf der irdischen Ebene geschieht. Nehmen Sie zum Beispiel das, was unsere Regierung mit der Errichtung von HAARP (*High Frequenzy Active Auroral Resaerch Project* = Aktives Hochfrequenzprojekt zur Erforschung des Polarlichts) und GWEN (*Ground Wave Emergency Network*) anrichtet. Ersteres pulsiert in extrem niedrigen Frequenzwellen (ELF), die die Schumann-Schwingung nachahmen. (ELF-Wellen existieren normalerweise im elektromagnetischen Feld der Erde – das ist der Bereich zwischen der Oberfläche und der Ionosphäre.) GWEN besteht aus zwei Sendemasten, die die gesamten Vereinigten Staaten in ein künstliches magnetisches Feld tauchen. GWEN besitzt dasselbe Frequenzspektrum wie unsere Hirnwellen. Beide Vorrichtungen sind dazu gedacht, unser Land vor überraschenden feindlichen Angriffen zu schützen. Sie können aber dazu missbraucht werden, das Wetter und das menschliche Verhalten zu beeinflussen. Menschen, die in unmittelbarer Nähe solcher Anlagen leben, klagen über Schwindel oder Orientierungslosigkeit und leiden oft unter einem »Brennen«. Einige sagen, sie litten unter Depressionen und Lethargien, als stünden sie unter Drogen. Die Regierung streitet negative Nebenwirkungen ab, liefert aber auch keine Erklärung für die auftretenden Anomalien.

Aber nicht nur die Vereinigten Staaten experimentieren mit Kräften, die sich direkt auf die symbiotische Balance zwischen Mensch und Natur auswirken. Experimente dieser Größenordnung wirken sich aus, egal wo sie stattfinden und durch wen, und treiben den großen Wandel noch voran. Was auf der Erde geschieht, spiegelt nur das, was im All passiert. Unser gesamtes Sonnensystem verändert sich. Das Universum, von dem wir dachten, dass wir es kennen, scheint eine vollkommen neue Gestalt und Schwingung anzunehmen. Hören Sie selbst:

- Unser Mond entwickelt eine größere Atmosphäre, während er sich immer weiter von uns fortbewegt.
- Seit 1997 ändert sich die Form der Erde. Sie war leicht eiförmig (an den Polen etwas in die Länge gezogen) und wird zunehmend kürbisförmig (an den Polen abgeflacht). In der höheren Erdatmosphäre bilden sich Gase, die es zuvor nicht gab. Diese Entwicklung hat nichts mit dem Treibhauseffekt oder der Fluorkohlenstoffausschüttung zu tun.
- Die Magnetfelder und die Helligkeit der Planeten ändern sich. Die Venus wird immer heller, das Magnetfeld Jupiters hat seit 1992 auf das Doppelte zugenommen. Seine energetische Ladung ist inzwischen so hoch, dass sich zwischen ihm und seinem Mond Io eine sichtbare Röhre aus ionisierender Strahlung gebildet hat.
- Sowohl bei Uranus als auch bei Neptun gibt es neuerdings Zeichen für eine Verlagerung der Pole. Besonders auf Neptuns Mond Triton haben sich die atmosphärischen Eigenschaften verändert, Druck und Temperatur sprunghaft zugenommen (auf die Erde angewendet, wäre das ein Sprung von ungefähr 6,5 °C).
- Das Magnetfeld der Sonne hat sich seit 1901 um 230 % verstärkt. Die energetische Aktivität wächst generell und scheint auf einen Höhepunkt zuzusteuern.
- Die Eiskappen des Mars sind geschmolzen, was zu einer 50-prozentigen Veränderung seiner Oberflächenmerkmale geführt hat. Seine atmosphärische Dichte hat seit 1977 um 200 % zugenommen. In Gesteinsproben, die man gewinnen konnte, wurden fossile Mikroben gefunden. Das beweist, dass auf ihm einst Leben möglich war.
- Die Polarregionen des Saturn haben sich deutlich aufgehellt, sein Magnetfeld wird stärker. Auf Pluto ist der atmosphärische Druck seit 1990 um 300 % gestiegen, und seine Farbe wird bedeutend dunkler.
- Die Glühkraft des Plasmas an den äußersten Enden unseres Universums hat in neuster Zeit um 1000 % zugenommen.

Ein lautes »WOW« an dieser Stelle wäre angemessen, gefolgt von leichten »Ohs« und »Achs«, wenn man die Auswirkungen bedenkt. Außerdem verändert jeder Wandel in gewissem Maß unser Gespür für Ordnung und Sicherheit – so ist die menschliche Natur. Sehr große und bedeutende Veränderungen jedoch haben einen Einfluss auf die gesamte Gesellschaft und auf den Verlauf der Geschichte. Das Buch *Krakatoa: The Day the World Exploded, August 27, 1883* von Simon Winchester erinnert uns daran, wie unerwartet diese Auswirkungen sein können.

Der Ausbruch des Krakatau zerstörte 165 Dörfer, tötete 36 417 Menschen und verursachte den lautesten Knall der Menschheitsgeschichte. Er konnte noch in knapp 5000 Kilometern Entfernung gehört werden. Laut Winchester hat Krakatau die islamische Welt so verängstigt und traumatisiert, das sich ihr relativ entspannter und toleranter Glauben zu einer heftigeren Form des Islam gewandelt hat, die mit Anti-Kolonialismus einherging. Diese Heftigkeit will noch heute »tödliche Rache«. Andererseits zeigte diese Katastrophe aber zum ersten Mal das »globale Dorf«. Da es bereits Telegraphen und Kabel auf dem Meeresboden gab, wusste bald die ganze Welt, was geschehen war. Wir waren nicht länger eine Ansammlung isolierter Individuen und wurden stattdessen zu einem Netzwerk aus Verbindungen zwischen Menschen. Mit dem Ende der einen Welt begann also eine neue.

Wir sind bereits ähnlichen Katastrophen dieses Ausmaßes ausgesetzt, manche davon schlimmer als Krakatau: zerstörerische Stürme, Flutkatastrophen, Feuersbrünste, heftige Winde, Seuchen, Genozid, Verbrechen und Terrorismus von unvorhersehbarer Grausamkeit, Erdbeben und Beinahe-Einschläge von Asteroiden. Ein Beispiel: Das gewaltige Erdbeben (9,0 auf der Richterskala), dass am 26. Dezember 2004 Sumatra und den Indischen Ozean erschütterte, hat den Meeresboden wie nie zuvor aufgerissen und einen Tsunami verursacht, dessen Zerstörungskraft von Sri Lanka bis nach Thailand reichte. Beinahe 300 000 Menschen haben ihr Leben verloren oder gelten als vermisst. Die bloße Kraft dieses Bebens hat die Rotationsachse der Erde und ihre Drehung – und dadurch die Lage des Nordpols – leicht verändert. Unserer Tage sind etwas länger geworden. Selbst auf der anderen Seite der Welt, in Virginia, wurden die Wasserquellen erschüttert.

Das überlieferte Wissen der Maya warnt uns davor, dass die fünfte Welt bei ihrem Aufstieg mit gewaltigen Veränderungen endet. Obwohl sich die meisten Experten auf das Datum 21. Dezember 2012 geeinigt haben, hebt der Maya-Kalender viele Daten hervor – besonders die Zeit zwischen dem 8. Juni 2004 und dem 6. Juni 2012. Diese Tage gelten als die Zeit der Vorbereitung, der Versuchungen und Prüfungen, in der sich Licht und Dunkelheit (also Gut und Böse) einen unkontrollierten, heftigen Kampf liefern werden.

Der Maya-Kalender gründet sich hauptsächlich auf den Venus-Umlauf. Wahrscheinlich haben Sie's schon in der Zeitung gelesen – alle 105 bis 120 Jahre passiert Venus innerhalb von acht Jahren zwei Mal den Raum zwischen Erde und Sonne. Diese so genannte Venus-Finsternis ereignete sich am 8. Juni 2004 und geschieht erneut am 6. Juni 2012. Wir befinden uns in der Zeitspanne zwischen den beiden Finsternissen – es ist die Zeit der Vorbereitung. Dieses Doppelereignis geht mit einer ungewöhnlich intensiven und machtvollen Energie einher und bedeutet tief greifende Veränderungen für unsere Gesellschaft und unsere Erde. Es folgen einige Prophezeiungen, die Experten, basierend auf dem Kalender, für diese Zeitspanne aufgestellt haben.

- Beginn des dritten Weltkrieges (der Krieg von Armageddon);
- Zusammenbruch der amerikanischen und russischen Regierungen (die zu Diktaturen werden);
- Konkurs des Börsenmarktes, des Bankwesens und der Rücklagensyteme (*Bretton-Woods Treaty* löst sich auf oder wird ersetzt);
- Das Finanzzentrum verlagert sich nach China;

- Außergewöhnliche Fortschritte in der Genom- und der medizinischen Forschung, bei Robotern und der Telekommunikation.

Außerdem beginnen indigene Völker auf der ganzen Welt ihre letzten Rituale abzuhalten. Sie wissen, dass ihre Zeit bald vorbei ist und dass das, was einst prophezeit wurde, jetzt eintritt. »Wir können uns nur vorbereiten«, sagen sie und versuchen sogar Schwangerschaften zu vermeiden. Die beiden Hauptadjektive für diese Zeit lauten »spektakulär« und »entsetzlich«. Ich glaube nicht an den Jüngsten Tag, und ich akzeptiere die aussichtslosen Berichte nicht, die neuerdings im Internet kursieren. Ich habe schon lange gelernt, dass das, was man sieht, vom eigenen Standpunkt abhängig ist. Was für den einen eine Katastrophe ist, ist dem anderen ein Wunder, und unsere Einstellung bestimmt, unter welchen Bedingungen wir uns wohl und sicher fühlen. Dennoch gibt es keinen Zweifel, dass uns weitere Ereignisse wie Krakatau, der 9. 11. oder der Tsunami im Indischen Ozean bevorstehen – Katastrophen pflastern bereits unseren Weg. Aber solange wir uns klar machen, was wirklich geschieht – eine neue Welt, neue Energiefrequenzen, neue Landschaften, Prioritäten und Maße, ein Frühjahrsputz sozusagen –, können wir damit umgehen. Wir können uns gegenseitig helfen, und wir können daran teilhaben, Lösungen zu finden und umzusetzen. So steinig der vor uns liegende Weg auch sein mag – der Erfolg ist uns sicher.

Wenn ich eins durch meine Nahtod-Erfahrung gelernt habe, dann das: Das Leben endet nicht mit dem Tod, er verändert nur unsere Sicht und Einschätzung des Lebens. Glauben Sie mir, wenn ich sage, dass ich mich auf das freue, was die Zukunft für uns bereithält.

Da unsere Angst schwindet, je mehr wir verstehen, lassen Sie uns noch andere Zeittafeln anschauen, die einige Details genauer erläutern. Die Astrologie kann dabei sehr hilfreich sein, denn sie ermöglicht uns den Blick auf genauere Zeitabschnitte. Wenn sich die Welt verändert, was bedeutet das für das Leben des Einzelnen?

Der Planet Uranus symbolisiert unter anderem die Eigenschaften Rebellion, Humanismus, Exzentrik, Idealismus und Erleuchtung. Seine Energie steht für plötzliche Überraschungen, visionäre Perspektiven, das Neue und das Andere und den Lauf der Wissenschaft. Unter seinem Einfluss können sich menschliches Verhalten und die Themen, die seinem Sternzeichen entsprechen, blitzartig ändern. Sie treten plötzlich auf und sind glasklar. Deshalb gilt Uranus auch als Erwecker.

Betrachtet man sich die Kreisläufe des Uranus in unserer Geschichte näher, wird deutlich, dass sein Auftreten immer der Länge einer gesellschaftlichen Ära oder einer Revolution entspricht. Diese Perioden sind für die Menschheit stets bedeutungsvoll und sorgen für langfristige Veränderungen. Es folgen einige Beispiele (der genaue Anfang und das Ende jedes Kreislaufs variiert und hängt vom Orbit des Uranus ab):

KREISLAUF		SOZIALES ZEITALTER
1975	Uranus im Skorpion	Die sexuelle Revolution, Gegenkultur, Psychotherapien, Drogen und Verbrechen.
1981	Uranus im Schützen	Die New-Age-Bewegung, charismatische Kirchen, Fusionen, Devisen, Glücksspielproblematiken.
1988	Uranus im Steinbock	Die politische Revolution, Ende des Kommunismus, »Beben« auf allen Ebenen, feindselige Übernahmen, »Gier ist gut«.
1995	Uranus im Wassermann	Die Informationsexplosion, das globale Internet, hoch entwickelte Technologie, Computerhandel, »die schnelle Lösung«.
2003	Uranus in den Fischen	Die religiöse Revolution, spirituelle Technologien, Sinnsuche, Kreativität und Imagination, Ethik, das Konzeptualzeitalter«.

Sollten Sie irgendwelche Zweifel haben, was unser gegenwärtiges Zeitalter angeht, dann haben Sie offensichtlich die Nachrichten nicht gesehen, sind nicht im Kino oder in Buchläden gewesen, haben die Zahl der weltweiten Todesopfer bei Auseinandersetzungen zwischen islamischen Terroristen und allen anderen nicht mitbekommen. Wir befinden uns in Zeiten religiöser Inbrunst. Gläubige sind so sehr damit beschäftigt, gegeneinander vorzugehen, dass sie nicht begreifen, dass wir uns alle einen heiligen Raum miteinander teilen, denselben heiligen Kern besitzen und alle vom selben Atem beseelt sind. Die gesamte Menschheit entstammt derselben Quelle und atmet dieselbe Luft auf demselben Planeten. Wir können nicht trennen, was gemeinsam existiert, ohne dabei Gott zu verleugnen.

Unsere Informationsexplosion hat uns so sehr beeinträchtigt, dass heute mehr Leute allein leben als je zuvor. Es gibt weniger Kinder, weniger Freunde und weniger ernsthafte Beziehungen. Einsamkeit, Ermüdung und das Gefühl der Isolation stehen bei Therapeuten ganz oben auf der Beschwerdenliste ihrer Patienten. Kollektiv gesehen treibt das Bedürfnis nach Zugehörigkeit den derzeitigen Trend an, wieder Gemeinschaften zu bilden. Man sucht nach einem tieferen Gehalt, lernt, Dinge erneut zu schätzen, und möchte vieles wieder verlangsamen. Und genau das steckt hinter dem weltweiten Drang, sich an Psychologen, Philosophen und Pastoren zu wenden, und hinter dem Bedürfnis nach Kunst, Kreativität und Vorstellungskraft. All dies sind Beispiele für den himmlischen Blitzschlag der Energie des Uranus, wenn er in das Wasser-Zeichen der Fische einfährt. Dort breitet sich die Energie natürlich aus, Begrenzungen verschwinden. Um diesen Bewusstseinswandel zu beschreiben, benutzt Daniel Pink in seinem Buch *A Whole New Mind* den Begriff »Konzeptualzeitalter«.

Unsere gegenwärtige gesellschaftliche Ära ist in der Geschichte einzigartig, weil Uranus während der ganzen sieben Jahre seinen Kreislauf gemeinsam mit Neptun im Wassermann durchläuft. Von Neptun heißt es, er sei der Herrscher und die planetarische Entsprechung der Fische. Eigentlich ist Wassermann der Sitz des Uranus. (In diesem Zeichen gelangt er zu vollem Ausdruck; deshalb war sein letzter Kreislauf auch so eindringlich. Uranus im Wassermann – was für ein Trip!) Die beiden haben die Plätze getauscht und sich quasi überkreuzt. In der Astrologie nennt man das gegenseitige Rezeption. Zur besseren Erklärung: Gegenseitige Rezeptionen intensivieren die vorhandene Energie ins Unermessliche und Extreme. Die technologische Revolution des letzten Kreislaufes wechselt in diesem Fall zu einer noch höheren Oktave (Neptun im Wassermann), und das zu einer Zeit, in der unsere geistige Gesundheit, unsere Psyche und unsere Seelen nach Aufmerksamkeit schreien (Uranus in den Fischen). Die auftretende Polarisierung ist so extrem, dass wir nur die Lösung akzeptieren können, die wirklich funktioniert ... das Holon – Hauptmerkmal der aufgestiegenen fünften Welt.

Erinnern Sie sich? Ein Holon erscheint, wenn gegenüberliegende Kräfte miteinander koexistieren und sich gegenseitig nützlich sind. Aber wie bringt man die Gegenfraktionen dazu, einander zuzuhören, geschweige denn, bessere Ergebnisse zu erzielen? Man wählt die radikale Mitte. Wir müssen diese Richtung in der Politik einschlagen, oder es bleibt nur die Diktatur. Wir bewegen uns bereits in diese Richtung. Schauen Sie sich an, was in Südafrika mit der Apartheid geschehen ist (die Trennung der Weißen von den Schwarzen). Ausschlaggebend für die endgültige Beendigung der grausamen Apartheid war Versöhnung, und die wird durch Kompromissfähigkeit und Vergebung möglich.

Versöhnung macht Holons möglich, und sie ist die höchste Form der Vergebung – Vergebung als Tat. Wir leben in einer Zeit, in der das Heilige wiedergeboren wird, das wahre Selbst wiederentdeckt und in der spirituelle Technologien, wie Meditation, Gebet, Affirmationen, Visualisierungen, Kontemplation, Verehrung, Philosophie, Dienst, Mitleid, Yoga, Tanz, Musik und Kunst die bloße Logik übertreffen. Lassen Sie uns vollen Nutzen aus diesen Möglichkeiten ziehen, und zwar, solange wir noch können. In den Zeiten, die kommen, werden wir diese Gnade brauchen:

KREISLAUF		SOZIALES ZEITALTER
2010	Uranus im Widder	Das Zeitalter der Herausforderung, gegensätzliche Weltanschauungen verschärfen sich, Bedrohung durch Krieg, neue Entdeckungen, Flüge zum Mars, der Maya-Kalender endet.
2018	Uranus im Stier	Das Zeitalter der Erd- und Klimaveränderungen, Sicherheitsthemen, Vermögen geht in andere Hände über, Weltwirtschaft wandelt sich.
2025	Uranus in den Zwillingen	Das Zeitalter des Wassermanns beginnt, Heilung sich gegenüberliegender Weltanschauungen, Transformation und Transmutation, Weltall-Themen.

Innerhalb dieser Kreisläufe sind die Generationsmerkmale der neuen Kinder wichtig und überschneiden sich. Hier noch einmal zur Erinnerung die positiven und negativen Merkmale:

MERKMALE DER GENERATIONEN

GENERATION	POSITIVES MERKMAL	NEGATIVES MERKMAL
Millennials (1982–2001) Die Instandsetzer	Toleranz	Wut (eine gewisse Ungeduld)
Generation des 11. September (2002–2024) Die Anpassungsfähigen	Anpassungsfähigkeit	Angst (Unsicherheit)
Aquarianer (2025–2043) Die Universalisten	Humanismus	Instabilität (Krise)

Gegen Ende ihres Buches *The History of America's Future, 1584–2069* stellen Neil Howe und William Strauss Vermutungen darüber an, welches Generationsmuster bei den vor uns liegenden Herausforderungen auftauchen wird und wer sich damit auseinandersetzen muss. Sie vermuten, dass die Vereinigten Staaten zwischen 2013 und 2029 die größten Umwälzungen ihrer Geschichte erfahren werden. Um zu verstehen, wie wichtig diese Zeitspanne ist, führen Strauss und Howe Umwälzungen aus der Vergangenheit auf: die Revolution von 1688, die amerikanische Revolution, den Bürgerkrieg, die Zeit der großen Depression und den Zweiten Weltkrieg. Sie fragten sich, wie wohl diese Krise enden wird. Dazu lieferten sie folgenden Kommentar:

> »Drei dieser vier Ereignisse endeten im Triumph. Das vierte, der Bürgerkrieg, in einer Mischung aus moralischer Ermüdung, großen menschlichen Tragödien und einem schwächlichen, rachsüchtigen Siegesgefühl. Im Grunde genommen ist alles möglich: von glorreichen Errungenschaften bis hin zu einer apokalyptischen Tragödie.«

Bei meiner Forschungsarbeit mit Nahtod-Kindern haben mir beinahe 20 % von ihnen erzählt, dass sie aufgrund der Veränderungen da seien und dass alle Menschen und die ganze Welt gewaltige Umwälzungen erfahren würden. Natürlich konnte mir keiner von ihnen Daten nennen, also habe ich sie gebeten, zu beschreiben, wie sie sein würden, wenn die Veränderungen einträfen. Die meisten beschrieben sich daraufhin als Eltern bereits größerer Kinder oder sogar als Großeltern. So griff ich meinen Taschenrechner und begann, die Zeit zwischen ihrer Nahtod-Erfahrung und dem von ihnen beschriebenen Alter abzuschätzen. Und siehe da, alle befanden sich im selben Zeitrahmen – der Zeit zwischen 2013 und 2029. Das passt genau zu dem Zeitrahmen, der von Strauss und Howe veranschlagt wurde.

Wir durchschreiten die Pforte der Maya unter der Schirmherrschaft des Widders, des »Gottes des Krieges«. Dann sind die Millennials mit ihren Merkmalen Toleranz und Wut am Zug. Viele von ihnen werden Soldaten. Die Generation des 11.9., die von einer unbewussten Angst geplagt wird, wird folgen und einen Kampf eingehen, der die Dinge physisch verändern wird. Da ihnen eine ausgeprägte Anpassungsfähigkeit und pragmatischer Realismus eigen ist, glaube ich, dass sie die Veränderungen gestalten werden. Sie werden als spirituelle Krieger auftreten und sich dafür starkmachen, den kriegerischen Drang arischer Energie in einen nützlicheren und positiveren Sinn zu transformieren.

XVII

DIE GROSSEN ZEITALTER

Und ich sah einen neuen Himmel und eine neue Erde,
denn der erste Himmel und die erste Erde waren vergangen.

Offenbarung 21:1

Ich sagte, dass das Wassermannzeitalter 2025 beginnen wird. Astronomisch fängt es allerdings nicht vor 2375 an und endet 4535. (Die Astrologie gibt einen früheren Zeitpunkt an – um 2133.) Den Beginn der New-Age-Bewegung hatte ich auf 1981 gelegt, obwohl er doch eher um 1899 lag. Erzähle ich also Unsinn? Ich denke nicht. Ich glaube, dass man beim Feststellen des Zeitpunktes wichtiger Ereignisse den Harbinger-Effekt berücksichtigen muss, der besagt, dass große Geschehnisse immer einen Schatten vorauswerfen. Je größer das Ereignis, desto länger die Vorlaufzeit. Wir fühlen, was kommen wird, bevor es sich tatsächlich ereignet – es kündigt sich an, und dementsprechend verhalten wir uns. Wir beschwören das Zeitalter des Wassermanns seit über dreißig Jahren herauf, als spielten wir ein Spiel. Die Energie des Wassermanns ist voller Visionen, humanitär, exzentrisch, mobil und aufwieglerisch. Es ist ihr gelungen, seit 1899 in jeden Aspekt der Gesellschaft zu sickern. Ihre Bedeutung nimmt stetig zu, gegen 2025 werden wir eine große

Dosis abbekommen. Es wird sich anfühlen, als ob das Wassermannzeitalter endlich da sei (»anfühlen« wohlgemerkt). Die Übergangs- bzw. Überlappungsperiode zwischen den Zeitaltern beträgt genau 200 Jahre. Während dieser Zeit nimmt die Energie zu, und das gegenüberliegende Zeichen übt den größeren Einfluss aus. In unserem Fall bedeutet das den Löwen. Der Löwe bestimmt die Herrscherklasse, ist großzügig und engagiert, wenn man ihn gewähren lässt, andernfalls ein dickköpfiger Kontrollfreak. Sein Zeichen strebt nach Wohlstand, Bewunderung und Aufmerksamkeit. Die Merkmale des Löwen lesen sich also wie die Schlagzeilen der heutigen Nachrichten.

Jedes große Zeitalter des Tierkreises dauert etwa 2160 Jahre. Auf das große Rad übertragen, ist das ein Monat des kosmischen Jahres. Aber es ist nicht der Übergang vom Zeitalter der Fische zum Zeitalter des Wassermanns, der sich in unsere Träume schleicht und uns noch tagsüber beschäftigt. Die Veränderungen, die wir gerade durchleben, stehen für etwas, das noch viel unmittelbarer und größer ist. Nicht nur den Zeitaltern steht eine Veränderung bevor, sondern auch dem großen Rad selbst.

Am 21. Dezember 2012 verläuft die Ekliptik (das ist der Weg, auf dem die Sonne, der Mond und die anderen Planeten scheinbar ihre Bahn ziehen) ganz in der Nähe des Schützen über die Milchstraße. Dadurch entsteht ein kosmisches Kreuz, das die Maya »den heiligen Baum« nannten. Im Zentrum dieses Kreuzes findet an diesem Datum die Sonnenwende statt, und die 25 920 Jahre lange Rotation des ekliptischen großen Rades um die große Zentralsonne des Universums ist beendet. Um den Kern, die Zentralsonne (ein riesiges schwarzes Loch mit einer »Masse« von circa fünf Milliarden Sonnen), rotieren 27 Galaxien – unter anderem unsere Milchstraße. Tausende von Prophezeiungen sehen in diesem Ereignis die Geburt des goldenen Zeitalters der Erleuchtung. Es heißt, dass ihm acht Jahre des Leidens vorausgingen (genau die Zeit zwischen den beiden Venus-Finsternissen). Die Buddhisten meinen, dass die fünfte Drehung der Welten von Venus regiert wird (in der esoterischen Tradition eine fünfstrahlige Energie) und der Göttin Kuan Yin zuzuordnen ist. Sie ist die als »Madonna von Tibet« bekannte Göttin der Gnade.

Die Zentralsonne ist der große Leib, aus dem alle Sterne geboren wurden und aus dem alles stammt. Sie ist die große Mutter. Die jetzigen Veränderungen lassen das Christusbewusstsein, das sich auf der Erde entwickelt hat, in den Kern der Schöpfung selbst schmelzen. Der große Wandel ist nichts anderes als die große Erhebung.

Konservative Christen nennen diesen Zeitpunkt »die Stunde Gottes«. Ihr Glaube an den Moment der Verzückung, in dem das Gute erhoben und vom Leid befreit wird, passt genau zum Gefühl der Erhebung und des rapiden Energieanstiegs, den wir alle spüren. Pop-Propheten nutzen die apokalyptischen Visionen (biblische Offenbarungen über das Ende aller Zeiten), um in unzähligen Büchern Gottes fürchterlichen Zorn gegen das Böse zu beschreiben, die Erlösung, die aus der Verzückung hervorgeht, und die Wiederkehr Christi. Gottes Liebe und Vergebung und das Heraufziehen des goldenen Zeitalters werden dabei kaum erwähnt.

Aber auch Channeler und Hellseher sagen ähnliche Szenarien voraus. Einige sind der Meinung, dass wir von Aliens in Raumschiffen gerettet und auf eine »neue Erde« gebracht werden. Der Glaube an die Apokalypse bestimmte die Präsidentenwahl der Vereinigten Staaten 2004 und, wie ich glaube, auch die Wahl von Papst Benedikt XVI. (Die katholischen Kardinäle wollten einen Mann, der in diesen turbulenten Zeiten auf Kurs bleibt und an den Kirchendogmen festhält. Wenn man bedenkt, wie alt er bei seiner Wahl war, könnte dies nicht lange Bestand haben.) Selbst Sir Isaac Newton faszinierte die Idee der Apokalypse. Kurz vor seinem Tod sah er 2060 als das Jahr voraus, in dem Babylon fallen, die katholische Kirche ihre Existenz aushauchen und die Wiederkehr Christi eintreffen werde. Dann begänne das 1000-jährige, weltweite Königreich Gottes.

Apokalypse – das ist es, was sich in unsere Träume und auch Tage schleicht.

Als ich am zweiten Tag in geistiger Form Ground Zero aufsuchte, um den Verletzten und Toten zu helfen, überraschte mich, wie klar und entschlossen die meisten Seelen waren. Sie formten sich zur Gestalt einer riesigen Hand, um das Gebiet vor weiteren Angriffen zu schützen. Ich erfuhr zudem, dass der Erweckungsruf, der durch den 11. September entstand, eine ätherische Wunde verursachte. Es sollte eine »Träne« entstehen, groß und gewaltig genug, um Tausende von Jahren an Schmerz, Leid und Wut aufzulösen; denn all das hat sich im Äther aufgrund unserer falschen gegenseitigen Verurteilungen angesammelt. All unsere Indiskretionen, unsere Torheiten, unser Betrügen und Lügen, unser gegenseitiges Foltern und Töten aus den nichtigsten Gründen, unsere Dummheit, unsere Gier, unsere scheinheilige Heiligkeit und unser boshaftes Intrigieren – all das hat sich in der Zeit abgelagert und kehrt zurück, um geheilt zu werden. Wir können nicht so weit vorstoßen, wie es die Prophezeiung eigentlich für uns vorsieht, wenn wir die Last unserer vergangenen Sünden – unserer Fehler – weiter mit uns herumschleppen.

Der tiefere Sinn der Anschläge vom 11. September liegt darin, die Menschen zu bewegen, sich mit den weitreichenden und unerledigten Dingen auseinanderzusetzen, die sonst weiter unsere gemeinsame Psyche vergiften. Die Zeit der Reinigung begann am 8. Juni 2004 (beinahe drei Jahre nach der ersten Schockwelle). Sie wird so lange andauern wie nötig, bis wir als Menschen die Wahrheit suchen, sie enthüllen und dementsprechend handeln. Unter der Oberfläche der Apokalypse und des religiösen Konflikts zwischen Moslems, Juden und Christen liegt nur ein wahres Thema: Liebe – und das einzig wahre Gebot: Was du nicht willst, das man dir tu', das füg auch keinem anderem zu. Um die benötigte Heilung zu unterstützen, hat mein Ehemann Terry vorgeschlagen, dass wir dass Wort »heal« (heilen) einmal neu betrachten.

Help (hilf)
Everyone (jedem)
Accept (akzeptiere)
Love (Liebe)

Um die Tragödie vom 11. September zu verstehen, muss man wissen, dass auch die Seele einen Willen hat. Die meisten von uns ignorieren oder verleugnen, dass es einen höheren Willen als den unseren gibt oder dass ein Plan für unsere Erde und für die Evolution des Bewusstseins auf unserem Planeten existiert. Der Anerkennung dieser Wahrheit könnte uns mit unbegrenzter Intelligenz erfüllen. Diese wäre allgegenwärtig. Wir handelten aus einer Absicht, die von einem Gewahrsein angetrieben und beeinflusst wäre, das aus sich selbst stammt; und wir würden von Bewusstseinszuständen der Schwingung und Nichtschwingung geleitet werden, die sich unserer Vorstellungskraft entziehen. Was wir denken, fühlen und empfinden, verpufft nicht einfach, wenn wir es ausdrücken. Es geht in die Luft und in den Äther und sammelt sich in einer Art Massen- oder Gruppengeist, bis es Fortschritt machen kann, bis wir daraus lernen und es nutzen.

Die Idee der Kollektivpsyche ist von größter Wichtigkeit. Freud nannte sie Massenseele, Jung das kollektive Unbewusste, Teilhard de Chardin die Noosphäre und Cayce die Akasha-Chronik. Neuerdings haben verschiedene Wissenschaftler im neuen Bereich der Vakuumphysik festgestellt, dass es tatsächlich ein Nullpunktfeld gibt. Dieses Feld beinhaltet das Gedächtnis des Universums, es ist eine Aufzeichnung von allem, was existiert, existiert hat und noch existieren wird. Dieses Feld ist ein Meer aus subatomaren Vibrationswellen, das den Raum »zwischen den Dingen« einnimmt. Alles sammelt sich dort an und kehrt von dort zurück. Dieses Feld »informiert« unser Universum. Jedes Molekül, jedes Atom, jeder Gedanke und jede Emotion weiß um sich und kennt den Grund seines Daseins. Wir sind miteinander verbunden und verwoben, kein Geheimnis ist wirklich verborgen. Ob man etwas von dieser ungesehenen Realität mitbekommt, hängt davon ab, wie sehr man sich sensibilisiert hat. Ereignisse wie der 11. September verlangen, dass wir uns mit unzähligen Aspekten der Dunkelheit auseinandersetzen – mit all dem, was wir nicht sehen oder zugeben wollen –, nur dann können wir entdecken, was wirklich da ist.

Ob Sie es glauben oder nicht, die große Zentralsonne ist lichtlos. Sie besteht aus einer so tiefen, schwarzen Dunkelheit, dass sich jedes Licht in ihren Tiefen verliert. Ein bedeutender Teil des Universums ist aus dunkler Materie zusammengesetzt. 90 % der Schöpfung und aller geschaffenen Dinge bestehen aus schwarzer Energie – *dunkle Energie ist das Nullpunkt-Feld.* Alles, was beginnt, stammt aus der Dunkelheit. Die Nahtod-Kinder nennen sie »die Dunkelheit, die weiß«. Sie ist das Alpha und das Omega ... die geheime Seele des Universums.

Die meisten von uns fühlen sich durch den Gedanken an die Dunkelheit bedroht. Wir fürchten den Verlust unserer Grenzen und Klarheit. Der Hinweis auf das Leiden beunruhigt uns noch mehr, denn wir scheinen vom Schicksal dazu auserwählt, auf Messers Schneide zu wandeln – hier der globale Krieg, dort die Klima- und Erdveränderungen, alles bringt uns der Vernichtung einen Schritt näher. Tatsächlich kann das Schlimmste geschehen – aber auch das Beste. Wenn wir uns auf das Licht fokussieren, das freigesetzt wird, wenn sich Energie erhebt, dann enthüllt sich uns die Inspiration, die wir brauchen, um Negatives in Positives umzuwandeln. Wir können die Veränderungen wohl nicht aufhalten, aber beeinflussen, wie sie sich gestalten und in welchem Umfang. Licht formt die Dunkelheit und lässt sie in freiem Willen erstrahlen – in einem kreativen Schein, den nur der freie Wille hervorbringen kann. Vielfalt ist ein Kind des Lichts, ihre Spielarten werden durch freien Willen erst möglich, und sie erfüllen Gottes großen Plan.

Dieses inspirierende, erhebende Licht schickt uns der Himmel. Dazu gibt es eine Geschichte: Die von Papst Johannes Paul II. als echte Visionärin anerkannte Maria Esperanza de Bianchini sah vor ihrem Tod im August 2004 Flüsse aus Licht zur Erde niederströmen. Ihre Prophezeiung lautete:

> »Dieses eintreffende Licht wird auch übernatürliches Licht mit sich bringen. Gott wird uns seine Gegenwart tief in unseren Herzen spüren lassen. Dieser göttliche Funke wird unser Gewissen erwecken und uns dabei helfen, zu begreifen, dass Gott alles ist und wir nichts sind ohne ihn. Wenn uns dieses Licht erreicht, werden wir Gott wieder in unseren Herzen spüren. Wir werden fühlen, dass er alle Zeit mit uns ist.«

Licht ist kosmisches Handeln, ein Photon die ultimative Einheit. Während wir uns in die fünfte Welt hineinbegeben, betreten wir wortwörtlich ein Zeitalter des Lichts. Elektronen, die »Packesel« unseres modernen Zeitalters, sind nicht in der Lage, mit den wachsenden Ansprüchen der Gesellschaft mitzuhalten. Deshalb wenden sich die Wissenschafter den Photonen zu. Sie können den Inhalt von 11 000 Enzyklopädien innerhalb einer Sekunde durch eine winzige Faser übertragen. In den Vereinigten Staaten gibt es Tausende von Firmen, die Photonen um die Wette auf die »Informationsautobahn« schicken – zu einem Computer in ihrer Nähe. Man nennt das »Photon Valley«. Die Fortschritte sind spektakulär.

Wir werden von natürlichem und übernatürlichem Licht überflutet, und wir nutzen das Photon inmitten des Segens der göttlichen Offenbarungen. Die Explosion an Licht und die Tatsache, dass Menschen sie sehen, benutzen und fühlen können, hat mehr Erfinder und Visionäre erzeugt als je zuvor in der Geschichte. Wahrscheinlich ahnen Sie es schon – es gibt bereits Pläne für einen Computer aus DNA-Strängen, der so unsagbar schnell ist, dass er mit nur zwölf Atomen sogar das Licht einholen kann und noch viel mehr.

Das Leid fordert uns heraus, aber das Risiko lohnt sich. Diese hektische Energie, dieses gewaltige Drängen, das überall ganze Populationen überwältigt, ist das Zeichen, dass der Aufstieg bereits an unserer Schwelle steht und anklopft. Wir werden diesen Planeten nicht aufgrund irgendeiner Verzückung oder in Raumschiffen verlassen. Das Bewusstsein erhebt sich genau dort, wo wir sind. Diese Erhebung betrifft uns als Kollektiv – sie ist unsere Bestimmung. Clarissa Pinkola Estes, angesehene Autorin mehrerer Bücher, setzt die vor uns stehende Situation ins rechte Licht:

> »Seit dem Tag, an dem wir zugestimmt haben, auf die Erde zu kommen, sind wir an dunkle Zeiten gewöhnt. Weltweit und viele Jahrzehnte lang haben Seelen wie wir auf verschiedenste Arten Gewalt und Tod erlitten – immer und immer wieder. Wir wurden durch Unwissenheit und Mangel an Liebe in allen möglichen persönlichen und kulturellen Extremsituationen niedergestreckt. Die Geschichte unserer Zerstörung ist lang, und wir erinnern uns an sie. Aber genau das hat aus uns Perfektionisten für die Auferstehung gemacht. Immer und immer wieder sind wir der lebende Beweis dafür gewesen, dass das, was verbannt, verloren oder gescheitert ist, zu neuem Leben erweckt werden kann.«

Der Kalender der Maya beschreibt den großen Plan der Erde detailgetreu, liefert uns Einsicht in die Stufen und Ebenen und hilft uns beinahe punktgenau, Ort und Zeitpunkt von Ereignissen festzustellen. Die Yugas jedoch – die Weltzeitalter der vedischen Tradition, verleihen dem großen Plan eine außergewöhnliche und fließende Perspektive. In seinem Buch *Die Heilige Wissenschaft* hat Swami Sri Yukteswar dieses uralte Material übersetzt und den Yuga-Kalender beschrieben. Um Yukteswars Worte zu vereinfachen, habe ich eine Tabelle der evolutionären Zeitalter angelegt (mit freundlicher Genehmigung der *Self-Realization Fellowship*, die die Rechte an Yukteswars Arbeiten hat). Für die, die es nicht wissen – Yukteswar ist der Mentor von Paramahansa Yogananda, einer der geliebtesten Übermittler der traditionellen östlichen Philosophie, Mystik und spirituellen Wissenschaft in den Westen.

Beim Betrachten der Tabelle achten Sie darauf, dass auf halber Strecke der Drehung des großen Rades um die Zentralsonne die Richtung wechselt. Der Energiefluss wandelt sich von ab- zu aufsteigend. Im vedischen Verständnis zeigt dieses Phänomen, dass für den Prozess der Bewusstseinsentwicklung und um Bestehendes zu verfeinern, sowohl Dunkelheit als auch Licht nötig sind. Die Ganzheit des Einen trägt das Potenzial für das Andere in sich. Dieses Potenzial oder der »Same« stellt sicher, dass beide kontinuierlich in- und auseinanderfließen, bis aus dem Tanz der Gegensätze der Fluss der Ergänzungen geworden ist. Auf diese Weise wiederholen sich die Zeitalter, gipfeln in aufsteigender und in abfallender Energie und bewahren so die nötige Spiralbewegung, damit sich alle Bewusstseinsaspekte entwickeln können und Transzendenz – das Einssein mit Gott – erreicht werden kann.

Die Richtungswechsel überlappen sich an zwei Punkten – beim niedrigsten Punkt des Eisenzeitalters und beim höchsten Punkt des goldenen Zeitalters.

Die mächtigsten Messiasse tauchen während des Eisenzeitalters auf. Sie liefern das spirituelle Licht und die liebende Bestärkung, die in Zeiten der Dunkelheit (großer Kämpfe) nötig sind. In den goldenen Zeitaltern sind die Menschen ihrem Schöpfer am ähnlichsten, fast gottgleich und von großem Wissen erfüllt. Weder die Höhen noch die Tiefen überdauern. Alles durchwandert Zyklen. »Endzeiten« verändern lediglich die Umgebung und das, woran wir gewöhnt sind. Gottes Plan verändern sie nicht. Bevor wir uns wieder mit der Quelle vereinigen und Mitschöpfer mit dem Schöpfer sein können, ist etwas Integration und Perfektionierung nötig. Das muss so sein. Nicht dass wir uns an bestimmte Ereignisse halten müssten, um wieder in die Quelle einzugehen, aber Unerledigtes kann uns bremsen. Die Lektionen der Liebe und der Vergebung können uns befreien. Wir sollten Hüter des großen Plans werden, nicht seine Opfer.

Was der Mayakalender aufführt, wird durch die evolutionären Zeitalter der Yugas erläutert.

DIE ZEITALTER DER EVOLUTION

ABNEHMEND	
Goldenes Zeitalter	11 500 bis 6700 v.Chr.; dauerte 4800 Jahre; **Sattya Yuga**, mental und spirituell fortgeschritten, Hirnkapazität 100 % (Lemuria)
Silbernes Zeitalter	6700 bis 3100 v.Chr.; dauerte 3600 Jahre; **Treta Yuga**, nicht ganz so entwickelt, aber immer noch große intellektuelle Fähigkeiten; Hirnkapazität 75 % (Atlantis)
Bronzenes Zeitalter	3100 bis 700 v.Chr.; dauerte 2400 Jahre; **Dwapara Yuga**, erfinderisch, aber materialistisch; Hirnkapazität 50 % (Ägypten und Indien)
Eisernes Zeitalter	700 v.Chr. bis 500 n.Chr.; dauerte 1200 Jahre; **Kali Yuga**, die Menschheit ist mental und spirituell auf ihrem niedrigsten Stand; Hirnkapazität 25 % (die Messiasse)
AUFSTEIGEND	
Eisernes Zeitalter	500 bis 1700 n.Chr.; dauerte 1200 Jahre; **Kali Yuga**, Menschheit immer noch auf ihrem niedrigsten Stand, allmähliche Verbesserung; Hirnkapazität 25 %
Bronzenes Zeitalter	1700 bis 4100 n.Chr.; dauert 2400 Jahre; **Dwapara Yuga**; Verstehen verschiedener Energieformen, Technologien, Reisen zu anderen Planeten; Hirnkapazität 50 %
Silbernes Zeitalter	4100 bis 7700 n.Chr.; dauert 3600 Jahre an; **Treta Yuga**; die ganze Menschheit entwickelt telepatische und geistige Kräfte; Hirnkapazität 75 %
Goldenes Zeitalter	7700 bis 12 500 n.Chr.; dauert 4800 Jahre; **Satya Yuga**; Technologie ist überflüssig, da sich die geistigen und spirituellen Kräfte voll manifestiert haben; Hirnkapazität 100 %

Sehen Sie sich die Tabelle noch einmal an: Wir sind nicht einmal auf halbem Wege des aufsteigenden Bronze-Zeitalters. In dieser Zeitspanne entdecken wir verschiedene Energiearten, die Technologie regiert, und es gibt Reisen zu anderen Planeten. Nach dem vedischen Verständnis hat unsere Hirnkapazität die Möglichkeit, bis 4100 n. Chr. auf 50 % anzusteigen. Obwohl der Mayakalender und die Zeitalter der Yugas nicht synchron zu laufen scheinen, behaupte ich das Gegenteil. In der vedischen Tradition springt ungefähr in der Mitte jedes aufsteigenden Zeitalters (+/– einige hundert Jahre) der Quotient der zur Verfügung stehenden Energie. Es kann zu einem Ausbruch oder Quantensprung kommen. Mit jedem weiteren Jahr wird dieser Sprung deutlicher und intensiver.

Meiner Ansicht nach verdeutlichen die Yugas, wie sich das Bewusstsein entwickelt und warum wir immer wieder auf außergewöhnliche Funde stoßen, die nicht zu unserem Konzept der Evolution passen. Relikte aus langen »dunklen Zeiten« (Eisenzeitalter) und beinahe unglaubliche Errungenschaften aus goldenen Zeitaltern verunsichern Wissenschaftler so sehr, dass sie nicht einmal einen Kommentar dazu abgeben. Da gibt es z. B. einen Sandalenabdruck auf einem Trilobiten, der älter als 6 Millionen Jahre alt ist, oder Diamanten in einem Meteoriten, die älter sind als unsere Sonne. Eins ist sicher – die Annahme, dass es ein Ende aller Zeiten geben wird, ist sinnlos, wenn man sich die evolutionären Zeitalter betrachtet und bedenkt, wie zyklisch sie verlaufen.

Studiert man die Evolution genauer – Veränderungen aufgrund genetischer Mutationen –, stößt man auf das Problem der *missing links*. Sie sind so zahlreich, dass es jeder Beschreibung spottet. Wie sollte man z. B. das Auftauchen der Blütenpflanzen erklären? Die Theorie der natürlichen Auslese von Charles Darwin lässt sich darauf nicht anwenden. Darwin wusste noch nichts von Biochemie und DNA. Überprüft man die Evolutionstheorie mit der heutigen Wissenschaft, stellt sie sich als äußerst mangelhaft heraus. Es existieren keine Fossilien, die Übergangsphasen belegen würden. Laut neuesten Überlegungen und Modellen geht man, was die Entstehung von Leben und das Auftauchen von Menschen auf unserer Erde angeht, eher von äußerst intelligenten Mustern oder sogar außerirdischen Einflüssen aus. Die Geschichte der Schöpfung ist zyklisch. Auf riesige Schritte kontinuierlichen Wachstums folgen erschütternde Rückfälle, dann geht es wieder aufwärts und dann wieder hinab und immer so weiter. Und immer gibt es Noahs – Überlebende, die den Samen für den nächsten Zyklus sähen.

Wer wird unser Noah sein? Mein Kandidat ist Nelson Mandela aus Südafrika. Trotz des Schreckens der Apartheid hat er Versöhnung möglich gemacht. Sie ist das Einzige, was uns in unseren Zeiten Vernunft, Toleranz, Höflichkeit und Fortschritt bringen kann. Wer ist der Adam oder der Messias des nächsten Zyklus? Wir werden es wissen, wenn es an der Zeit ist.

In der Zwischenzeit verraten uns die esoterischen Lehren der Theosophie, dass unsere Körper noch etliche Mutationen durchlaufen müssen, bevor die Indigo-Kinder in stattlicher Anzahl auf der ganzen Erde auftauchen können. Doch es gibt schon Beweise dafür, dass die sechste Wurzelrasse bereits auf unserem Planeten ist. Die wenigen Indigos, die jetzt auftauchen, sind Wegbereiter für das Kommende. Die Aufgabe dieser aufgestiegenen Blauen ist, uns durch die Pforte der Maya zu geleiten – hinein in den Aufstieg der fünften Welt. Auch die Energiesprünge des Bronze-Zeitalters werden zunehmen.

DNA-Stränge verändern sich bereits und bilden eine neue Harmonik. Einige Hellseher prophezeien, dass in den vor uns liegenden Zeiten die Anzahl der DNA-Stränge auf zwölf ansteigt. Das Klonen wird perfektioniert, genetische Manipulation gang und gäbe sein (man wird sich die Gene für sein Baby aussuchen). Auch die Frage, ob es Außerirdische gibt, wird beantwortet werden – es werden Beweise auftauchen, dass intelligentes Leben auf anderen Planeten und im Raum selbst existiert.

Allerdings ist größte Vorsicht geboten, wenn es um die Manipulation der Gene geht. Die Ältesten der Hopi-Indianer fürchten, dass seelenlose Kinder geschaffen werden, die »keine Lebenskraft in ihren Augen« haben.

Sie sagen, dass man diese Kinder und ihre Mütter als unnatürlich meiden wird. Es wird Verwirrungen zwischen den Geschlechtern geben und zwischen Älteren und Kindern. Die Hopi nennen diese

Zeit »die Tage des roten Kachina«. Kachina wird der Erde und ihren Kreaturen Reinigung bringen. Denen, die auf die alten Pfade der ursprünglichen Lehren zurückkehren und ihr Leben wieder auf natürliche Weise leben, wird der herannahende »Reiniger« kein Leid zufügen. Sie überleben und errichten die neue Welt.

Jeremy Rifkin, Autor von *Das biotechnische Zeitalter. Die Geschäfte mit der Genetik,* teilt die Angst der Hopi. Er warnt:

> »Die neue Gen-Split-Technologie ermöglicht uns, die Naturgesetze außer Kraft zu setzen. Die Manipulierbarkeit des Genoms schafft eine neue Art der Kolonialisierung. Der Transfer von Genen durch biologische Barrieren ist eine in der Menschheitsgeschichte beispiellose technologische Tour de Force. Wir experimentieren auf nie zuvor gewesene Weise mit der Natur. Wir schaffen unfassbar neue Möglichkeiten für die Gesellschaft und schlimme Risiken für die Umwelt.«

Im Buch der Offenbarungen wird uns gesagt, dass die großen vor uns liegenden Veränderungen innerhalb eines Augenaufschlags geschehen. In Dr. Robert Ghost Wolfs Buch *Last Cry: Native American Prophecies and Tales of the End of Times* werden die Ältesten der Hopi zitiert:

> »Wir erhalten viele Warnungen, die uns die Möglichkeit geben, unsere Wege über und unter der Erde zu überdenken. Dann, eines Morgens, werden wir innerhalb eines Augenblicks in eine rote Dämmerung hinein erwachen. Der Himmel wird die Farbe von Blut haben, und viele Dinge werden zu geschehen beginnen, und wir können nicht genau sagen, welche. Vieles wird nicht mehr so sein, wie es jetzt ist. Nichts wird davon unberührt bleiben, weder im Himmel noch auf der Erde. Es heißt, wir fänden den Weg durch diese Zeit in unseren Herzen und in der Vereinigung mit unserem spirituellen Selbst.«

Schlimme Nachrichten – im Internet kursieren noch viel mehr davon. Der Jüngste Tag ist ein heißes Thema, es wird bald noch heißer werden. In dieser Zeit gibt es ein Werk, das mich mit Herz, Mut und Inspiration erfüllt – J. R. R. Tolkiens Trilogie *Der Herr der Ringe.* Ich bin seit beinahe 30 Jahren ein Fan und habe alle seine Bücher gelesen – auch *Das Silmarillion* und seine Briefe.

Man könnte behaupten, dass diese berühmte Trilogie über Tod und Unsterblichkeit den zweiten Weltkrieg und den Aufstieg Hitlers vorausgeahnt hat. Tolkien selbst kämpfte in den Schützengräben des Ersten Weltkrieges und wurde von einem tödlichen Fieber erfasst. Im Krankenhaus begann er die Arbeit an seinem, wie er es später nannte, wichtigsten Buch, *Das Silmarillion.* Von seiner Essenz her ist dieses Buch die Bibel Mittelerdes. Es reicht von der Schöpfung über die Evolution der ersten und zweiten Welt bis zum Beginn der dritten. Das Kinderbuch *Der Kleine Hobbit* beschreibt die dritte Welt genau und stellt uns ihre Bewohner vor. Die Feinheiten und Intrigen dieser Welt werden dann in dem Meisterwerk *Der Herr der Ringe* weiter ausgeführt.

Sein Epos geht ganz in die Tiefe, wenn sich Mittelerde von der dritten zur vierten Welt wandelt und die apokalyptische Schlacht zwischen guten und bösen Mächten stattfindet. Während der Apokalypse verschwinden die Rassen der Zwerge, Elfen, Zauberer, Hobbits und Ents von der Erde und machen Platz für die Rasse der Menschen. Die Unschuld des Mystizismus, der Magie und Spiritualität wird ersetzt durch für die geistigen Betätigungen des Einfallsreichtum, des Handels und der Gründung von Nationen.

Tolkien sagt in seinen Briefen ganz deutlich, dass er sich die Geschichten von Mittelerde nicht ausgedacht hat – sie sind keine Fantasien. Er sei in dieser Welt vielmehr ein Reporter gewesen, der das Geschehen beobachtet habe und zurückgekehrt sei, um von seinen Erfahrungen zu berichten. Dank seiner Detailversessenheit liegt uns heute eine so realistische und persönliche Arbeit vor, dass wir sie als Schablone für unsere eigene Passage von der vierten in die fünfte Welt verwenden können. Ein weiterer Zeitalter-Sprung steht uns auf unserer Erde bevor, und die geistigen Betätigungen, die der Menschheit zu eigen sind, werden einem Aufstieg Platz machen, der maskulin und feminin, die rechte und die linke Gehirnhälfte und Wissenschaft und Spiritualität vereint und ein Holon bildet (den ausgeglichenen Gebrauch von Energie).

Folgende Punkte des Buches könnten auch auf uns angewendet werden:

- Ganz gewöhnlicher Ereignisse entfalten plötzlich ihre Herrlichkeit und verbinden uns wieder mit dem universellen Geist. Jedes Zeitalter braucht Helden, die zu einem Thema Stellung beziehen.
- Der Held ist ein ganz normaler Mann/eine ganz normale Frau.
- Inmitten schwerer Zeiten ist Beharrlichkeit nötig. Opferbereitschaft ist das Rohmaterial, aus dem Helden gemacht werden.
- Die Menschen müssen den Mut aufbringen, zur Quelle zurückzukehren, um ungeschehen zu machen, was schiefgelaufen ist.
- Um Frieden und Freiheit zu finden, müssen alle Rassen zusammenarbeiten und dürfen sich nicht von bösen Kräften verleiten lassen.
- Leere Worte entmenschlichen die Sprache und entziehen einer Kultur ihre Kraft.
- Der Kampf zwischen Gut und Böse endet für keine Seite in einem dauerhaften Sieg.
- Das Böse kann nur geschehen, wenn Ereignisse aus der Balance geraten und zu Extremen werden. Das tiefgründige Mysterium des Bösen ist in seinem höheren Sinne und auf lange Zeit gesehen der Dienst am Guten.

Das wahre Ende des Dramas tauchte in Peter Jacksons Film-Trilogie nicht auf, weil er es nicht mochte. Ihm missfiel, dass die Helden bei der Rückkehr nach gewonnener Schlacht ihr Land von Überlebenden der bösen Mächte verwüstet vorfinden und ihr Volk versklavt. Ermutigt durch ihre Siege, bringen sie ihren Leuten bei, zu kämpfen und Strategien zu entwickeln, um diesen letzten Übergriff zu überwinden und Frieden zu schaffen. Die darauf folgende Auferstehung berührt stark die Seele.

Jackson hat einen der wichtigsten, aber unbeliebtesten Aspekte der Apokalypse außer Acht gelassen: *Niemand bleibt unversehrt.* Beim großen Wandel gibt es keine Unschuldigen. Jeder ist direkt oder indirekt betroffen.

Die Energie des fünften Chakras verteilt sich über die Massen in der fünften Welt. Während des Aufstiegs und ihrer Entwicklung wird sie noch zunehmen und in Frage stellen, wie wir mit Macht umgehen. Sie ist die Energie, die uns die Tür zum höchsten Bewusstseinszustand aufstößt, der in menschlicher Gestalt erreichbar ist. Die Fünf wird uns den Wandel bescheren, und sie tut es jetzt.

XVIII

DER AUFBRUCH INS JETZT

Es gibt immer eine Tür, die sich in der Kindheit öffnet,
um die Zukunft hereinzulassen.

Barton Gregorian

Synchronizität ist die im Fluss begriffene Dynamik des Geistes im Aufbruch.

Plötzlich taucht dieselbe Botschaft überall auf und sagt uns, was wir wissen müssen, wenn wir es wissen müssen. So kamen innerhalb desselben Zeitrahmens drei Filme heraus: *Die Passion Christi* (über Gottes Sohn), *Hellboy* (über Satans Sohn) und *Der Herr der Ringe* (er ist unsere »Schablone« – er hilft uns, unseren momentanen großen Wandel besser zu verstehen, und sagt uns, wie wir trotz Bedrohung überleben und zurechtkommen können). Die drei Filme repräsentieren zwei entgegengesetzte Extreme sowie die goldene Mitte. Alle drei springen einem direkt ins Gesicht – sie liefern Bilder von globaler Bedeutung für unser Hier und Jetzt, die man unmöglich ignorieren kann … *Synchronizität.*

Im selben Zeitrahmen werden weltweit mehr Kinder mit Medikamenten vollgestopft oder weggegeben als je zuvor. Durch gewaltsame Auseinandersetzungen religiöser und kultureller Natur und durch Genozid sind sie permanent einer Mischung aus Angst und

Gewalt ausgesetzt. Zu dem Zeitpunkt, an dem die intelligentesten, intuitivsten, erfinderischsten, freigiebigsten und am stärksten spirituell orientierten Kinder millionenfach auf unsere Erde kommen, begegnen wir unserer Vergangenheit und werfen unsere Zukunft über Bord … *Synchronizität.*

Ebenfalls in diesem Zeitrahmen entdeckt die Wissenschaft, dass das Universum eher als ein großer Gedanke denn als eine Maschine funktioniert. Nur so kann das Universum sich erfüllen. Bewusstsein ist kein Zufall, und auch wir Menschen sind es nicht. Einige Experimente beweisen, dass Gedanken, Gefühle, Worte und Absichten nicht nur die Gesundheit und die Funktionen des Körpers bestimmen, sondern auch unsere Umwelt (etwa jener Versuch, der belegt, dass Worte die Wasserstruktur beeinflussen). Die Molekular-Biologie zeigt, dass Körper und Geist eng verbunden sind. Immer mehr Experimente beweisen dieselbe Tatsache – dass der Geist des Einzelnen mit dem Gruppengeist verbunden ist, dem universellen Geist, dem großen Geist (der Quelle). *Synchronizität.*

Das Beste, das Schlimmste und alles dazwischen – alles geschieht JETZT.

JETZT – in diesem ganz bestimmten Augenblick, an dem Geist der Materie begegnet, an dem die Apokalypse heraufzieht und die Welt sich wendet, erwachen die Menschen in ihre eigene Kraft … in den Moment des JETZT.

JETZT ist dieser Augenblick der Klarheit, des Gewahrseins und der Perfektion, des Eins-Seins … die Pforte zur Kraft. Wenn man ruhig bleibt und in der Stille ruht, findet man dieses erahnte »Zentrum des Seins« im eigenen Kern, im Herzen der Herzen. Wenn man alles zulässt – Vergangenheit und das, was man zu sein meint, ebenso wie die Gegenwart und die Scheinbarkeit der Dinge und die noch nicht manifestierten Möglichkeiten der Zukunft, und sie dann ins Nichts verschwinden lässt – durch Meditation, Kontemplation oder durch das Hineinschmelzen in die Einheit mit dem Besten und Höchsten, das man besitzt, dann kann Identität verschwinden. Denn Identität ist wie alles andere Atem und Puls. Dann kann Wahrheit erscheinen.

Man muss üben, um Körper und Geist zum Schweigen zu bringen. Aber wenn Sie es auch nur für einen Moment schaffen, dann beginnen sich die Dinge im Innern von selbst zu richten, ebenso der Geist. Dann erwacht man in Stille in der eigenen Wahrheit und in die Welt um sich herum. Kein Bannspruch, kein Ritual, keine Übung, keine Technik, kein Lehrer oder Guru, Imam oder Priester ist mächtiger als die Stille im eigenen Kern, im Herz der Herzen. Mystiker und Visionäre vergangener Zeiten haben davon berichtet, dass man in der Stille der eigenen Seele begegnet, und sie hatten recht … Gott ist im Innern.

Das wurde mir im Tode klar. So ging es auch Don Miguel Ruiz, der mehrfach von Nahtod-Erfahrungen betroffen war. Er berichtet: »Die Menschheit ist nur ein Organ eines größeren Organismus – des Planeten Erde. Die Erde besitzt viele Organe. Die Menschheit ist nur eins davon, ein anderes ist die Tierwelt, eines die Wälder und wieder ein anderes der Ozean. Alles arbeitet als perfekter Metabolismus zusammen, denn die Erde ist lebendig. Zugleich ist sie wie ein Atom, das sich um seinen Kern dreht – die Sonne. Jetzt erst können wir den Zusammenhang erkennen, und uns wird klar, dass es nur ein Wesen gibt. Das ganze Universum des Universums des Universums ist ein einziges lebendes Wesen.«

Der Menschheit wird etwas bewusst, was Adepten in alten Zeiten als heiliges Wissen betrachteten: Unser ganzes Sonnensystem ist die Universität der Seele. Wir beginnen zu begreifen, dass sich in diesem JETZT-Moment das Bewusstsein seiner selbst bewusst wird. Das Ganze erwacht.

Wir beginnen allmählich zu begreifen, dass wir gemeinsam erschaffen, was in unserer Welt geschieht, denn wir projizieren in sie, was wir als wahr empfinden (was aber nicht unbedingt der Wahrheit entspricht). Wenn wir akzeptieren, dass allein wir verantwortlich sind für das, was allein wir getan haben, dann bewegen wir uns im

Rhythmus des JETZT. Er ist eine natürliche Synchronizität, die mit 40 Umdrehungen in der Sekunde schwingt – das Hirnwellenmuster, das man auch »High Beta« oder »Zen der Verschmelzung« nennt –, in dem sich das, was miteinander schwingt, auch miteinander verbindet. Einfach ausgedrückt, ist die Macht des JETZT die Rückkehr zum natürlichen Zustand der bewussten Wahrnehmung und Klarheit, in dem sich Polaritäten vereinen und zu Holonen werden.

Die meisten der neuen Kinder werden bereits mit diesem Wissen geboren. Es fällt ihnen leicht, mit dem Rhythmus und dem Puls des kollektiven Bewusstseins, des kollektiven Gedächtnisses, Träumens, Denkens, der gemeinsamen Stimme und eines gemeinsamen Anliegens zu schwingen. Sie sind wie die Zellgemeinschaft eines größeren Gehirns, das Teil eines universellen Gehirns ist, das einem Geist angehört, der so groß ist, dass kein Wort und keine Sprache ihn beschreiben können. Und genau das SIND wir – wir alle: Wir sind eins mit dem Einen.

Wenn Sie versuchen, das den neuen Kindern zu erklären, brechen sie in schallendes Gelächter aus. Ein kleiner Junge gluckste: »Warum kannst du denn nicht sehen, was dein Geist weiß?«

Chris Van Cleave ist ein außergewöhnlicher Liedermacher, der ein Lied über die Kleinen geschrieben hat. Die erste Strophe seiner Komposition »Die Kinder« lautet:

> Wir sind die, die die Kinder retten.
> Seht, wie sie uns den Weg zeigen.
> Wir sind die Generation, die ihren Kindern sagt –
> Ihr seid es, die Tag und Nacht durchqueren können.

Wenn man den Marsch der Generationen studiert, kann man erahnen, wie sich Bewusstsein entwickelt, während es die Erfahrungswelten der Menschen durchläuft. Auf diese Weise erhält man große Informationsabschnitte in »mundgerechten Stücken«, die man auch verstehen kann. Lassen Sie uns abschließend noch einmal die Generationen zusammenfassen.

Die Generation X ist die Übergangsgruppe, die uns von traditionellen Werten weg- und an globale Werte herangeführt hat. Bei der Informationsexplosion waren sie ganz vorn. Sie sind Profis, wenn es darum geht, mit nur einem Klick Dinge zu umschiffen. (Die meisten von ihnen wurden zwischen 1961 und 1981 geboren.)

Die Generation der Millennials liefert erstmals eine globale Mentalität, die Grenzen transzendiert. Sie haben nicht nur das Zeug, die Menschheit durch die Pforte der Maya zu führen, sondern auch die Energie, die weltweit große positive, aber auch negative Schlüsselereignisse verursachen kann. In China gehören Millionen von ihnen der kommunistischen Partei an. Sie sind gebildet und sozial orientiert und auf Hilfsbereitschaft und Gemeinschaft ausgerichtet. In Ländern, die hauptsächlich muslimisch sind, werden viele von ihnen zu Kämpfern und beteiligen sich an Konflikten. Sie sind ganz ihrem Glauben verschrieben und überzeugt, dass Gewalt die Antwort auf ihre Probleme ist. (Betroffen sind hauptsächlich die zwischen 1982 und 2001 Geborenen.)

Die Generation des 11. September, die von der Gewalt des Terrorismus geprägt ist, ist auserkoren, eine Lösung für das Terrorismus-Problem zu finden. Sie sind direkt an der Transformation des Islam beteiligt und an jeder Religion, Maxime oder Überzeugung, die Frauen oder Kinder entwertet oder erniedrigt und Freiheit unmöglich macht. Im Kern jedes Krieges des dritten Millenniums geht es um das Recht des Einzelnen, für sich selbst zu denken. Die Langzeitaufgabe der Generation des 11. September ist, sicherzustellen, dass weder die Erleuchteten noch die Verdunkelten in den kommenden Jahren dominieren. (Sie kommen zwischen 2002 und 2024 zur Welt.)

Im Wassermannzeitalter wird sich die globale Heilung ausbreiten. Entsprechende Maßnahmen wird es schon vorher geben, möglicherweise jedoch verlangsamen die zahlreichen Klima- und Erdveränderungen den Transformationsprozess. Sicherheit und Überleben haben immer Priorität. Dennoch wird es spektakuläre Errungenschaften auf dem Gebiet der Technik, der Kommunikation und des Reisens geben. Völlig neue Regierungen entstehen, Grenzen werden sich verschieben. Es wird neue Landkarten geben, neue Handelsgüter und neues Gedankengut. Die Menschen erkennen endlich, dass das Böse (die Dunkelheit der Negativität) nicht zerstört oder überwältigt werden kann. Die einzige Möglichkeit, das Böse und das, was böse scheint, zu entwaffnen, ist ... ein offenes Herz. Nichts anderes hat jemals funktioniert oder wird jemals funktionieren. Die Generation ist mit »Macht über« und »Macht zu« ausgestattet – es ist die größte Herausforderung, die der aufgestiegenen fünften Welt begegnen wird. (Aller Wahrscheinlichkeit nach werden ihre Angehörigen zwischen 2025 und 2043 geboren.)

Die Zeitspanne zwischen 2013 und 2029 macht mir die größten Sorgen. Für diese Zeit sehen Generationsstatistiker und einige der Nahtod-Kinder die stärksten Herausforderungen für unser Land und die Welt voraus – von glorreichen Errungenschaften bis hin zur apokalyptischen Tragödie ist alles möglich (wie Howe und Strauss passend festgestellt haben). Ganz gleich, wie stark die Millennials auch sind, die Anstrengung kann sie mürbe machen. Es ist für Menschen jeden Alters eine große Herausforderung, einen klaren Verstand zu bewahren, wenn man verwirrt, erschöpft, hungrig und überfordert ist. Deshalb möchte ich noch etwas mehr über die Energie des Aufstiegs sagen ... denn sie kann den Verstand auch austricksen.

Menschen (und Tiere) reagieren körperlich auf intensive und aufsteigende Energie. Migräne kann eine mögliche Folge sein oder eine gewisse Müdigkeit, von plötzlichen Energieschüben durchbrochen, elektrische Empfindungen in den Gliedmaßen oder der Wirbelsäule, Muskelkrämpfe, grippeähnliche Symptome, intensive Visionen und Träume, Verdauungsprobleme und Völlegefühl, Reizbarkeit, ungewöhnliche Stimmungsschwankungen, plötzliche Eingebungen, das Gefühl, isoliert oder gleichzeitig schwer und leicht und schnell und langsam zu sein.

Auch andere merkwürdige Dinge können eintreffen. Einige berichten, dass sie lautlose Musik oder Infraschall hören – das sind extrem tiefe Töne, die Elefanten wahrnehmen können. Sie werden nicht nur von aufsteigender Energie verursacht, sondern auch von Stürmen, saisonalen Winden, bestimmten Wetterverhältnissen und Erdbeben. Auch bei echten Spukerscheinungen kommen sie vor. Sehr hohe Töne hingegen sind elektrisch und werden hautsächlich von Vögeln, Hunden und Katzen wahrgenommen. Hört man sie, kann es auch zu Sichtungen von Außerirdischen oder Engeln kommen, sie können an heiligen Orten erklingen oder während heiliger Zeremonien. Diese hohen und tiefen Töne, die sich unserem Gehörsinn eigentlich entziehen, werden ganz alltäglich sein.

Besessenheit ist bereits ganz alltäglich. Überrascht Sie das? Theoretisch kann jedes Mal, wenn Sie nicht geerdet sind, etwas von ihnen Besitz ergreifen. Ein körperloses Wesen kann z. B. in sie hineinschlüpfen und die Kontrolle übernehmen. Der Missbrauch von Drogen und Alkohol schwächt unsere natürliche Abwehr und öffnet einer übernatürlichen Invasion die Tür. Oft sind die Übergriffe nur vorübergehend, aber sie können auch länger dauern und zu Persönlichkeitsstörungen und Geisteskrankheiten führen. Im Kriegsfall können Explosionen oder heftige Unwetter die Erdkruste und den Äther aufwühlen oder extrem durchschütteln. Dadurch werden nicht nur Staubpartikel und Pollen, sondern auch emotionale Artefakte und übernatürliche Rückstände (Überbleibsel unserer Energie) sowie energetische Parasiten freigesetzt. Letztere sind übernatürliche »Übel« wie Flüche, negative Gedanken oder Leidenschaften, die nur quälen oder Energie abziehen. Mein Arzt hat mir berichtet, dass er nach dem Angriff vom 11. September eine ganze Armee von Patienten hatte, die von energetischen Parasiten geplagt wurden. Es ist nicht schwer, sie zu exorzieren. Normalerweise schaffen das schon Gebet und Meditation, ebenso positive Affirmationen, eine gesunde Ernährung, Sport und viel Sonne.

Viel schlimmer ist die Schwindel-Energie. Sie ist im Spiel, wenn wir von Leuten oder Ereignissen zum Narren gehalten werden und etwas für wahr oder wertvoll halten, obwohl es das gar nicht ist. Hier sind Klarheit und Urteilsvermögen gefragt. Die Energie kann sich aber auch komplett manifestieren und plötzlich als Engel, Heiliger, Außerirdischer, Dämon oder irgendein außerweltliches Wesen erscheinen, das Ihre Verlangen, Bedürfnisse und Schwächen genau kennt. Es kann jede Größe und Gestalt annehmen und weise und wissend wirken. Deshalb verwechseln Channel-Medien sie manchmal mit echten Meistern. Bestseller über heilige Besucher können Übertreibungen oder Täuschungen sein. Um diese Energie zu identifizieren, sollten sie darauf achten, ob das Angebotene einen Haken hat oder ob Kontrolle mitschwingt – selbst wenn die Botschaft vor Licht und Liebe nur so trieft. Das Ziel dieser Energie ist, sich Ihren freien Willen anzueignen und aus Ihnen einen Gefolgsmenschen zu machen, der immer wieder kommt, um die nächste Offenbarung zu erhalten.

Besitzergreifer, Schwindel-Energie und energetische Parasiten sind die »Staubmilben« übernatürlicher und emotionaler Überbleibsel, auf die eigentlich nur das Ego scharf ist. Einerseits haben glückliche Menschen mit diesen Dingen selten zu tun, andererseits kann der Stress des Aufstiegs auch die Selbstrealisierten täuschen. Eine geerdete gesunde Lebensweise, gute Freunde, liebende Beziehungen, eine starke Arbeitsmoral, Gemeinschaftssinn, Nächstenliebe und Dienst am Nächsten sind daher unabdingbar.

»Das Nachrichten-Zentrum« ist eine geführte Meditation für Kinder, die von Janet Gaddie Grimm und Patricia K. Manthey entwickelt wurde. Als wundervolle Geschichte vorgetragen, inspiriert und erhebt sie das Kind in jedem von uns und führt uns fort von unproduktiven Ablenkungen und Verlangen. Die beiden Frauen haben mir die Erlaubnis gegeben, die Meditation mit Ihnen zu teilen. Entspannen Sie ihren Körper auf eine Weise, die einfach ist und Ihnen leicht fällt, dann fangen Sie an.

DAS NACHRICHTEN-ZENTRUM

Eine Meditation für Kinder von Janet Gaddie Grimm und Patricia K. Manthey

Wir werden in unserem Geist Bilder von einem besonderen Ort entstehen lassen, an dem du mit Gott reden und von ihm Nachrichten erhalten kannst. Dieser Ort ist dein Nachrichten-Zentrum. Um dorthin zu gelangen, musst du dir vorstellen, dass du aus deinem Haus hinausgehst. Dann stell dir vor, wie du deine Wohngegend langsam verlässt und auf dem Lande bist. Die Luft dort duftet frisch und süß und ist sehr schön. Sie ist voller Farben, die umherwirbeln, und manchmal blitzt weißes Licht auf. Dieser Spaziergang macht dir großen Spaß, denn du weißt, dass du etwas ganz Besonderes vorhast.

Du gelangst an eine Brücke und gehst hinüber. Auf der anderen Seite liegt ein kleiner Teich. An diesem Teich gibt es einen Ort, wo du dich hinsetzen und die Stille genießen kannst. Du kannst es dort plätschern hören, denn es gibt einen Bach, der in den Teich fließt. Das plätschernde Geräusch ist entspannend und friedvoll. Jedes Mal, wenn du zu deinem Nachrichten-Zentrum gehst, umgibst du dich mit dem weißen Licht des Heiligen Geistes. Es hilft dir, dich zu schützen, und passt auf dich auf.

In deinem Nachrichten-Zentrum möchtest du so still sein wie möglich. Es ist deine Zeit, um mit Gott zu sprechen und eine Nachricht zu erhalten. Sie kann auf verschiedenste Weise zu dir kommen. Es ist nicht wie ein Telefongespräch, aber es können sich Ideen oder Gefühle einstellen, die dir helfen. Vielleicht gibt es jemanden in deiner Familie oder in der Schule, der Hilfe braucht. Vielleicht hast du eine Idee, die vielen Menschen hilft. Es macht nichts, ob deine Idee, anderen zu helfen, groß oder klein ist. Für Gott sind alle Ideen, die anderen helfen, GROSS. Und genau deshalb sind wir alle auf dieser Erde – um einander zu helfen. Es ist leicht, das zu vergessen, wenn wir mit unseren eigenen Problemen oder Enttäuschungen des Lebens zu tun haben oder zu beschäftigt sind.

Wenn du spürst, dass deine Unterhaltung mit Gott vorbei ist, vergiss nicht, dich bei ihm für das Zuhören und Helfen zu bedanken. Jetzt ist es Zeit, nach Hause zu gehen. Geh wieder über die Brücke durch die Wiesen und Bäume. Du kennst den Weg nach Hause. Während du zurückgehst, fühlst du dich heller und irgendwie weicher. Es ist nun Zeit für dich, dich auf den restlichen Tag vorzubereiten. Freu dich darauf, mindestens einem Menschen zu begegnen, zu dem du freundlich bist oder dem du helfen kannst.

Die Zwillingssäulen der Schöpfung sind Liebe und Gesetz.

Die Zwillingsmächte der Manifestation sind Lobpreis und Freude.

Die Zwillingsrealitäten der Existenz sind Licht und Dunkelheit.

Ich habe Ihnen zu Beginn dieses Buches versprochen, dass ich eine große Geschichte erzählen werde. Ich denke, Sie werden mir zustimmen, dass ich mein Versprechen gehalten habe. Egal wie Sie zur fünften Welt und ihrem Aufstieg stehen – die Zeit ist bereits da. Wir sind im JETZT-Moment, und wir können alles umkonstruieren, was uns jetzt und in den folgenden Jahren begegnet – indem wir Holone schaffen. Wir müssen Situationen schaffen, in denen gegensätzliche Kräfte zum gegenseitigen Nutzen zusammenarbeiten – für das höchste Gut aller. Es wird uns gelingen, wenn wir endlich erkennen, dass wir alle Kinder derselben Quelle sind, alle auf demselben Weg und Mitwirkende in demselben Drama.

Das einzig wahre Thema ist … Liebe.

Das einzig wahre Gesetz ist … Behandele andere so, wie du behandelt werden möchtest.